*Rethinking
Pension Reform*

当 代 世 界 学 术 名 著

养老金改革反思

佛朗哥·莫迪利亚尼(Franco Modigliani)
阿伦·莫拉利达尔(Arun Muralidhar)／著

孙亚南／译

中国人民大学出版社
·北京·

"当代世界学术名著"
出版说明

中华民族历来有海纳百川的宽阔胸怀，她在创造灿烂文明的同时，不断吸纳整个人类文明的精华，滋养、壮大和发展自己。当前，全球化使得人类文明之间的相互交流和影响进一步加强，互动效应更为明显。以世界眼光和开放的视野，引介世界各国的优秀哲学社会科学的前沿成果，服务于我国的社会主义现代化建设，服务于我国的科教兴国战略，是新中国出版工作的优良传统，也是中国当代出版工作者的重要使命。

中国人民大学出版社历来注重对国外哲学社会科学成果的译介工作，所出版的"经济科学译丛"、"工商管理经典译丛"等系列译丛受到社会广泛欢迎。这些译丛侧重于西方经典性教材；同时，我们又推出了这套"当代世界学术名著"系列，旨在迻译国外当代学术名著。所谓"当代"，一般指近几十年发表的著作；所谓"名著"，是指这些著作在该领域产生巨大影响并被各类文献反复引用，成为研究者的必读著作。我们希望经过不断的筛选和积累，使这套丛书成为当代的"汉译世界学术名著丛书"，成为读书人的精神殿堂。

由于本套丛书所选著作距今时日较短，未经历史的充分淘洗，加之判断标准见仁见智，以及选择视野的局限，这项工作肯定难以尽如人意。我们期待着海内外学界积极参与推荐，并对我们的工作提出宝贵的意见和建议。我们深信，经过学界同仁和出版者的共同努力，这套丛书必将日臻完善。

中国人民大学出版社

前　言

困扰全世界的一个重要问题是全球性的老龄化对落后的养老金供给的迅速冲击。对老龄化趋势的认识引发了关于确保老龄人口退休后生存条件衡量标准的广泛而又深远的争论。这个主题催生了在养老金改革领域的专家，他们提出了基于政治、社会或者经济方面的各种建议。因此，在涉及极端立场的养老金改革领域存在激烈的争论，这些立场的支持方通常具有既定的利益。遗憾的是，争论中的严重分歧使得基于价值及政治学习与经济分析间的差距变得模糊（NASI，1999；ACSS，1997；Barr，2000）。除此以外，关于养老金改革值得思考的两个不同问题为：（1）哪种体系将要成为未来的选择；（2）在给定的经济和政治条件下（转型问题），如果未来的模型与现在的不同，我们将如何获得这个模型？分析家们对此持有坚决且不同的观点（ACSS，1997；Schieber and Shoven，1999）。

养老金改革问题迫在眉睫。很多国家接受了一种融资性的养老金创新计划。该计划首先由 Chancellor Otto von Bismarck 在 19 世纪提出，在 20 世纪 30 年代被很多国家接受，这个计划被称为"现收现付制"（pay-as-you-go，PAYGO）。传统的养老金体系是"基金积累性"

的，也就是说，养老金的给付来源于有关参与者、雇主或者这两者整个工作期间供款的资金积累。在现收现付制计划下，养老金的给付来源于正在工作的成员的供款。

为什么这么多国家选择了现收现付制计划？简单的原因是：在基金积累性体系下，养老金的支付来源于每个退休人员账户的资金积累。因此，只有那些在整个工作生涯中缴款的参加者才能获得全额的养老金。那些将要退休但没有向养老金体系缴款的人们将得不到养老金。但是，在现收现付制计划下，目前雇员的供款从第一天就被用来支付所有雇员的全额养老金，就好像他们在自己整个工作生涯都进行了缴费。由于这个原因，当普遍的强制性养老金计划推行之后，现收现付制提供了最吸引人的解决方案。实际上，使用现收现付制的决策在于那些没有缴费的人们牺牲了后代的给付而获得了养老金，而后代们则失去了资金体系的资本积累（通常没有意识到有关选择的后果）。

原则上，现收现付制计划在一定的条件下可以无限持续下去（Samuelson，1975）。首先，以固定比率（我们假定是固定的）缴费的应纳税工资的规模必须充分满足养老金的支付。但是养老金的支付还受到退休人员数量和向他们承诺的退休金数量的影响（这些数量经常随着时间变得越来越慷慨）。应税收入的增长率取决于人口总数、劳动生产率和工资增长数量。当财政收入和各方利率不平衡时问题就出现了。实际上，一些分析家认为经济增长使得一些国家运行的是一个前所未有的庞氏骗局。

这些问题已经在大多数依靠现收现付制融资的公共养老金系统中产生（例如世界的大多数国家）。这些系统通常被认为是社会保障计划，一些国家的这种系统已经濒临破产。在目前的缴费比率下，如果不进行彻底的变革，这些系统基本上不可能在可预见的将来支付承诺的给付。有两方面的因素导致这种不可避免的结果：(1) 缴费人数对享受养老金人数的比例在未来几十年将会大幅下降（例如，这个水平将会从四个在职人员供养一个退休人员下降到两个在职人员供养一个退休人员）。(2) 对生产率增长的估计将会按比例下降。具有挑战性

前　言

的人口增长的下降和人口寿命的延长将对人口金字塔是一个致命的打击。

Blahous（2000）指出，在美国的 20 世纪 40 年代，男性的平均寿命为 61.4 岁，女性的平均寿命为 65.7 岁。在 2000 年，平均年龄攀升至男性为 73.6 岁，女性为 79.5 岁。在这种寿命延长的条件下，尽快对养老金进行改革成为迫切的需要。如果仍然要维持现收现付制计划，各国政府将要面临不得不做的选择：（1）增税；（2）削减给付；（3）以上两者的某种组合。这些问题不会马上发生，并且可能发生的拖延将没有任何迹象。但是解决方案出台的时间越长，我们的后代将要承担的成本越高。现在在美国和其他各国关于社会保障改革的建议不断地被普通市民、学者、政治家、咨询人员、议员和国际发展机构所丰富。但是其中的很多退休财富供给的私有化安排搞乱了社会保障。目前，智利接受了不少这一方向流行的建议。

在 1981 年，智利是第一批进行社会保障改革的国家，该国通过向全部或部分的一定形式的回报基金积累转变，取代了原有的现收现付制体系。这次转变主要是基于这样的前提：收入－产出资产中的投资积累资产将要比现收现付制计划中的固有回报提供更加显著的回报，现收现付制中的固有回报就是工资的长期增长率。

这个过渡受到要求个人重新将个人账户的缴费转向由私营公司对金融资产进行投资的影响。这个系统将会最终消除社会保障和公共部门的角色，在这个意义下，社会保障体系将被当成"社会保障的私有化"。这个方法很快就成为一种标准并被其他发展中国家复制——常常是在诸如世界银行之类的部门的催促和压力下进行的。很多发达国家的学者和政治家，例如美国，赞同这个方案（Ferrara，1982）。但是，智利模式有很多严重的缺陷，应当被更好地修正。澳大利亚和匈牙利这样的国家选择了集体性安排这种试图减轻个人账户模型缺点的体系。除此以外，个别国家能够将社保体系从破产的边缘转变成一个更加稳固的系统，这个系统能够保护退休人员避免（1）在退休后致贫；（2）承担不必要的风险；或者（3）在没有任何经验和专业知识的投资问题上做出决策。

在对有关社会保障的全球性争论进行解释的尝试中,我们关注的是与争论有关的一些分析性问题,并进一步建立一个改革框架。第1章对一些关键性名词进行定义,并且举出全球范围内不同养老金体系及其改革的例子。第2章向决策者提供在设计一国养老金体系时可供其选择的基本方案。这些原则意味着指导他们尝试开发一个可能满足多种养老金体系目标的系统。但是,个别国家养老金体系的历史并不是清白的,需要对其目前的养老金体系、政治和经济现实、向最优社保体系进行合理过渡的可能性进行重新考虑。搞清楚"完美模型"和从头开始的机会是有用的,对初始条件是否可以让这种过渡获得全社会的满意进行分开解释也是有用的,Orszag and Stiglitz(2001)强调了这种差异。在对拉丁美洲目前的改革进行研究时,第3章突出了其缺陷。第4章提供了一个评估这些改革真实成本的框架和影响到这些成本的因素。这就为第5章和第6章设定了环境:它们讨论了处于改革边缘的某些国家——如美国和西班牙——是如何能够执行包含了诸多完美特征的强制体系的。因为转型的一系列措施决定了某一改革是否可以被广泛接受或者拒绝,我们对个别可能的转型场景进行考虑以显示向任何新体系转型过程中内在交易的复杂性。这些分析试图解释与代际公平相联系的关注(例如,与其他人相比,某几代或者一部分人是否处于不利的状态)。如果没有为了消除主要风险而出现的金融市场上重要创新,这些改革就不会成功。第7章讨论了其中一些创新,第7章的主要贡献是展示了DB和DC计划的存在对于养老金改革的成功是多么的重要。最后,本书认为没有任何一种体系能够满足改革计划的目标,我们检验了一些所提议的混合选择,展示了这些混合的有益特征是如何通过设计优良的单只基金而被获得的(第8章)。第8章也将介绍不定额供款机制,可作为一种管理与确保承诺的替代率有关的风险。

已有研究表明这个论题包含多个方面,我们并没有表示要全部解决它们。个别分析家已经检验了从不定给付向储蓄养老金体系转变所发生的冲击。一些分析家也研究了退休年龄、通货膨胀系数的基准改变、给付计算的调整，以及对遗属养老金的调整（例如 Diamond and Orszag，2002；World Bank，1994）。其他对一些特殊的群体——比如少数族裔或者离异配偶——是否应在 NASI（1999）中获得支持的问题，或者有关体系是否按照其支持的路径真正对财富进行再分配进行了探索。我们在有关西班牙改革计划的内容中对前面一组问题进行了简要介绍（第6章）。首先，我们开发了一个能够更加有效地保障后代的给付并解决当前问题的简单给付模型。有关过渡的问题，后面的章节将给付作为给定的条件，因为我们的解决方法在给付结构方面是相对独立和富有弹性的（如第5章和第6章证明的那样）。简言之，我们的工作是对融资给付问题进行直接的解决，而不是探寻这些给付是否合理。虽然有些学者强调了其中的政治问题（BLahous，2000），但我们不在任何政治立场上分析政治风险。我们对美国和西班牙的状况进行考察，但是我们以全球的视角强调分析的框架。最后我们考察了具体的金融创新，并希望我们的研究工作将会对全世界的社会保障危机提供解决的线索。在争论的对立性条件下，我们希望得到与支持我们立场一样多的批判。如果我们提供的分析框架加深了养老金改革选择分析的严密性，我们的目的就达到了。

致　谢

在我 1992 年获得博士学位之后，佛朗哥和我曾经在一篇文章中谈过合作的事情。但是那时我的工作是从事衍生品的交易，甚至为世界银行管理养老金资产，这使得我无暇致力于一次严格的学术合作之中，尤其是达不到佛朗哥要求的那样。在 1998 年春天，我应邀参加了一个世界银行在中国组织的会议，并在会上针对养老金资产的有效管理问题向中国政府官员作报告。我曾在 1996 年对约旦进行了类似的访问，但是当时还没有对困扰这些国家的问题有充分的认识。在从上海去杭州（会议的地点）的大巴上，我不经意间听到了我的世界银行的同事们——他们是负责对各国养老金改革进行指导的——批评既定给付制（defined benefit，DB）并赞同固定缴费制（defined contribution，DC），而他们并没有管理和评估以上两种制度的风险的经验。不用说，我在佛朗哥那里学到的知识是不会让我容忍这种说法的。在会上，我公开反对他们的建议，这也导致了我的一个同事暗示我是一个技术统治论者，对养老金改革和储蓄一无所知。当时我和一个优秀的年轻同事搭档——他的名字叫 Ronald van der Wouden——他利用自己的休闲时间帮助我开发回报承诺计划和既定给付制的定义。在回华盛顿的路上，我冒着被扔出飞机的风险和另一位世界银行的同事发生了激烈的争论，在成田机场甚至差点被逐出公务舱。这样的经历说明我受到了佛朗哥良好的教导。

在受到缺乏对宏观经济和储蓄的理解的指责之后，我向佛朗哥求助。他在那个时候正在努力说服意大利人不要在养老金体系改革的错误道路上走下去。我们最后于1998年夏天在马撒葡萄园岛会面，我说明了为什么在强制参加的条件下DB要比DC优良的原因（我可怜的妻子Shaila不安地坐在旁边听了整个讨论）。一旦佛朗哥抓住了本质，没有什么可以阻止他在继续支持DB计划之后，阐述自己富有创造性的思想。有关养老金改革问题类别章节（第2章）的构思是在1998年秋天华盛顿的一次宴会上完成的，佛朗哥摊开一张餐巾，道出了将要于第二天向世界银行会议提供的关于拉丁美洲养老金改革的观点（Shaila和我奋战了一夜为他的演讲绘制图表）。这次会议成为第3章（对拉丁美洲改革的批评）的起源，当时我们会见了很多这个地区的重要决策者，并得到了改革过程中如何进行决策的第一手资料。第4章是狼狈的中国之旅的结果，在这次旅行中Ronnie的观点很不成熟，他在他的模型中证明了为什么我们这一方是正确的。第5章是爱的产物，因为我们自1998年底针对这一部分开始了一系列变更，一直没有完成的原因是美国政府总是给我们新的工作去做——不是有关精算师教育的、政府财政改革的，就是管理层的新建议的。但是，在这篇论文中展示的是佛朗哥光辉思想的种子，这些思想是在与美国财政部和社会保障局的交流中得到的。第6章要感谢佛朗哥的得意门生——Pedro Sainz de Baranda——在将西班牙改革中的可行建议进行的整合中作出的努力。我们接受了他的成果并将其吸收进我们的框架，同时深深地感谢他以给付改革的思路扩大了我们的研究视野。第7章有一段曲折的历史。我受一项由国际金融公司（IIF）提供的奖金的邀请于1998—1999年撰写了这一部分，因为需要为自己的绿卡申请证明自己具有得当的学术水平。一开始我得到通知获得了这个奖项，并将前往华盛顿参加为期数周的颁奖典礼，但是在几天后我突

致 谢

然被告知由于重大失误，该奖项被取消了（一等奖空缺）。佛朗哥对此怒不可遏，他向几个在国际金融公司的朋友打电话抗议这一不平等的决定——在没有任何理由的情况下国际金融公司没有向我解释为何奖项被取消或者是否方法不当。因此这一章将其本质的一面展现出来。Ronnie 和我再一次就世界银行的养老金改革计划——世界银行明智地选择了 DB 计划作为基础——陷入了深思。我们在为养老金的参加者努力寻找一条道路——直到我突然发现我可以利用经济理论创立一个"两养老金"定理。第 8 章是本书的基石，佛朗哥和我总是以我们依靠直觉的模拟工作打扰 Ronnie（在他筹备婚礼期间）。2003 年 6 月重游马撒葡萄园岛使我通览全书并完成了剩余的内容。

本书是我们在这个领域长期工作的成果，我们不仅从这个主题的合作者中受益匪浅，而且这种益处也来自于那些耐心和周到的人们，他们用自己的时间教我们懂得了社会保障的方方面面。对于前一类人，我们感谢 Ronald van der Wouden、Pedro Sainz de Baranda、Maria Luisa Ceprini 和 Kemal Asad-Syed。对于后一类人，我们对美国社会保险局首席精算师 Steve Goss 深怀感激，他以自己渊博的知识向我们提供了慷慨的和耐心的建议。我们感谢从 Martin Feldstein 的大量文献中获得的鼓舞，这也证明了兴趣广泛的力量。我们感谢 Peter Diamond、Alicia Munnell 和 Alan Greenspan，他们审阅了章节的草稿并指出了应当改进的地方，让我们受到了鼓舞。同样感谢 Andrew Able、Albert Ando、Shadrach Appana、Mel Aronson、Mukul Asher、Daniel Barr、Nicholas Barr、Nicholas Barr、Fennell Betson、DavidBlake、Alan Blinder、Barry Bluestone、Zvi Bodie、Barry Burr、Michael Clowes、Douglas Elmentdorf、Cagatay Ergenekon、Stanley Fischer、Sheldon Friedman、Arnoldo Hax、Roger Hickey、Larry Kotlikoff、Assar Lindbeck、Perry Mehrling、Lawrence Meyers、Olivia Mitchell、Leah Modigliani、前参议员 Daniel Patrick Moynihan、Sanjay Muralidhar、Rudy Penner、Pete Peterson、Tom Phillips、Monika Quiesser、Stephen Roach、Dallas Salisbury、Louise Sheiner、Allen Sinai、Gene Sperling、R. Thilainathan、Laura Tyson、Masaharu Usuki、Jaime Villasenor 和 Paul Volcker。我们还要感谢 Mavis Robertson、Fiona Reynolds、Richard Grant 和 Ralph Willis，是他们分享了自己参与澳大利亚高级年度计划时的经验。除此以外，我们对世界银行经济发展年会的参与者心存感激，是他们发表了具有帮助性的评论。

我们同样感谢 Neetu Bhatia、Thomas Lissey 和 Cybele Suarez 的忘我帮助。在几易敝文中 Shaila Muralidhar 和 Denis Fernandes 为编辑文档付出了很多辛勤的劳动。感谢 Jamil Bazx 把我们推荐给剑桥大学出版社的 Scott Parris 以及他的团队，是他们接受了原始的稿件并将其编撰成一部可读的图书。感谢我们共同的朋友，Kenneth McLeod（曾供职于斯坦福大学出版社），是他一直以来给予我们以鼓励——他仍然孑然一身。

Serena Modigliani 也应受到我们无限的感谢，她忍受了我们文中所有不足之处，包括反对佛朗哥将电脑带进自己的病房，当我们认为已经大功告成的时候，是她又通篇审阅了全书。最后她督促我们在 2003 年 6 月完成了这项工作。所有文责自负，如有遗漏应当致谢的人士在此表示歉意。

致佛朗哥

如果没有佛朗哥·莫迪利亚尼——我的合作者、导师和朋友——的贡献我是不能完成此书的，而他却在此书手稿即将出版的最后阶段阖然长逝。当这项工作徘徊不前时，我曾向他的妻子 Serena 承诺我们将在 2003 年 8 月 1 日前完成此书。在将所有手稿送给出版社后，我立即前往斯堪的纳维亚。两天后，佛朗哥打电话告诉我说他对第 5 章不满意，因为我们给读者留下了一种印象：我们提供的社会保障危机的解决措施是武断的。所以，"我们"认为应该加入一个分析性的附录（附录 5.5）来支持我们的论点。我开始的时候想把这样或者那样的不定额供款的工作都留到这本书再版时去做，但是佛朗哥不同意，他在这个附录上不知疲倦地工作，直到完成。在 2003 年 9 月 20 日，除了一处之外我们在附录 5.5 的所有更改上达成一致，没有将其包含其中的原因是佛朗哥忘记了它是什么。我将手稿再次交给出版社，并且在 9 月 24 日试图致电佛朗哥询问是否我可以完成最后一次修改，他正在为 Berlusconi 先生举行一个人文奖项的颁奖典礼，因而无法赶到。在 9 月 25 日，佛朗哥又转而做更重要、更好的事情。因此我把附录 5.5 的瑕疵留给读者自己去发现。

第二天，我为此书插入了漫画，这些漫画是佛朗哥于 1999 年 6 月从《纽约人杂志》（*The New Yorker Magazine*）上为我找到的。他非常喜爱这些插图，并且经常看着看着就大笑起来。有一幅图画的是一个人在孤岛上，头顶有一架直升机在盘旋。这幅插图配的台词是："莫管我，快去拯救社会保险！"这幅漫画对我而言就是道出了写作此书的意图，我把这幅漫画和大家一起分享。佛朗哥经常教导我说，拯救全球的社会保障体系应当非常谨慎，因为这是为数不多的可以提高人民生活的事情。佛朗哥也曾为政治家可能以牺牲穷人的给付发财致富的问题所困扰。我相信他的所有光辉思想——均已记录在此书——将会帮助实现我们和后代的目标。

因此，我将此书献给佛朗哥和 Serena——两人的智慧、仁慈、慷慨、诚实、正直和幽默感动了无数人。我们均是其中的受益者，我同样感谢我的家庭、朋友和 Seths——没有他们我也不可能结识佛朗哥和 Serena。

阿伦·莫拉利达尔

"Forget about me—save Social Security."

目 录

第1章 养老金改革的概述 …………………………………………… 1
概念 ……………………………………………………………………… 1
养老金体系的案例 …………………………………………………… 10
小结 ……………………………………………………………………… 14
附录1.1 养老金缴费、期望回报和替代率
之间的关系 …………………………………………… 15

第2章 养老金改革问题的分类 ……………………………………… 18
引言 ……………………………………………………………………… 18
社会保障：定义、必要属性和设计特征 ………………………… 19
"完美模型"（与其他计划的比较） ……………………………… 36
小结 ……………………………………………………………………… 44

第3章 养老金改革的评估 …………………………………………… 45
智利的革命及其对拉丁美洲和世界银行的征服 ……………… 45
基金积累制与现收现付制的比较 ………………………………… 49
对赤字PAYGO体系过渡的融资 ………………………………… 57
从DB到DC的社会保障体系转变 ……………………………… 61

养老金改革反思

　　　　　转向"私营"基金管理的问题 …………………………… 65
　　　　　管制与政治风险 ………………………………………… 69
　　　　　小结 ……………………………………………………… 75
第 4 章　既定供款计划的福利成本 ………………………………… 77
　　　　　目标的重要性 …………………………………………… 82
　　　　　分析的框架 ……………………………………………… 84
　　　　　模拟的有关假定 ………………………………………… 90
　　　　　分析的结论 ……………………………………………… 93
　　　　　小结 ……………………………………………………… 102
　　　　　附录 4.1　经济变量间的相关系数 …………………… 104
　　　　　附录 4.2　以情景分析的方式获取经济不确定性 …… 104
　　　　　附录 4.3　全部结果概览 ……………………………… 106
　　　　　附录 4.4　养老金计划中 40 个参与者的特征 ……… 108
第 5 章　从 PAYGO 到普通投资组合积累的转变：
　　　　　美国的实践 ……………………………………………… 111
　　　　　从 PAYGO 到部分或完全积累转变问题：
　　　　　值得干吗？假如值得，如何干？ ……………………… 111
　　　　　一个一般化的转变机制 ………………………………… 112
　　　　　改革的需要与对美国的提议 …………………………… 120
　　　　　金融问题 ………………………………………………… 127
　　　　　小结 ……………………………………………………… 139
　　　　　附录 5.1　零增长率条件下有关转变的动态细节 …… 141
　　　　　附录 5.2　完美模拟与克林顿政府建议的比较 ……… 141
　　　　　附录 5.3　我们的计划中有关转变的细节 …………… 151
　　　　　附录 5.4　回报率的选择 ……………………………… 151
第 6 章　西班牙的社会保障改革 …………………………………… 159
　　　　　西班牙的社会保障体系改革 …………………………… 159
　　　　　西班牙的社会保障体系 ………………………………… 160
　　　　　缴费性社会保障体系的财务预测 ……………………… 170

改革的建议 ·· 172
　　不同建议的结果 ··· 187
　　小结 ·· 193
　　附录 6.1　PAYGO 法则的修正 ························ 196
　　附录 6.2　由 SPF 获得的回报率 ······················ 200
第 7 章　"两养老金"定理 ··· 204
　　帮助退休人员实现退休目标 ····························· 204
　　社会保障体系的 GRRP DB 计划的最优化 ·········· 207
　　不确定金融条件下的选择理论 ·························· 209
　　对养老金金融的应用 ······································ 210
　　纯粹 DC 计划的应用 ······································ 212
　　有关混合养老金体制的案例 ····························· 215
　　资本市场与投资管理问题 ································ 216
　　小结 ·· 219
第 8 章　混合体系的案例及不定额供款：
　　　　提升养老金体系的业绩 ······························ 220
　　引言 ·· 220
　　通过部分积累将 PAYGO 与基金积累性体系相连 ······ 221
　　不定额供款的案例 ·· 225
　　不定额供款体系的模拟 ··································· 227
　　小结 ·· 239
　　结论 ·· 240
　　附录 8.1　资产回报、增长和收益(1961—1996 年)：
　　　　　　平均值、标准差和相关系数 ················ 242

参考文献 ·· 244
译后记 ··· 252

第1章 养老金改革的概述

概　念[①]

　　养老金改革的话题引发了一个重要问题：什么是养老金体系？它存在的必要性何在？还有，养老金体系的资产负债表看起来是什么样子的？养老金体系的首要目的是帮助家庭通过对整个生命周期消费的合理调整分配生活资源，好像生命周期假定（life-cycle hypothesis，LCH）一样。这个目的通过将资源从在职期间转移到退休后得以实现，因为退休后人们就不再得到工资。[②] 在讨论养老金计划的合理形式之前，有必要先阐明养老金计划存在的必要性。这方面的文献已有很多，有关学者在很大范围内进行了实证研究（World Bank，1994）。例如，Logue and Rader（1997）曾指出：从企业的视角，必须制定有关防范退休收入不确定性的保险计划来补充和保持对员工的激励，以及显示储蓄的避税性。这些结论将要以政府和企业计划的角

---

① 根据 Muralidhar（2001）。
② Modigliani and Ando（1954），Modigliani and Brumberg（1963）。

度进行三个方面的重新论述。

首先,再分配和社会保险在公共体系中是非常有效的。这相当于以社会负债的形式保证其他公民——尤其是老年人——能够有必要的资源满足基本生活需求。但是,政府提供这种安排的首要原因是基于认为所有公民为短视的,并没有为退休后积累足够的资源(Samuelson, 1975; Aaron and Reischauer, 1998)。这种家长主义观点的一个延伸是社会的很多部分没有复杂到足以合适地安排家庭。简言之,这些体系的建立是为了防止政府不得不养活一大群退休人员。一些学者认为美国的养老金体制是一个社会保险体制,而非储蓄体制(Blahous, 2000)。养老金体制同样可以成为一个将资源从小康生活的公民那里转移给穷人的再分配机制,而这些穷人都是无法以自己的能力积累足够储备的。虽然再分配特征并非养老金体制的先决条件,但是它将养老金机制从"社会保障"体系中区分开来。通常来说,再分配机制倾向于提供,或者应当提供一个基本的(而不是慷慨的)最小养老金支付。

其次,私人储蓄必须受到鼓励。经济理论表明,国家需要储蓄以形成资本,个人需要储蓄以支持其无工作时的生活。通过实行一系列的刺激政策(例如课税扣除和延期)和强制供款条款,政府鼓励民众提高其储蓄率。对于这类储蓄的需求越大,供款比率和(潜在)给付越高。

最后,必须诱导所期望的行为。在宏观层面上,养老金机制允许个人采用消费生命周期模型的假定,因此保护了短视的和行为简单的个人(Modigliani and Ando, 1963)。这就涉及在职期间向退休后提供的储蓄。在公司层面上,养老金是一笔延期支付的工资,直到员工所有期望的特征——例如正直和诚实——都展现出来后这笔工资才能支付。除此以外,企业能够通过提供对应的缴费对期望的行为进行引导,以保证员工能够安心退休。养老金能通过设计吸引雇员加入一个团队,在其中工作得更久(典型的公司既定给付制),拥有工作弹性(现金余额计划)等等。一方面,Blahous(2000)指出社会保障机制能够激励继续工作而不是提前退休。另一方面,基金积累型养老金计划的基本道理是现在把资金放在一边，而在合适的时候进行投资以支持未来的消费（债务）——甚至应对提前退休。

养老金体系可以根据承诺的给付和融资方式进行宽泛划分。本质上有两种养老金计划的选择：既定给付制和既定供款制。按照融资方式通常被描述为"现收现付制"（pay-as-you-go，PAYGO）和基金积累养老金计划主要在下面部分进行分析。

既定给付养老金计划

既定给付养老金计划的本质是以绝对现金或薪水估计值（例如，最后薪水的一个固定百分比或者过去几年薪水的平均值）的一定比例形式提供一项"确定的给付"——一个**提前确定的年金**。承诺的养老金给付可以是实际的，也可以是名义的。在既定给付养老金计划中，参与者、资助者或双方均进行可随时变化的缴费。年金或者给付对薪水估计值的比例被称为"替代率"。参与者可能没有意识到缴费和给付的关系。但是体系的管理者和养老金融资专家知道存在一个特定的"预算约束"，这个"预算约束"将缴费、回报和给付同替代率联系在一起（Asad-Syed，Muralidhar and van der Wouden，1998）。这个关系在方程1.1中进行了说明，并在本章的附录中进行了详细讨论。既定给付计划的执行取决于代际和代内投资和负债风险的分摊，这就是Bateman，Kingston and Piggott（2001）所谓的风险的社会分配。

既定供款养老金计划

在既定供款养老金体制中，参与者、资助者或者双方提前进行缴费。这个方案通过绝对的现金数量或者薪水估计值的一个比例决定缴费（比如每年10 000美元或者5%的年税前工资）。这些缴费可能是部分或者完全自愿的，参与者将缴费投资于资产中。而最后的养老金（在退休前）是不确定的，因为这完全取决于积累缴费的资产运营情况。因此，如果两个人缴费相同，但投资组合不同可能导致养老金数量出现很大的差异。进一步来说，如果两个人具有相同的缴费历史，那么在不同时期他们的养老金可能存在很大差异。①

既定给付计划的本质特征是最后的收入是确定的（向参与者支付的目标替代率是由资助者确定的），而既定供款计划最后的养老金是不确定的。

传统上，公司既定给付养老金公式基于服务的年数乘以一些精算因子来确定养老金数量。这两方面因素的乘积隐含了替代率。这种给付说明的问题是公式中工作年限的纳入导致当参与者年龄增大时养老金的非线性增长，这也就使得个人继续留在提供养老金的机构。因为随着时间的增加离开的成本不断增大，这就创造了一个非自愿地留下的动机。这个关于给付的简单定义也说明了既定给付的负面作用，这对于既定给付计划几乎是致命的。Godoy and Valdes-Prieto（1997）对所有的既定给付计划进行了谴责，其暗示："既定给付方法将在职人员暴露在最后的低工资风险之下，在这个工资水平下给付是基于且必须向提供投资回报担保的机构支付隐性费用"。这种谴责是无根据的，因为既定给付计划仅仅承诺担保替代率，并且没有必要用前面的公式这样做。我们可以在下面的简单方程中看到缴费和回报的关系：

$$\text{在职期间的名义缴费，在期望回报下的资产混合（存在或者不存在波动）} = \text{退休时最终期望财富}$$
$$= \text{在退休时合意的年金期望现值（与替代率有关）} \quad (1.1)$$

名义缴费金额等于缴费率乘以名义工资。简单地说，假定缴费率是固定的（我们将在第8章回到这个假定）。当回报不稳定时，这个方程就表现了既定供款计划的特征。如果回报的波动通过一项投资战略或者担保被消除了，那么最终财富和退休时年金的现值就成为薪水增长的函数。换句话说，如果回报率得到保证，那么在工资增长率确

---

① Bader（1995），Bodie 等（1988）和 Blake（2000）提供了一个对既定给付和既定供款计划更加详细的描述。

定的情况下，养老金对工资平均值（去年或者以往 35 年的平均值）的比率——替代率也得到了保证。因此这个方程同样表现了既定给付计划的特征。第 3 章的一个例子显示了给定工资增长率情况下给付、投资回报和养老金间的简单直白关系（有关技术细节见本章附录）。以往的养老金改革的研究并没有意识到好的养老金设计能够建立连接既定给付和既定供款计划的桥梁。

注资形式

对既定给付或者既定供款计划进行注资的形式有多种。就目前而言，占主流的是属于既定给付计划的现收现付体制，该体制要求当前参与者进行缴费，并对退休人员支付给付。在一项纯粹的现收现付计划中不存在资金的积累，因为所有的给付被用来支付养老金了。但是，企业的或者职业的既定给付或者既定供款计划倾向于基金积累（部分的或者完全的）。注资行为要求在退休前进行基金积累以应对未来发生的债务。这些基金被投资于市场性的或者非市场性的资产。

因此，养老金缴费和资产回报的某种结合被用来支付养老金。一些学者（例如 Logue and Rader，1997）指出既定供款计划总是完全积累（funded）的。在养老金由资本积累进行完全支付的意义上，这个论点是正确的，但是它被曲解成资助者对养老金的规模漠不关心。很多学者错误的假定不管是资助者还是已退休人员都对既定供款计划中养老金的支付漠不关心。即使在既定供款计划中，对于参与者重要的是设定一个目标替代率（虽然并非能得到保证）并选择其缴费数量、投资政策或者以上两者来实现其目标。因此，其他学者（Muralidhar and Van der Wouden，1998b）指出如果计划中的资产无法充分满足保持目标替代率，那么既定供款计划将会陷入资金缺口。不管如何选择融资策略，养老金的资产负债表总是能够通过图 1—1 展现出来，不同的注资方法更加注重缴费或者积累性资产以及给付的回报。简单地说，改革的重要方面是（1）给付；（2）缴费政策；（3）投资政策。任何一方面或者全部都需要国家目前社会保障体系的制度性变革。

图 1—1　养老金的资产负债表

资料来源：Muralidhar（2001）Adapted from Innovations in Pension Fund Management by Arun S. Muralidhar，© 2001 by the Board of Frustees of the Leland Stanford Jr. University，by permission of the publisher.

既定给付与既定供款养老金计划之比较

既定给付计划通过扩大不同年龄参与者的人数和投资期限分散投资风险。这些计划将风险限定在一类或者各类之间。计划的资助者——通常承受计划的投资风险——比计划中的个人有更长的时间框架和更高的风险承受能力。换句话说，在既定供款计划中，投资期限是一个人的一生，然而在既定给付计划中，投资期限更长（如果无限期）。由于这些原因，既定给付计划平均而言可以承担更多的风险并产生更多回报，其资产分配政策的改变所需的时间也比个人计划更长（见 Orszag and Stiglitz，2001）。但是，既定给付计划以聚集资产的方式可以降低管理资产的成本。[①] 另一方面，既定供款计划促使个人将其投资组合限定在其可以忍受的风险之中，并考虑到对其偏好的更好的配合。个人参与者承担其所有计划中的收入和损失，却导致其资产管理成本的升高。[②]

[①] Blake（2000）检验了其他与投资无关的差异，如可行性的下降和年金的成本。该文献发现在英国既定供款的全部缴费有远远低于既定给付体制的倾向。

[②] Blake（2000）指出"既定给付体制在一个投资组合中进行投资：潜在资产（既定供款体制中的一部分也是如此）**加**一个看跌期权**减**一个看涨期权。"

既定给付计划提供了基于薪水的稳定退休收入；而既定供款计划则因为投资业绩的不确定性而使得退休收入难以预测。本质上，既定给付计划的弹性较小（个人在其缴费数量上的自由较小），并且对满足个人退休前后现金流的需求缺乏反应能力。

既定给付计划为长寿者提供了保险。如果资助者不发生违约或者没有商业保险的保障，在个人死亡前钱全部花光的可能性不大。国营体制下不需要商业保险，因为政府就是出资者，并且有权向公民征税。在美国，企业性的商业保险计划通常由养老金给付担保公司（Pension Benefit Guarantee Corporation，PBGC）之类的机构提供。但是，那些一生都在缴费却在退休后马上死亡的个人并没有机会将自己的保障资金遗留给后代。既定供款计划并不提供商业保险，而购买年金又太昂贵。在既定供款计划中达到通货膨胀指数的生活年金是很难的。尽管如此，虽然既定给付计划提供遗属保险金，但是只有在既定供款计划中才有可能在早逝时将钱遗留给后代。

一个不同于既定供款的计划是公积金（Provident Fund，PF）计划，该计划在英联邦国家受到欢迎。在这种体制下，个人缴费被用于投资，参与者获得每年的分红，这笔分红通常是资产回报的一个比例。公积金计划也具有一些既定给付计划的代际风险分散的特征。有时，养老金的回报通过各个时期被平均了，这样保证没有人会因运营不好而受到影响。但是，如果已实现的收入不断下降，那么问题就发生了，因为这种平均技术可能导致超过可用资金的承诺。如果能够正确地构建它们，从宏观投资的角度公积金计划要优于个人既定供款计划。公积金计划的两处主要劣势为：(1) 个人所承担的投资风险与决策者无关；(2) 参与者不能选择投资策略，所以就无法控制风险水平。在某种程度上，后者可以通过在公积金计划的框架下设立一系列的子基金进行处理，而这些子基金分别具有不同风险水平（也被称为"生命周期基金"，其目标是不同年龄的人群）。

表1—1对既定给付和既定供款计划的不同之处进行了归纳。

表中清晰地表明混合了既定给付和既定供款投资特征的计划比其中任何一种计划都可以满足大部分人的要求。融合了这两种计划的有益特征的创新计划能够达到相同的目的。美国的一些公司提供一种可供选择的现金余额,这种现金余额要求计划的资助者确保一个投资回报率(不是固定的就是可变的)。如果缴费比率和回报是固定的,在给定工资增长率的条件下,参与者的替代率也是可以得到保证的。在回报率可变的情况下(例如美国利率为3%的10年期国债),替代率也是可变的。设计这个计划是为了确保一个更加线性和稳定的养老金获利水平,这些获利不能用于强调不成比例的最后几年的供款。

表1—1　　　　既定给付制和既定供款制的投资特征

既定给付制	既定供款制
1)提供稳定的给付	1)考虑到所需现金流的配合
2)计划的资助者承担风险	2)个人承担风险
3)聚集投资风险	3)个人有权选择投资方式
4)提供应对长寿的商业保险	4)考虑到财富的继承
既定给付和既定供款的组合可能会更有利	

资料来源:Muralidhar(2001)Reprinted with permission from Muralidhar(2001).

　　对选择既定给付和既定供款时的非投资线索进行阐明也是非常重要的。例如既定供款计划适合受过良好教育的、有理财知识的人使用,因为他们具有选择退休时合理替代率的权利。既定给付计划需要得到强大的监管体系的支持,这样才能保证足够的资金能够被得当地进行投资以应对未来债务的发生。既定给付和既定供款计划的相对混合可能在各国或个人有所不同(具体在第7章详细讨论)。

　　改革家们经启发后指出,要么在一个国家实行多重体系,要么实行具有各体系多个方面的单个体系。关于多个体系最著名的例子是世界银行的三大支柱体系(一个强制的现收现付制既定给付计划,一个由政府或雇主资助的强制基金积累既定供款计划和一个自愿的既定供款计划)。Bodie,Marcus,and Merton(1988)赞同一个混合最低限计划，这个计划中既定给付就是底线。我们自己发掘了很多这些参考。①（这些问题将在本章稍后和第 8 章进行详细讨论。）

个人与集体安排

在个人选择与集体安排方面集中了相当多的讨论。因此我们对可能引发争议的问题进行解释，并阐明其中的一些权衡取舍。个人选择最常提及的地方在投资组合选择的内容中，然而集体安排通常在既定给付计划的风险分担中进行讨论。个人投资安排的情形出现在允许个人选择其希望的投资组合和赋予其储蓄不可剥夺的财产权利。合并既定给付安排意味着较低的成本但是容易受到政府调控的影响，因为政府可以控制这些资产。但是，在既定供款计划的框架下制定集体安排是可能的：最著名的就是公积金计划或者美国节俭储蓄计划（U.S Thrift Savings Plan，TSP），在这两种计划中投资的功能被集中起来，但是个人要承受市场风险。② 另一方面，Bateman，Kingston and Piggott（2001）指出：澳大利亚通过雇主推行强制储蓄，而费用的节省是通过对雇主的集中而实现的（与 TSP 相似）。

讨论这些问题的第二个部分是在有关养老金的内容中，年金的个人安排倾向于更高的成本，并且通常不可能向个人提供充足的商业保险，因为市场是不完整的（例如，无生命年金、无通货膨胀的保护、存在逆向选择的冲动）。但是，存在一种将集体安排作为更容易受政治风险影响的倾向，如给付的变化（Diamond，1997b）。因此，在设计体系中的交易是决策者不得不在个人或集体安排中进行选择，以及公开卖掉这种选择和无法分散的政治风险，并降低有关成本。

---

① Muralidhar and van der Wouden（1998a）建议政府实行缴费既定给付（contributory defined benefit，CDB）计划，在这个计划中参与者的缴费以一个实际回报率（由政府保证）增长。这个计划照搬了既定供款计划很多优点（例如注资个人账户、借贷的可能性），并与此同时通过担保向参与者提供商业保险。他们还认为个人应通过在既定供款计划中投资附加资金以补充储蓄的形式完成类似计划。类似于 CDB 的企业计划是现金余额计划。

② 在 TSP 中，个人从一个名单中选择偏好的基金，然后所有的选择经集中后进行投资以降低成本。

养老金改革反思

养老金体系的案例

本部分考察了各国和各企业的养老金体系,并提供了不同体系特征的背景情况。[①] 这些养老金体系包括美国社会保障体系、智利和墨西哥模式、意大利辅助体系、匈牙利和马来西亚模式,以及美国 401(K) 条款。

美国的社会保障体系[②]

美国的社会保障体系建于 20 世纪 30 年代,是一个具有广泛义务性和参与性的强制的、公共的既定给付系统。极个别的一些人可以不参加这个体系。其平均的养老金给付代表了薪金历史中最好的 35 年的 50% 的替代率。通过做出一些调整将养老金重新分配给弱势群体,因此个人替代率可能与平均值不同。[③] 至此,向那些薪金历史不好的人提供的替代率高于那些有着良好历史的人。养老金的给付一直进行到死亡为止,包括对通货膨胀的实质性指数化(自 1972 年起),并且扩展到遗属。这个体系是根据现收现付制的原则,主要以当前的缴费应对支付进行设计的。现在,美国的社会保障体系不再是一个纯粹的现收现付制体系,因为有关方面在 20 世纪 70 年代中期意识到,仅仅依靠缴费会不可避免地导致这个项目的破产。因此,在 1982—1983 年,格林斯潘委员会建议大幅提高缴费水平,这样可以建立一个储备资金——即所谓信托基金——来应对未来的资金短缺。不幸的是,这个改革没有成行,仍然需要新的改革以避免其在 21 世纪发生破产。在这个系统中不存在个人选择。

---

① 有关英国养老金体系的信息请参考 Disney (1998),欧洲的养老金改革请参照 Mantel and Bowers (1999),日本的请参照 Usuki (2002)。
② 具体细节请见 Diamond (1996a) 和 Blahous (2000) 第 5 章。
③ 到 1999 年为止,每月养老金为第一级 505 美元的 96%,下一个收入提高到 3 043 美元的 32%,以及高于这个水平的 15%。

智利的既定供款模式

于 1981 年实行的智利模式逐渐从现收现付制计划中淡出,更换为一个强制的既定供款计划。新参加计划的雇员只能参加既定供款计划,然而现收现付制计划的参与者可以在新老计划中进行选择。这些资产由私营公司经营(被称为 Administradora de Fondos de Pension),由参与者从政府许可的一系列公司中选择。个人承受大部分的投资风险。① 智利的体系中有这样一些保障:(1)对未被强制性计划覆盖到的群体提供一个较低的社会扶助给付;(2)如果已缴费超过 20 年,就会有一个由政府保证的大约为平均工资 25% 的最低养老金水平;(3)相对于国家的平均水平,有一个比率可以保证每只基金最低盈利水平;(4)如果商业保险公司破产,由政府担保年金的给付(World Bank 1994)。在其他拉丁美洲国家中——阿根廷、哥伦比亚和秘鲁——智利体制的革新提供了在私营既定供款体系和公营现收现付制既定给付体系之间第二大支柱的选择(Mitchell and Barreto,1997)。但是,该计划考虑到提前退休,且允许个人进行自由缴费(Godoy and Valdes-Prieto,1997)。

401(K)计划和美国的个人退休金账户

这两种计划目前在美国是非常普遍的,并且在讨论基金积累型既定供款计划中被常常提及。在 401(K)计划下,雇主和雇员以税前收入向基金供款。参与者可从已经确定的私有资产管理者中自由选择投资战略。在一定限制下酌情允许他们从自己的账户借款,但是必须根据已有的法律进行偿还。

在个人退休金账户(Individual Retirement Accounts,IRA)计划下,如果个人符合一定的标准,他们就可以直接建立保障计划。参与者对以下方面拥有充分的选择权:(1)选择其资产配置(一项债券

---

① 某种程度上与世界银行的第一支柱作用相同。

和股票的组合；国内和国际资产的组合）；（2）从一个简短的管理人和共同基金名单中选择其中意的管理者。参与者如果不是对全部资产配置和资金选择（自主计划）具有完全的识别能力，就可以将其委托给有关服务的提供方。允许将资金抽出而进行其他活动融资，但是如果退休前这笔资金没有返还，参与者将需要为此纳税，因为 IRA 计划不再是递延税收储蓄。养老金是从服务提供者中购买的在退休时形成积累的年金。

在这两种体系中，参与者拥有一定的对缴费水平的决定权，但是存在对最高缴费水平的上限。之所以存在这种上限是因为这种储蓄是税收递延的。但是，这种上限是随时间的变化而变化的，这样就会允许参与者改变这些计划的缴费水平。

意大利计划（和澳大利亚退休计划）

意大利的现收现付制计划长期依靠一只离职基金进行补充，并以其沉重的包袱而著称（Modigliani and Ceprini, 1998）。就业者 40% 的工资都用于缴纳委托养老金。一个有趣的现象是救济金是以已实现的工资的增长率为基准的，这就使得这项计划有点既定供款的味道。最近一段时间以来，意大利正在进行的改革允许职工将他们的解雇费缴纳转换成他们职业中共同基金的个人账户。这些投资是为了初期的准备，而后允许职工转换为另一职业的共同基金或者进行更大范围的筹资。因此，不管个人账户是否被私立机构管理，对投资机构的选择存在限制，并且存在某种意义上的因职业产生的利益群体（不论年龄、收入或风险承受能力）。

虽然澳大利亚设立了共同的既定给付计划，在澳大利亚版的既定供款计划中允许雇主提供方案，但是养老金公司可以为参与者展开竞争。因此，存在企业或者行业水平上的养老金计划，但是私立机构可以建立集成信托为个人提供账户（Bateman et al., 2001）。澳大利亚是一个有趣的例子，因为与匈牙利的体系相比，这里没有多少投资或者担保方面的限制。该体系中隐含的巨大风险是对参与者的资产配置可能会不合适,因为投资战略因年龄的不同而形成了各种不同的群体(并且不能解释财富、消费方式或者个人参与者的期望年金)。Scheiwe(2001)对澳大利亚模型做出了有趣的评论。

强制性公积金

该计划在以前的联邦共和国(例如,印度和马来西亚)非常普遍,在这种计划中个人向系统进行缴费,然后汇集到中央资金池。该计划通常向私营部门的雇员提供(Asher,1998;Thillainathan,2002)。所汇集的资金投向不同的资产,参与者根据其缴费获得红利,其本质上相当于投资战略的回报。在一些国家,多年的投资回报被加以平滑后作为红利发放以减少波动性,那么如果一系列负回报产生后将有可能使系统产生资金缺口,但是并不清楚发生赤字后将如何进行弥补。在马来西亚,参与者将被保证获得至少 2.5% 的投资回报,参与者拥有个人账户但是没有选择权。通常情况下,允许参与者向这些基金借款以购买住房或进行其他被认为是对社会有用的投资活动。Beteman and Piggott(1997)证明了这种资金集合方式的成本是低的,在这种基金中隐含的错误动机结构虽然可能使马来西亚有较好的投资回报,但是其水平相比市场方式仍然是低的。

墨西哥

墨西哥人过去是在一个旧的现收现付制既定给付体系之下,现在已转换成既定供款计划。他们可以(在退休时)以自己的实际积累或者在旧的既定给付体系下假定同等参与来获得自己的退休金(例如,如果他们达到了现收现付制的内部收益率,那么将来的积累会是多少)。除此以外墨西哥的养老金计划与智利没有多少不同。因此,墨西哥改革的既定供款要素对目前参与的显性退休金承诺,可以被认为是与智利相同。未来的参与者会被提供与退休时最低工资相联系的最低退休金,正如在智利计划中一样。在退休时,参与者可以选择购买私营机构的年金,或者有计划地从基金管理者中获得补偿。年金的数量以余额为依据——包括利息，并除以期望寿命。从私营机构中获得的年金不能少于承诺的最低养老金（Sales-Sarrapy，Solis-Soberon and Villagomez-Amezcua，1996）。

匈牙利

匈牙利实行的是有趣的三大支柱组合的形式。始于1997年的养老金改革构建了一个强制的现收现付的既定给付体系，一个强制积累的第二支柱（广义上的既定供款），以及自愿的第三大支柱既定供款。第二支柱将职责赋予非营利性共同基金，其中的参与者同时也是基金的所有者。基金组织构建了合理的监管结构，并将关键岗位委任给有关专家。这些组织即拥有了将职权（从管理层到资产管理人）委任给营利性第三方机构的权利。然而，首席管理人的任命是强制性的。强制性既定供款计划部分的担保由一个中央担保基金（central guarantee fund）提供，第一支柱至少25％的养老金将提供给合格的参与者。养老基金按照参与者缴费水平0.3％～0.5％的比例向担保基金缴纳保险费。虽然政府提供了最后的支持，但是保证基金仍期望通过内部筹集的保险费储备承担所有支付。一系列监管条例鼓励投资组合的多元化，包括在资产中加入债权的必要性。除此之外，养老基金需要通过一个内部的储备基金提供一个最低的回报承诺，暗含了相对成员账户借贷回报的营利回报平滑因素。第一支柱的给付大都由雇主承担，而第二支柱大都由雇员承担。1997年之前在职的雇员可以自由选择是否向第二支柱缴费，但是新参加工作的员工没有这种选择权。

小　　结

近来有关美国和其他国家社会保障安排的大量建议都难以避免地混淆了退休金支付的私有安排的论题。社会保障私有化的定义是宽泛的，甚至是一个误称。有人建议社会保障计划要么是既定给付，要么是既定供款，或是与美国或者智利的模型相似。本章对一些重要的概念进行了定义，并且举例说明了世界范围内不同养老金计划以及改革。既定给付和既定供款计划的重要不同之处在于既定给付计划的养老金是确定的并且有担保的，而既定供款计划会产生不定额的养老金收入。该差异之所以重要是因为在既定给付和既定供款计划中养老金缴费不必是固定的。本书的剩余部分将基于本章揭示养老金体系的最优结构只需要通过两大支柱进行构建，这两大支柱结合了既定给付和既定供款计划、现收现付制和基金积累制以及以集中资产投资方式的个人账户的优点。

附录 1.1 养老金缴费、期望回报和替代率之间的关系

本部分改编自 Asad-Syed，Muralidhar and van der Wouden（1998），发展了如下的理论：养老金回报保证为养老金缴费和替代率之间提供一个一对一的关系。

以下公式被用来计算周期性津贴的支付，这样一笔年金就能依据给定的财富进行给付。主要的假定是年金在每期期初进行支付，并且所有变量是确定的。

如果 $ExpR = ExpI$，那么

$$每年的津贴 = \frac{(1+ExpI)^{(1-\#Years)}}{(1+ExpR)^{(1-\#Years)} + (1+ExpI)^{(1-\#Years)}} \\ \times (1+ExpR)^{(2-\#Years)} \\ \times \frac{(1+ExpI)^{(\#Years)} - (1+ExpR)^{(\#Years)}}{ExpI - ExpR} \\ \times EndBal \quad (A1.1.1)$$

如果 $ExpR = ExpI$，那么

$$年收益 = \frac{EndBal}{\#Years} \quad (A1.1.2)$$

其中，

$EndBal$ 是年金现值的总和（**退休时需要的余额**）；

$ExpR$ 是在年金计算中假定的回报（**期望回报**）；

$ExpI$ 是年金津贴支付的增长（**期望津贴的增长率**）；以及

$\#Years$ 是年金提供的津贴支付次数（期望寿命）。

公式（A1.1.1）和（A1.1.2）中每年的津贴提供了年金第一次支付数量的计算方法。如果**期望津贴的增长率**等于零，所有进一步的年金支付都是相同的。如果**期望津贴的增长率**大于零，津贴的支付以这个幅度增长。替代率以每年的津贴数量与参与者最终行业平均工资的比来表示。

下列公式被用来计算参与者至退休时积累的财富数量：

如果 $CapR \neq SalGrowth$，那么

$$最终财富 = \frac{StartSal \times ContriRate \times ((1+SalGrowth)^{(\#Periods)} - (1+CapR)^{(\#Periods)}) + IniWealth \times (SalGrowth - CapR)(1+CapR)^{(\#Periods)}}{SalGrowth - CapR}$$

（A1.1.3）

如果 $CapR = SalGrowth$，那么

$$最终财富 = StartSal \times ContriRate \times (\#Periods) \times (1+CapR)^{(\#Periods)} + IniWealth \times (1+CapR)^{(\#Periods)}$$

（A1.1.4）

其中，

$IniWealth$ 是开始向储蓄计划缴费时的财富（**最初账户余额**）；

$CapR$ 是参与者向储蓄计划进行缴费的期望投资回报（**缴费期望回报**）；

$Salgrowth$ 是参与者在职业生涯中期望的工资增长（**期望工资增长**）；

$\#Periods$ 是参与者对储蓄计划进行缴费的期数（**退休年龄与目前年龄的差**）；

第 1 章　养老金改革的概述

$StartSal$ 是当参与者开始向储蓄账户缴费时的工资水平（**目前工资**）；

$ContriRate$ 是参与者的既定供款率，即参与者在每期进行储蓄的比例（**缴费率**）。

将最终财富定义为参与者在退休时积累的数量。改变量可以用作年金支付公式（A1.1.1）和（A1.1.2）的输入值，这就决定了参与者以这笔全部最终财富能够支付的每年津贴流。

以下的一组公式确定了参与者的储蓄率（缴费率），进而预先确定了退休时财富的期望值。

如果 $CapR \neq SalGrowth$，那么

$$ContriRate = \frac{(CapR - SalGrowth) \times (IniWealth \times (1+CapR)^{(\#Periods)} - EndWealth)}{StarSal \times (1+CapR) \times ((1+SalGrowth)^{(\#Periods)} - (1+CapR)^{(\#Periods)})}$$

（A1.1.5）

如果 $CapR = SalGrowth$，那么

$$ContriRate = \frac{EndWealth - IniWealth \times (1+CapR)^{(\#Periods)}}{StartSal \times \#Periods \times (1+CapR)^{(\#Periods)}}$$

（A1.1.6）

公式（A1.1.5）和公式（A1.1.6）得到了表示参与者为了获得目标最终财富，而从工资中拿出的每期缴纳数量的百分比。

从以上的公式中可以明显看出，为给定的人口统计变量（例如工作年限、期望寿命）和经济变量（工资增长、退休后的通货膨胀率、退休后年金的回报）选取替代率等同于选择缴费率和投资回报率，反之亦然。换句话说，在没有任何回报保证的情况下，可以以替代率为目标选取最优缴费率。所以，为给定的缴费率或者其他变量保证投资回报率能够确保受到保证的替代率。因此，如果资产的回报能够得到保证，那么既定给付计划也就是有保证的了。

第2章 养老金改革问题的分类[*]

引　言

由于目前对私营化问题及其含义的混淆，对于澄清社会保障的含义及其应当实现的"必要属性"是非常重要的。本章建立了社会保障体系评估的基本原则。通过详细阐述在选择社会保障体系设计方案中的各种折中，回顾了有关基本概念，强调了任何社会保障体系所需要的必要特征。本章建立了度量任何社会保障体系所需要的标准，提供了可以帮助决策者分析任何建议优劣之处的范式。最后，在给定一系列宏观和微观经济变量的条件下，本章提供了一个"完美模型"与世界上正在使用的其他模型进行比较。关于从美国和西班牙目前的体系过渡到可行的"完美"系统的问题将在第5章和第6章分别进行讨论。本章的结论是对目前实施的改革设计提出了一些简单修正。

---

[*] 本章在 Modigliani and Muralidhar (1998) 的基础上进行了扩展。

第2章 养老金改革问题的分类

社会保障：定义、必要属性和设计特征

社会保障

那种社会保障必须由政府进行提供的命题反映了传统保障思想的一个方面，并开始在对改革的各种讨论中黯然失色。本质上，如果不是基于自由主义的观点，政府有责任保障居民不至于因老致贫（Aaron and Reischauer，1998；Diamond，1995）。显然，所谓"贫穷"的界定是有争议的，但是政府必须为贫穷老人提供保障或者保证对所有公民提供基本生活条件，这些都是毋庸置疑的。不断增加的贫穷老人需要政府提供住房、保护以及医疗服务。否则，由于贫穷老年阶层的存在将会降低年轻人的生活质量。很多提倡实行社会保障"私有化"的政策建议忽视了这个基本原则，该原则的目的是将养老费用从挥霍的政府中隔离开，或者迎合每人都有权选择他们的养老方式的观念。然而，最终还是由政府实施，个人还是不得不交纳高额的税负。

在一些国家，社会保障是同伤残保险、生存保险和老年医疗计划结合在一起的。我们关注社会保障的养老金层面，但是我们在本书中使用的原则同样可以扩展到其他随机债务的管理计划（Muralidhar，2001）。

一旦政府必须提供社会保障的观点被接受，不论多么小的退休金计划，对于社会保障体系而言建立一系列宏观和微观经济"必要属性"是非常重要的。[1] 没有任何一项单独的计划能够获得所有这些属性，但是本书提供了评估这些计划的标准。例如，在 Blahous（2000）中提炼了三种必要属性：(1) 提供社会保险，并将缴费同给付相联系；(2) 提高工作的积极性；(3) 减少人口统计类别中的不平

---

[1] Muralidhar and van der Wouden（1998）提供了一个简明的第二大支柱的必要属性列表。本章中的讨论组成了全部社会保障要素的基础。

等性。一些研究认为资本市场的发展是养老金改革的有益特征。我们认为即使有效的资本市场对于长期的养老金改革的成功非常重要，资本市场的发展对于完善养老金的目标也是次要的。另一方面，社会保障咨询委员会（ACSS）的一些成员和Bethel（1997）列出了社会保障体系的九条重要原则：普遍的、有正当理由的权利、与工资相联系的、给付和自融资的、再分配的、非尝试性的、工资指数的、通货膨胀保护的、强制性的（ACSS，1997）。即便如此，到了最后的时候我们的必要属性可能是主观性的，我们将对其一一列出。

宏观属性

研究发现，虽然各个国家的居民均可能在其生命周期内表现出相同的储蓄行为，一个经济高速增长的国家倾向于具有高储蓄率（Modiglianni and Brumberg，1963）。根据"储蓄和增长的良性循环理论"，对于对经济增长至关重要的长期投资而言，较高的长期储蓄可能为其进行融资。

除此以外，国民储蓄可以防止被履任的政府错误使用，以及为退休后留出资金以获得选择权的方式已经被人们广为接受，福利得到了提高，财富的不均衡受到了控制。

我们现在详细讨论主要的必要宏观属性。

向国民储蓄的缴费。高储蓄率对于一国的经济增长是至关重要的。但是，一个纯粹的现收现付制社会保障计划对国民储蓄不会产生系统性的贡献。对个人而言，缴费代表一种强制储蓄，并且不能进行投资，但是可以对养老金进行支付，这样就能满足退休人员的消费需求。相比而言，完全积累制的缴费用于投资各种营利性资产，只要它们超过了给付的支出，就能提高国民储蓄和财富（Hemming，1998）。只要养老金体系在增长就会发生这种情况——实质上，直到其成熟前的形成阶段，或者只要（真实）工资增长就会这样。实际上，养老金财富与储蓄的变动关系就像生命周期假说（life-cycle hypothesis）中国民财富和储蓄的关系一样。在一个现收现付制体系下，

第2章 养老金改革问题的分类

经济增长显然不能增加资本存量，但是可以被用来提高给付－缴费比。

当有关体系被引入或者因为过度的储蓄可能受到必要性评估时，资本积累的负面效应没有成为关注的重点。Diamond（1997b）指出，虽然部分积累的社会保障体系不常见，但是有可能是一个潜在的好策略（因为它有可能帮助这个体系免于受到政府财政赤字的困扰），如果政府可以轻易支配资金，后面可能发生的就是赋予政府转移储蓄的动机。但是只要多余的部分被借贷给政府或者用于政府债券的投资——例如在美国——受益者就会像其他债权人那样受到保护。社会保障债务会（或者应当）与其他债务并无不同。

可持续性。只要现金流出与现金流入合理地相匹配，该项计划就是可持续性的，如图1—1所示。当仍然存在拥有充足资金并且可以平滑各期波动的保险公司时，可持续性就会得到实现。当人口结构发生变化时现收现付制体系就失效了。该体系同样会遭受到多种国际风险的影响。① 这些风险包括人口结构、经济增长和资本市场的表现。对于在美国和其他国家运行的可持续性的社会保障体系而言，从本世纪中期以来缴费水平不得不戏剧性地提高，或者给付不得不下降。

既定给付计划（DB）具有一个内在的上述风险代际分摊作用。设计良好的DB计划经得起短期的冲击。只要其资助者（例如，银行）没有债务限制，DB计划可以通过不定额给付、缴费和投资政策的结合实现可持续性。但是一旦允许给付中变异的出现，该体系就不再具有"既定给付计划"的标签。另一方面，既定供款计划（DC）之所以是可持续性的，是因为支付是直接与资本积累相联系的。但是可持续性必须从养老金支付的水平中进行识别，因为DC计划可能大大地增加不确定性，并降低养老金水平。

与政治风险隔离——政府对基金的滥用。在任何社保体系的设计中，避免任何政府恣意行为的积累是非常重要的，这样就能保证居民对社保体系的信任，并且不会因此而逃避参加计划。不管是在发展中

---

① 根据 Mehrling（1998）。

国家还是发达国家,养老金的历史是由政府逐渐写成的,政府为了老年人摆脱其生活中的困难或者实现所谓的发展计划将资金留置起来。在一些非洲或者亚洲国家,准备金(provident fund)资产的投资是受到政府限制的,这就使他们以较低的成本自由地获得稀缺的资源。阿根廷最近曾试图以一个不利于其债务的汇率将美元资产转换成阿根廷比索,结果导致了养老金财富的严重损失(Ciampi,2002)。发达国家也难逃政客们的魔爪,美国的社会保障盈余被用来占有政府的债务,如此就可以方便地延长赤字。Diamond(1997b)指出,如果资金被浪费了,那么政治风险可能是"坏的";如果是为了某些政治性目的提高了给付,那么它也可能是"好的";但总的来说将会导致社会保障体系的危机。

对养老金操纵的可能性已经引起了诸如世界银行等机构的注意,他们建议个人账户的 DC 计划要与私有管理资产相结合①,因为政府不能挪用这些资产的产权。由于不存在有保证的给付,Diamond(1997b)肯定了 DC 计划中的这种隔离,但是他反对 DB 计划中的产权界定,因为政府承担了 DB 计划中的全部风险。Orszag and Stiglitz(2001)对世界银行的观点提出了质疑,他们认为旧体系下腐败的政府可能在某种情况下转变成新的私有制下的慈善政府。在本章之后,我们解释和证明了个人账户不一定使用 DC 计划或者私有资产管理,并且对政治风险的隔离可以通过显性保证、金融改革以及合理的治理结构的建立来实现(例如,加拿大和爱尔兰的投资委员会),或者以上措施的总和。第 3 章阐明了如果 DC 计划在紧缩银根和误导性政策下,不必与政治风险相隔离。

普遍可参与性。这是争议最少的一个属性。普遍可参与计划以及包含其他非正式部分参与者的计划都有可能降低不确定性。普遍可参与计划可以按照强制或者自愿方式再广泛地划分子类。通常认为个人对退休储蓄是有短视倾向的(Aaron and Reischauer,1998)。因此创

---

① 见 James(1998)。

建一个对全民可参与的强制性社会保障计划被认为是对社会有利的。智利、意大利、墨西哥和美国拥有强制性的可参与体系。但是，美国401（K）计划是自愿的，而非普遍可参与的。

收益的确定性（实际或名义的形式）。最终的收益受到整个在职期间工资、缴费和收益比率（或投资回报率）的增长的影响，而不管承诺的支付是实际的还是名义的。除此以外，给付既可以在退休时一次性地支付，也可以以年金的形式为部分或全部退休期间支付。Diamond（1997a）对社会保障体系为什么不能是 DC 计划给出了一个具有说服力的结论，就是因为其缺乏确定的收益。其中的一些争论与悬而未决的问题相联系（尤其是在金融市场不成熟的发展中国家里），这些问题则是关于在没有私人年金市场的国家，年金是如何被提供和交易的。最好的结果就是到死亡时会有一个确定的、实际的给付，因为这样明确了养老金的规模和防范两种主要风险——通货膨胀和过度长寿——的保证。一些专家认为通货膨胀调整是不够的，主张使用保险的方式防止生活水平的下降，因此就将实际值同生活水平指数联系起来（Bodie and Merton，1992）。但是，由于存在众多的随机变量和风险因素，完全的保险可能是不可行的。例如，社会保障体系可能会以一定的最低养老金的形式应对工资的低速增长（因为市场中可能缺乏有效的对冲风险的工具）。这种保护措施是必要的，因为一个养老金体系虽然可能防范多种风险，但是如果基本养老金数量由于工资增长速度太低而数量太少，退休人员将会面临因通货膨胀或者生活成本上升而引发的致贫风险。一些国家考虑了防止养老金购买力遭受通货膨胀风险的革新方法。至此，一些拉丁美洲的监管者曾希望提供比索和美元之间的养老金选择权，但是因为有阿根廷失败的例子在先，这项措施也就没有什么可行性了。

如果给定一个缴费率和工资增长率，一个有保证的名义资产回报率能够用于确保最终财富的名义价值，这对于众多改革家而言是不明显的。这是一个简单的数学公式，如第 1 章所示（公式 1.1），并将在本章的附录中进行详细的推导。在第 8 章中，在允许不定额供款率的情况下，我们将证明最终收益是如何得到保证的，即使实际收益是波动的。实际上，Orszag and Stiglitz（2001）强调了 DB 计划可以被当作具有一定期权的 DC 计划。在"完美模型"中，期权的投资组合包含了在有保证的收益率之下体现市场组合回报的看涨和看跌期权。实际上，参与者通过购买看跌期权防止市场业绩低于有保证回报率，而出售看涨期权放弃市场业绩高于这个比率的收益（Blake，1994）。

进一步地，一个人可以选择确定的年金形式，或者选择购买不确定年金以产生确定的一次性给付。如果在退休时购买年金，由于现行利率以及未来的人口结构的假定，那么年金数量将是不确定的。假定从退休到死亡的年数是确定的，只要年金的成本等于个人确定性等价①，那么个人对于选择退休时确定还是不确定的年金就无所谓了。在非集合资金安排中，保证个人具有确定性收入的保险费可能会高于确定性等价。② 之所以这样是因为供给者向那些比平均水平高的并且寻求长期年金的人们收取较多费用，因为这些人知道他们可能会比平均寿命活得更长。在集合资金安排中，如果资金池中有大量的参与者，那么保险产品的供给者（年金或养老金）有平等的机会获取平均水平。进一步地，当实际给付需要进行支付时，比如在那些遭受温和或者严重通货膨胀的国家（不能有效地反映在合约利率中），缺乏有效的可以对冲通货膨胀风险的资本市场将导致无法获得这些产品，或者私营市场成本飙升，或者以上两者同时发生。Cavanaugh（1996）对这个争论以有关事实加以概括，即"如果风险广泛存在，那么风险可能就更容易发生。社会保障体系也是一个社会保险体系，在这个体系中政府担保了一定水平的给付，如果投资风险被基金所保留而不是转向投资者，那么这些给付可以以一个较低的成本提供"。

---

① 确定性等价等于个人对于确定还是不确定收入都无所谓的数量。
② 这是保险学的一条基本原则，强制性健康职业保险计划的保险费本质上低于个人自己投保的保险费。如果忽略逆向选择问题，在强制性集合资金安排中，自保可以降低保险人的剩余风险。

第2章 养老金改革问题的分类

当死亡时间不确定时，最后的问题是退休时的最终财富是只能覆盖一个固定的期限，还是可以覆盖终生。再次，对冲寿命过长的保险公司的个人安排可能比资金集合安排成本更高。这种不确定性越大（通常是缺乏良好的数据或者小样本），集合资金与非集合资金安排之间成本越大。

高回报容许高回报给付率。在任何养老金体系下，用于储备的费后回报积累是非常重要的，如图1—1所示。在传统的美国社保体系中，由于回报计算中内含因素的存在，个人以其各自的缴费获得低的内含回报。现收现付制体系的回报等于人口增长和生产力增长的总和。Aaron（1966）表明，当资产回报率超过人口与生产力增长的总和时，养老金基金积累计划将在现收现付制体系中受到欢迎（在稳定的状态）。目前对全球的预测暗示这两个因素的结合将会导致低内含回报（如表2—1）。因此，必要的缴费将会升高。但是，尽管在短期内现收现付制优于基金积累制，随着时间的变化，一个体系相对于另一个体系的优势也会改变。我们在第8章中对这种可能性的含义进行阐述。两种体系间的转换未必可行，但是对于体系间的动态转换偏好的最大优势是存在其他选择方式。

表2—1　　　　　不同国家养老金体系生存能力检验

国家	在职人口增长速度(%)[a]	劳动生产率增长率(%)[b]	养老金资产实际回报(%)[c]	退休人口增长率(%)[d]	非积累性养老金计划变量[e] 养老金实际增长是否与生产率符合	养老金实际增长是否等于零	积累性养老金计划变量[f] 养老金实际增长是否与生产率符合	养老金实际增长是否等于零	积累性计划是否优于非积累性计划[g]
英国	0.0	2.1	6.3	0.7	否	是	是	是	是
德国	−0.7	2.5	5.5	0.8	否	是	是	是	是
荷兰	−0.3	2.1	4.3	1.2	否	是	是	是	是
挪威	0.1	1.8	2.8	0.6	否	是	是	是	是
丹麦	−0.3	1.9	5.8	0.5	否	是	是	是	是
瑞士	−0.2	1.5	2.2	1.1	否	是	是	是	是
美国	0.4	1.6	3.9	1.4	否	是	是	是	是

续前表

国家	在职人口增长速度(%)[a]	劳动生产率增长率(%)[b]	养老金资产实际回报(%)[c]	退休人口增长率(%)[d]	非积累性养老金计划变量[e] 养老金实际增长是否与生产率符合	养老金实际增长是否等于零	积累性养老金计划变量[f] 养老金实际增长是否与生产率符合	养老金实际增长是否等于零	积累性计划是否优于非积累性计划[g]
加拿大	0.4	2.6	4.1	1.7	否	是	是	是	是
日本	−0.6	4.1	2.9	1.4	否	是	是	是	是
澳大利亚	0.5	1.8	4.2	1.9	否	是	是	是	是

注：a. 1990—2050 年 15～64 岁在职人员预计年平均增长率（资料来源：*World Population Prospects: The 1994 Revision*, United States, 1995）。

b. 1967—1990 年人均实际 GDP 的年平均增长率，假定持续到 1990—2050 年（资料来源：Penn-World Tables, http://www.nber.org/pwt56.html）。

c. 1967—1990 年实际年平均回报，假定持续到 1990—2050 年（资料来源：Davis 1995, 表 6—15）。

d. 预计 1990—2050 年间超过 65 岁人口的年平均增长（资料来源：*World Population Prospects: The 1994 Revision*, United States, 1995）。

e. 如果在职人口与劳动生产率的增长率之和超过了退休人口与实际养老金增长率之和，那么非积累性养老金计划是不定额的。

f. 如果养老金资产的实际回报超过了实际养老金的增长，基金积累性养老金计划就是不定额的。

g. 如果养老金的实际回报超过了在职人口和劳动生产率增长速度之和，那么基金积累性养老金计划优于非积累性养老金计划（资料来源：Reprinted with permission from Blake, David (2000), "Does It Matter What Type of Pension You Have?" *The Economic Journal*, February, 46-81）。

缴费的低回报是不可持续性的，并导致参与者的逃避行为。有些时候，再分配会引发归于某人账户的回报低于现实回报，并且这种泄露是有害的。例如在 401（K）和智利体系中投资回报直接归于个人账户，这种较高的比率会使潜在的泄露较少，并因此使更多的人参加。个人账户计划如果以获得的资产回报进行借款，那么在合理投资的情况下将会获得较高的比率。① 实际上，较高比率的养老金计划是那些低再分配因素和低管理成本的计划，反之亦然。有一种观点认为只有在股票市场中投资才能获利。虽然这在长期可能是正确的，但是

---

① 在一些准备基金体系中，管理层通过报告股息与获利间的差额对股息进行平滑，以试图降低公众的抗议，这可能会导致反常的结果。

也会有不是这样的时期存在。进一步讲，资产的回报率越高，其变动和风险就越大，这样一个特定的回报可能不会实现。这种风险可能通过保证或者代际间的风险分散进行减轻，就像在传统的 DB 计划中一样（Geneakopolous，Mitchell and Zeldes，1999）。

微观属性

广泛地看，养老基金或者社会保障安排是对一个人整个生命周期的消费的平滑。[①] 他们之所以是必要的是因为对于个人而言，只是在一个有限的时间内获得收入，但是在整个生命周期内都需要生活费用。很多学者认为劳动供给决策是获得这种平滑的另一种方式。[②] 在某种限度内，如果未来财富积累不充分，那么劳动者可以提高其劳动供给量，反之亦然。但是，这种方法到了退休的时候就不再可行了。在一个养老金架构中，弹性的劳动供给决策（劳动与闲暇的边际替代率）是弹性缴费政策或动态工资税的等价（Muralidhar，2001）。我们将在第 8 章回到这个问题。

还有其他选择。个人财富积累的可选择媒介的种类越多，他们的福利就越多。这些选择至少包括资产选择、缴费数量、最终财富或者目标替代率，以及在积累期间暂时的资金撤出。如果所有这些都能在养老金水平或者其风险水平无损失的情况下，以低成本的方式实现，那么个人或者社会的福利就会增加。

本部分考虑了一些主要的微观经济属性。

消费和投资的平滑。在生命周期假设下，个人存款的目的是以备退休之需。但是，假定工作期间会发生消费和投资方式的一些波动（例如家庭费用、高额的医疗成本以及子女的教育费用）。好的设计将会在无需降低已有生活水平或者减少退休后消费的情况下，允许为这类波动方式进行平滑，并且这种设计对提供个人消费和投资需要的对

[①] 参见 Modigliani and Brumberg（1963）。
[②] 例如，见 Bodie, Meton and Samuelson（1992），以及 Krishnamurthi, Muralidhar and van der Wouden（1998a）。

冲是很有价值的。针对准备金余额的家庭贷款是普遍的，美国的一些公众养老金计划也提供了针对 DB 余额的家庭净值贷款（equity loan）。

由其中一个作者提出的另一项替代策略（即将实施）就是针对积累下的余额发行一种信用卡。在提供了合适的支付违约保护的情况下，这种增加可以给个人带来重要的价值。不幸的是，美国的一些政客正在试图阻止这项计划——以牺牲选民利益的代价来满足一系列商业利益。

Diamond（1997b）认为过早地允许动用基金是一个坏主意，因为作为政府应提供给付的替代，这样将会允许政府对其进行提取。因此，整个社会保障体系就会存在重要风险——尤其是这些基金未在参与者退休之前受到替换。

替代率、缴费率与投资组合的选择（与风险偏好搭配）。在一定的工资增长路径下，缴费政策与投资政策的结合决定了替代率，如图1—1 所示。同一个国家的居民具有相同的预期替代率或风险偏好的假设是有局限性的，但是却在改革的设计中根深蒂固。例如，在拉丁美洲实行的改革中，强制性投资组合——尤其是那些 100% 投资于政府债券的投资组合——意味着风险厌恶，而不能满足年轻人或者富裕阶层的需要。进一步的，在资金集合安排中（澳大利亚和匈牙利），个人具有选择养老基金公司但没有选择养老金产品的权利（Bateman et al.，2001）。强制性缴费也具有这个不利的特征。很多人可能喜欢通过缴费进行更多的储蓄，却不得不寻求昂贵的自愿私人计划。一个好的设计不需要使这些选项成为必要，而澳大利亚和智利允许在政府强制数量之外对其基金进行自愿缴费。选择的自由越大，参与者的福利就越多。

将要在第 6 章有关西班牙的内容中提到的另一个特征，是允许职工在强制退休年龄之后继续工作，免除社保基金的缴费，并且使参与者获得与其非工作时间同比例的退休金（如果他们是兼职员工）。允许个人选择退休和工作收入之间的最佳结合就是这种弹性制度的价值所在。

低管理成本。管理计划和投资基金的低成本以较高的费后回报为养老金节省了更多资金。在美国,个人账户的管理成本大概为回报的1%,而集合资金计划——例如节俭储蓄计划——的成本仅仅为0.10%(Blahous,2000)。因此,仅仅从成本的角度,集合资金安排是令人满意的(Seidman,1999)。匈牙利已经创造了一种制度,在这种制度下参与者的议价能力通过他们在养老基金中的登记得到提升。Kotlikoff and Sachs(1998)试图在他们的私有计划版本中对成本进行整合,即要求所有公司提供相同的多样化投资组合的方式(一个全球市场资本化加权指数),然而对客户的竞争显然会使基金经理遭受高的市场成本(Aaron,1997)。显然,集合资金安排比基于个人的计划提供了更好的投资结构。进一步的,在管制是短视的或者投资经理可以从投资组合的总回报中扣除市场或广告费用的国家,对附属部分的替代率可能会较低。这种实践在拉丁美洲非常广泛。第3章揭示了未关注费后回报的陷阱,并提供了揭示这些不利成本结构的途径。低费用就意味着高费后回报,也就进一步导致较高的替代率。

设计特征

养老金改革的不少方面需要进行识别,以及对令人满意的属性进行解释。获得以上提到的每种属性的最优结果是困难的,但是通过最优设计有可能实现其中的大多数(Vittas,1996)。本部分强调了养老金设计中的关键方面,并且证明了能够完整替代最优方案的不同特征的组合。

缴费。这个问题是有关缴费是强制性还是自愿的问题。如果是强制性的,那么可能的层次是(1)确定的和固定的;(2)变动的和由政府决定的;(3)在一定范围预设的比率下,个人的缴费是自愿的吗?很多计划是在社会保障体系中实行强制性的既定供款率,并且建议那些希望进行更多储蓄的人可以在自愿计划中完成这一愿望。美国的社会保障体系包含了一个强制的缴费率,原则上可以或者已经完成了改变。然而,在没有再分配扭曲的地方,例如在澳大利亚和智利,有可能存在一定范围内强制的缴费。在一个典型的自愿缴费体系中,个人可能在一定范围内进行缴费(例如,401(K)计划),因为大多数国家不允许在一个基本的、强制的范围内缴费。但是,在自愿体系中倾向于对缴费设置上限,这往往由税收考量所支配,因为这种储蓄只是一种延期缴税而已。

缴费者。究竟雇主还是雇员应该向社会保障体系缴费存在争议。从长期来看,雇员不管怎样都承担了缴费的成本,因此我们做出的基本结论是只有雇员才应当缴费。实际上,为了反映与缴费有关的各种开支,雇主调整了最终实际工资。这就阻止了工会浪费的和毫无休止的议价,从而使雇主提高了对养老金的缴费。雇主——而不是雇员——为给付进行支付的幻觉在某些地方,例如欧洲,是明显的,这种幻觉对不合理的高额给付造成了劳动力冲击。在某些工会拥有足够的权力使雇主承担成本的行业,工会有能力要求在工资中补偿给付的成本。如果是雇员缴费,对这些养老金产权的界定将更加清晰。

积累。一般的智慧貌似钟情于基金积累计划,而不是现收现付制体系。这是因为研究发现现收现付制养老金计划挫伤了国民储蓄,并在代际之间融入了很强的再分配要素。然而,在基金积累性计划中还有完全积累和不完全积累的选择。作为像荷兰这样国家监管当局的强硬立场的结果,对企业计划的完全性积累存在障碍。最近日本和美国的企业基金开始不得不面对部分积累还是资金不足的问题。

在 DB 积累体制下,以下关系约束了稳定状态:

$$c^* + (r-\rho)A_{t-1}^* = p^* \tag{2.1}$$

其中,c^* 为缴费率,r 为投资的名义回报,ρ 为收入的增长,它等于人口增长和生产力增长($r-\rho$ 为净回报,定义为投资获得收益的毛费率,并经人口与生产力增长平减),A^* 为稳态资产对工资的比率,

p^* 为相对于工资的养老金成本或者成本率。如果这种关系成立，我们将在第 3 章对该体系的动态进行检验。

当现收现付制体系的内含回报率低于资产回报率时，一项积累的关键性给付在于给付较低、给付的波动（由参数变化引起的）同样较低（第 3 章）。Blake（2000）特别强调了由积累所支配的现收现付制体系（表 2—1）。Feldsein（1996）等得出了同样的结论，但是大多数提议仅考虑了给付水平，而没有包含可能发生的波动性。低税收和这些税收的波动可能导致预期税后收入的增加、劳动力市场扭曲的减少、更少逃避参与社会保障体系以及更多的福利（Diamond，1994；Corsetti and Schmidt-Hebbel，1997）。[①] 如果支配现收现付制体系的积累性条件得到满足，该体系应当被转变成完全的积累性体系，对于坚信这一点还是存在障碍的。但是，对于长期债务而言，一个目前的积累可以覆盖目前债务的部分积累性体系有可能是可持续性的，必要条件是未来的回报和给付能够弥补赤字（Samuelson，1975）。这对于一个基于资本市场的基金积累性体系冲击的混合体系是同样适用的（第 8 章）。这些体系再一次需要合理地进行设计，以确保非积累性债务能够在没有外在给付波动的条件下进行偿付。

最终收益（terminal outcome）。有关退休时 DB 和 DC 收益的争论出现了两极分化，这个焦点问题忽略了这样一个事实：DB 计划包括实际工资增长和通货膨胀风险（工资或物价），而 DC 计划则会遭受到大量来自投资波动的低替代率的风险。虽然 DB 计划可能保证相对于最终收益的替代率，但是不能保证既定生活水平不变。然而，在那些政府试图防止因老致贫的社会保证体系中，假定可预见收益对于参与者和政府有益是合情合理的。就像在第 1 章强调的那样，可以通过在有担保或确定的最终收益之间进行鉴别（通常是

[①] 很多人认为向积累性计划的过渡不会是一个帕累托改进，因为为了未来更低的缴费，现在的过渡需要额外的储蓄。但是，这些分析忽略了一个事实，就是缴费的较低波动会产生福利的改善。

具有目标替代率的 DB 体系），并且这些收益都是不定额的（DC 计划）。

资产管理。大多数人认为（资产的）集合资金方式只有降低管理成本的优势。事实上，集合性的债务也具有优势，因为其通过大数法则和多样化降低了提供生命年金的成本。年金风险的集合是通过 DB 结构（第 4 章）实现的。然而，养老金改革的建议中充满了对政府实施私有管理、个人账户和 DC 计划的介绍。[①] 这些建议对以下几个方面进行识别时以失败告终：从账户角度对"个人账户"的维持；以积累性 DB 计划通过私营管理者对资产进行管理；在提供相同的期望替代率时实现较低的福利成本。[②] 虽然账户之间是保持独立的，但资金还是要混合在一起。然而，Seidman（1999）为资金的积累提出了充分的理由，却否认了个人账户的可行性。DB 计划一个至关重要的方面在于它是一个保险计划；因此积累性资产（和债务）——尤其是当计划是强制性的时候——考虑到了将居民的类别作为一个总体的更加有效的风险态度。因此，积累性结构的受人欢迎之处不仅仅在于成本角度，而且在于其风险承受、风险分担和冒险观点。但是，DC 体制下的积累性结构——例如在准备基金或者匈牙利可能实施的计划——能够在回报被跨期平滑和提供最低回报的程度上，整合一定的风险分担。因此可以得出这样的结论：在对积累性资金的讨论中，对于会计和投资安排之间的识别是非常重要的。

投资管理安排。资产管理既可以由私人部门承担，也可以由政府承担；管理形式既可以是固定的，也可以是部分或者完全灵活的。当有关资产被私营机构管理时，其管理成本有可能较高，政府需要限制灵活性以防范机构风险（Muralidhar, 2001）。这种管理方式需要政府审慎的监管。预先假定积极的管理理念会增加被动的、指数化投资组合的价值。当政府具有资产管理的功能时，他们既可

[①] 见 James (1998)。
[②] 见 Muralidhar and van der Wouden (1998b)。

第2章 养老金改革问题的分类

以在内部以完全灵活的方式履行投资职能，也可以雇用外部的管理人并监管其行为。没有证据表明美国的国有养老基金外部管理层比内部管理层做得更好（Mitchell and Hsin, 1997）。Seidman（1999）的观点认为积累性社会保障体系能够由私营机构通过资产组合多样化的方式进行管理。Ball（1978）认为社保基金应当在一个积累性安排中进行被动管理。在良好的治理下这种安排是有优势的，因为除了能够减少监管和降低成本的问题以外，它消除了在公司治理的合理性方面的争论中政府积极参与的可能性。Blahous（2000）没有将此作为一个有效的安排。那些反对具有政府背景的机构对资产进行监管的人们担心，在官方机构控制下的大笔资金可能会导致私营企业被重新收归国有。如果社会保障体系建立的目的是确保股权由个人所有，而由监管方代表其进行管理，那么这种以政府拥有股权方式进行的私营企业重新国有化的威胁就遭到了否认。在"完美模型"中，我们将介绍一种考虑到股权投资并能防止政治风险的革新措施。

政府鼓励（进入或退出）。这个问题涉及政府既可能通过强制性的安排试图提高储蓄，也可能通过有关鼓励政策达到这种目的。最令人感兴趣的鼓励政策是对以下方面提供税收方面的斟酌：（1）缴费；（2）投资收益；（3）退休时的提取。可替代的范围从退休储蓄的征税（所有现金流都征税）到对退休储蓄实行有利税率（其中的一条现金流可以免税），或者完全的税收豁免。大多数国家都投向了第二类。例如，在美国 401（K）计划的缴费就出于扣减所得税的目的进行优惠，但给付是需要缴税的；个人的社会保障缴费需要缴税，然而给付纳税豁免是受到经济情况调查的。在意大利，缴费是不缴税的，而在智利缴费和给付都不缴税。用养老金改革方面的术语说，这叫 EET（or exempt, exempt, taxed）计划，并被诸多拉丁美洲国家所采纳（Mitchell and Barreto, 1997）。但是澳大利亚貌似对所有的项目征税：给付、缴费和收益（Bateman et al., 2001）。

一个有趣的问题是这些计划对国民储蓄的影响（Corsetti and Schmidt Hebbel，1997）。由于这类税收鼓励而产生的私人储蓄增长常常因政府挤出（dissaving）的增加而抵消，同时也导致对国家没有产生真正的冲击。偶然会出现一种扭曲的效应，这种税收鼓励效应会导致额外的消费而不是额外的储蓄。当这种税收鼓励基于一定形式的储蓄而不是储蓄的增加时，这种消费的增加就会发生，这可能就是一些里根总统计划的情形。任何这种鼓励的目标应当是在一定数量（最大数量）收入下减少私人或公共消费。

流动性和可撤回性。很多政府奉行的是一种家长式的观点，他们认为作为养老金的资金在退休前是不能挪用的。但是，将自己的储蓄拨出作为养老费用的个人经常因为目前的投资或者消费而导致债务。这种债务一般是以抵押贷款、助学贷款或者信用卡余额的形式出现的，这些债务通常承担的是商业或者保险费率，通常比强制性储蓄的未来回报要高。这些机构向个人贷款是基于其能在到期时进行全额偿还的期望。

一个缺乏效率的监管体系（正如在现存体系当中）允许个人在一个账户中储蓄，而在另一个账户中提款——所有这些都可以在一个账户中发生。这种差的结构为金融中介向个人的购买提供了大笔租金。一些养老金几乎允许为购买房屋或其他规定的消费提取存款：美国的401（K）计划允许在没有特定目的的情况下从个人账户借款，但是需要在规定的条款下偿付。我们没听说哪种公共社会保障体系允许个人从其养老金贷方余额借款，来满足其变化的消费或投资需要。一个好的社会保障体系应当允许在合适的条款下确保偿还，或者对养老金的提前提取进行税收惩罚。在墨西哥，参与者在部分残疾或失业的情况下，最多可以领取其养老金余额10%的数额。但是，只有在最近5年内没有提取的情况下，失业才可以作为提取养老金的理由。

表2—2列出了不同的设计特征，并将不同的养老基金模型对应到每个特征。不同的模型具有不同的设计特征。

第2章 养老金改革问题的分类

表 2—2　　　　　　　　不同养老金模型的责任和给付

设计特征	1 供款	2 积累	3 最终收益	4 资产管理	5 投资管理
养老金模型	自愿　强制	积累性　现收现付制	既定　不定额 给付制　给付 既定/不定额	个人　集合性 实际/名义	私营 灵活　政府管制 部分/全部
理性行为生命周期	√	√	√	√	全部
IRA	√	√	√	√	部分
401（K）	√	√	√	√	部分
传统社会保障体系	不定额	√	实际		如果资产存在
强制性准备金	既定	√		√	√
智利的"私有"社保体系	√　既定	√		√	有限
墨西哥	既定	√		√　√	有限
完美社会保障体系	√　不定额	√　部分比例	实际	√	

设计特征	5（续） 投资	6 供款者	7 政府鼓励	8 流动性/可撤出性
养老金模型	政府管理 内部　指数　外部 灵活　化　管理	雇主　雇员　政府 确保最终收益	受欢迎的税收待遇 本金 回报	与退出有关 无　全部或部分 投资　消费
理性生命周期		√	√	全部　全部
IRA		√	√　√	全部　全部
401（K）		√	√　√	部分　部分
传统社会保障体系		√　√	雇主	√

续前表

设计特征 \ 养老金模型	5（续）投资 政府管理（内部灵活 / 指数化 / 外部管理）	6 供款者（雇主 / 雇员 / 政府）确保最终收益 本金 回报	7 政府鼓励（受欢迎的税收待遇 / 与退出有关）	8 流动性/可撤出性（无 / 全部或部分）投资 消费
强制性准备金	√ √ √	√	√	部分
智利的"私有"社保体系		√	√ √	未知 未知
墨西哥		√ 假如回报很差	√ √	部分
完美社会保障体系	√ √	√ 假如回报很差	√ √	部分 部分

"完美模型"（与其他计划的比较）

在本部分我们将描述"完美模型"，并通过将其与其他计划的比较来强调其改善福利的特征。完美社会保障模型以 DB 计划为依托，并将 DC 计划的因素融入其中，且具有政府的支持（Lindbeck and Perrson, 2001）。[①] Orszag and Stiglitz（2001）认为在实务中任何完美模型都是不可能实现的，只是值得探讨而已。但是，从现有模型到完美模型的转换不需要对目前安排[②]详细审查，而是一种理念的改变，以及政府责任的自觉性的提升。从类似模型中实现的养老金给付的数量应当是适度的，但是它为即将退休的个人提供了高于贫困线的

[①] Muralidhar and van der Wouden（1998a）论述了应确保这些安排是激励相容（incentive-compatible）。Bodie 等（1988）对此进行了类似粗略的陈述。

[②] Muralidhar and van der Wouden（1998a）。

给付的良好条件。除此以外,资源储蓄在一个更加"自由选择"的安排下受到了敦促。我们推荐了一个退休储蓄的"两大支柱"方法:完美模型加自愿 DC 计划。我们展示了这是如何通过减少一大支柱,比世界银行的三大支柱体系对参与者和国家更加有利,并降低了实行一个可持续性和有效体系的社会成本。第 7 章证明了这个简单的架构是如何在理想养老金体系与其可能引发的风险之间实现最优平衡的。

社会保障体系的完美模型[①]

对于决策者而言,根据社会保障体系的要求估计替代率或者最终退休财富(或退休年金)是至关重要的。为了实现该替代率,决策者不得不估计一个合理的缴费率,以及不得不做出有关期望工资增长率(可能由一个相关人完成)、参与年数以及资产期望回报的假定。描述这个平衡关系的方程如下:

$$\frac{基于期望资产回报调整的在职期间名义供款(带有波动性)}{退休时最终财富期望} $$
$$= 预定年金现值期望或者预定替代率 \qquad (2.2)$$

我们的研究暗示了拉丁美洲国家的决策者没有关注这个关系——尤其是在他们改革早期的各变量之间的关系。如果忽略了这方面,替代率有可能会较低,因为没有变量可以被分别锁定。

缴费。从最小化的意义上讲,需要实现的对以往缴费率的确认应当被强制执行,并计入个人账户。第 8 章提出了不定额的强制缴费,并且展示了如何通过不定额供款更有效地管理系统风险。在这个阶段,我们提出情况较差的个人应当允许在强制缴费水平 5% 以上缴费,以保证他们锁定自己的替代率。这样做不会引起重要问题发生,因为在个人账户中存在有限的再分配。这种方法采用了澳大利亚和智利体系中的积极因素。通过限制不定额供款的规模,这种计划下的资

[①] 类似计划的很多方面在 Muralidhar and van der Wouden(1998a,b)中得到了更加详细的讨论。同样,它们展示了为什么在一个政府被要求随时填满任何差额的计划得当的体系中,可能会具有更低的政治操纵风险。

产规模受到管制以阻止其增长到不能接受的水平（见第 5 章和第 8 章）。

积累。计划应当是积累的——部分的或完全的。积累的数量越大，就越容易形成来自于资产回报的基金，因此必要的缴费就越低。当不存在完全积累性体系挤出私营投资者的问题时（我们将在第 5、6、8 章回到这个问题），完全积累是受到欢迎的，因为它会导致更低的缴费，以及更低的相对于现收现付制体系的缴费波动（第 3 章）。

最终收益（和收益互换的保证率）。最终收益是一个基于个人账户中余额积累的完美 DB 年金，这个个人账户可以保证直至死亡的实际年金价值。正如之前所证明的，这可以通过实际年回报（净成本）率的政府担保来实现，因此，也考虑到了个人账户。这限制了第二个因素或者公式 2.2 中的回报波动性。这项担保可以通过社会保障机构和财政部之间互换合约的使用使之更加透明。作为互换的一部分，财政部定期向社会保障机构支付一笔担保回报，并从所投资的组合中获得回报。实际上，只有净支付才被各方写入合约（例如，担保率减投资回报）。支付或者互换的收益应当以现金或者可销售的资产形式表示，以确保社会保障资金会完全投资于目标投资组合。第 5 章更详细地解释了这种安排是如何对政治风险进行对冲的。一旦政府将资产转向低收益选择，它们将立即通过互换实现这种多样化的成本，也就使成本变得透明。

跨期风险的集合之所以是可行的，是因为该计划是一个 DB 计划，并且大数法则适用于 DB 计划（例如，为防止个人长寿风险的对冲①）。理论上，该担保率能赋予个人从 DB 计划中获得预期年金的机会，并且与市场回报率相联系。但是，资产或劳动力市场以及平均寿命中既有的不确定性，可能允许政府为未来的缴费改变目前的担保率。例如，最终支付的变化可能在未来 10 年内是有效的，从而防止了给付的迅速上升，达到了从政治上讨好参与者的目的。除此以外，

---

① 需要注意的是，只要平均寿命的期望是精确的，这个体系就会受到保护。但是如果这方面发生了变化，DB 计划就应该调整其缴费或投资战略了。

第2章 养老金改革问题的分类

这些变化可能基于互换账户的余额（例如，储备基金的等价物），如果积累（债务）超过了一定临界值，担保回报可能会提高（减少）。

在第8章，我们将证明内部担保如何能通过不定额的缴费得以确保。当投资组合的平均回报等于或大于担保率时，政府仅仅承担与实际回报变化有关的风险。如果长期平均回报下降到低于担保率的水平，那么政府就会发行一笔债务，未来通过额外的税收（由参与者承担）进行偿还。第8章评估了对管理风险的不定额供款形式的使用，这种风险是长期平均回报率下降到低于担保率的风险。

对于工资低增长以及参加了合适的社会保障体系的个人，完美模型提供了一笔实际的养老金（例如，最低下限）。在贫穷的国家里，这样可以减少那些羞于从福利体系中寻找帮助的人们经历的歧视。合适的计划将会设计对虚假陈述的惩罚。[①] 这个底限可以通过：（1）一般预算收入；（2）对所有缴费者提高缴费率；（3）用于缴费的回报率的微降（相对于盈利率），也就是降低给付，或者对一般参与者实行较低的承诺替代率。如果考虑选项（2）和选项（3），再分配因素就进入了公式中，并且逐渐扭曲了缴费与市场回报间的关系。但是，给付仍然同缴费有着直接的关系，并能被轻易监管。正如 Diamond (1997b) 所指出，再分配扭曲了缴费与养老金之间的关系，但是我们试图通过我们的回报担保结构缓和这种扭曲。我们同样欢迎在强制退休年龄之后进行兼职工作的可能性，这种工作是与养老金的调整相称的（例如在西班牙）。

谁来缴费？ 每个人都向其自身的个人账户进行缴费。除此以外，当投资组合的盈余收益高于担保率时，政府创造了一只沉淀基金。如果实际收益低于担保互换率时，政府需要从沉淀基金中抽出足以弥补该项计划的资金。如果沉淀基金具有盈余，就能提供额外的资金来源。第5章揭示了在美国类似储备基金的运作。当这些盈余被认为是长期的时候，它们可以被用来削减缴费、提高保证率或者对个人账户

---

① 我们感谢 Shadrach Appana 和 Ronald van der Wouden 对完善这点上的帮助。

的一次性积累增加,反之亦然。但是这些变化引起了实现代际风险共享的代际公平折中问题。

资产管理与投资管理安排。在既定给付体制之下,为了投资进行资产汇集是非常重要的。我们偏好在资产混合政策下界定清晰的、被动的、指数化的投资(例如,开始时市场资本化加权基准),以及积极的、外部化的受管理资产的市场基准(虽然加拿大允许积极管理)。一旦体系充分地发挥作用,积极管理就可以被强制执行。完美的资产管理组合可以在本地或者国际市场上被完美地多样化,并且依据对本地市场环境的考虑进行构建。不管这些投资组合受公共部门管理还是私营机构管理对于我们来说都不是什么问题,我们所关心的是费后回报是否能紧随基准的总回报(例如,在一些基本观点下)。因此,我们建议任命一个一流的委员会监管这些投资(Aaron and Reischauer, 1998)。加拿大或者爱尔兰就已经创立了类似的委员会。[①] Mitchell and Hsin (1997) 演示了好的治理结构以及为资金管理设立委员会的构成的重要性。

我们偏好的个人账户结构的一个重要方面在于对参与者的简单陈述,这种陈述提供了扣除成本的回报、潜在替代率和对自愿储蓄采取的合理行为的暗示详细情况。目前来说,据我们所知只有一个软件包能为自愿储蓄的投资和储蓄方式提供咨询。[②] Seidman (1999) 也在缺乏个人账户的情况下提出了类似的建议,但是社会保障机构会向参与者提供有关基金规模、全部收入等详细情况,这些都可能是令普通参与者一头雾水的细节。[③]

[①] ACSS (1997) 的维持给付 (maintain benefit) 计划的支持者也同样提出建立类似的委员会。

[②] 荷兰的 ORTEC 咨询公司有一种软件(个人资产负债最优化系统,或 OPAL)可以为个人提供投资或储蓄行为方面的建议。其他为个人设计的软件包,只是在资产配置方面提供建议,这样就限制了其用途。

[③] 在美国,虽然目前的社会保障体系是现收现付制,但是个人拥有社保卡和社保账户,并且可以收到他们计划给付的陈述。Blahous (2000) 认为罗斯福总统创建了这个体系以确保控制力,以及这个体系永远不会被取消。换句话说,社保卡和账户的数量意味着防止政客们对体系的滥用。

第2章 养老金改革问题的分类

我们的计划还是比较类似 Seidman（1999）提出的一项建议。虽然他的建议针对的是美国的社会保障改革，但是该模型在其他国家具有充分的可行性。它要求保持目前的给付（以很大的程度），但是通过对一个普通基金进行强制缴费的方式建立基金管理机构，可以通过竞争性投标选择出私营机构管理。回报的波动由一只平准基金管理，该基金接受超过承诺回报的部分，并且当其出现短缺时可以动用积累储备对其进行弥补。

Seidman 模型与我们的关键不同之处在于识别问题，既定给付计划只不过是一个回报计划的担保率，而互换机制不但确保社会保障体系总能被适当地积累，而且在运用资产中的政治风险也被最小化，因为它会对预算性冲击进行指导。因此，任何试图将投资引向所偏好领域的行为都被证明将减少收益（Mitchell and Hsin，1997），这种行为将会作为互换中的额外支付进行披露。比较而言，Seidman 教授认为政治风险可以通过将官方预算报告排除在社会保障体系之外进行管理，这时社会保障体系具有独立的资产负债表，可以防止政府对社保基金的掠夺。除此以外，在一定的体制下，Seidman 的建议是不能创建"个人"账户，因为给付是根据以往的（更加复杂的）公式进行计量的，然而我们的方案将公式进行了大大的简化。Seidman（1999）将他的方案中的若干特征归因于 Feldstein（1975），但是 Feldstain 教授出于若干原因随后转向了认同个人账户的既定供款计划。（这将在第5章进行讨论。）最重要的是，不管是 Feldstein 还是 Seidman 都没有关注不定额供款，不定额供款的价值将在第8章进行证明。

政府鼓励。理论上说，没有什么政府的鼓励政策是必要的，因为基本缴费是强制的（虽然是可变的，正如第8章将要证明的），而且自愿缴费被包含在有保证的回报率的账户之中。但是如果管理不善，制定有利的退休储蓄税收政策将会增加个人和国民储蓄。

流动性。个人应当被允许为个人贷款（例如教育、房屋分期付款以及医疗服务）进行融资，包括贷记或者借记卡，将其账户中的余额作为抵押，并受到有关条款的限制。这种安排的实行是人性化的，但是个人对于做出这种选择应具有同样审慎的态度（不存在一个家长式的审批过程），正如他们进行信用卡消费或者抵押贷款一样。对这种退休储蓄进行借款需要按照担保率进行，因此当个人为他们自己偿还所借的贷款时，他们的情况不会变得更差。参与者账户的积累可能是相同的，仿佛整个工作生涯中缴费达到了担保率。但是该利率可能比商业利率要简单些，因此提高了所有参与者的福利。

令人满意的特征

完美模型在很多方面类似于具有"既定"回报保证率的现金余额计划。完美模型可以被称作缴费的、积累的和确定的给付计划（CFDB），以区分标准的现收现付制或者企业既定给付计划。表2—3显示了完美模型是如何以较少的负面结果在实现"令人满意的"属性方面走得多么远。这是一个现实的安排，与现存的社会保障安排没有多少不同。

表2—3　　　　　　主要养老金计划的必要属性详情

属性　　　　　　　养老金模型	向储蓄缴费	平滑	可持续性	替代率的确定性 名义	替代率的确定性 实际	替代率的确定性 最小	缴费可变性	普遍可得性选择 自愿	普遍可得性选择 强制	选择 缴费率	选择 资产组合	选择 替代率	管理成本（总净回报）	给付缴费比
理性生命周期	√	√	√	否	否	否	是	√		√	√	√	高	中
IRA	√	√	√	否	否	否	有限	√		有限	√	有限	中	中
401（K）	√	√	√	否	否	否	有限			有限	√	有限	中	中/高
传统社会保障体系				√	√	可能			√	否	否	否	低	低
强制性准备金	√	有限	√	否	√	否			√	否	否	否	低	中/高
智利的"私有"社保体系	√	未知	√	否	否	√	可能		√	有限	√	有限	高	中
墨西哥	√	有限	√	否	旧DB	√	否		√	否	有限	有限	高	中

第2章 养老金改革问题的分类

与其他计划的比较

有关社会保障的争论从"什么也不要做或者不要改革"到建立纯粹的私有化体系。我们简要地描述了如何将完美模型与美国的强制社会保障体系("无为方式"的反映)和智利的"强制模型"("私有化"方式的反映)进行比较。表 2—3 通过对能够以不同改革方式实现的必要特征的识别,对理性行为、IRA、401(K)、传统社会保障(SS)、强制准备基金(PF)以及智利和墨西哥计划进行了归纳。

美国的社会保障体系。目前体系的基本问题是对国民储蓄的贡献较少,而且再分配因素会导致可能发生的逃避行为。该体系之所以是不可持续的,是因为低人口增长率和生产率,并且不可进行平滑(这将在第 5 章进行详细讨论)。美国的社会保障体系并不是一个纯粹的现收现付制体系,因为在一次体系的改革中留置了储备资产,但是我们还是在分析中将其视为现收现付制体系,因为储备资产将在一个有限的期限内被消费掉。最后,选择的缺乏——尤其是关于花费的方式——使得这些社会保障体系具有严重的缺陷。

智利的既定供款模型。智利模型的优势在于创造了自融资功能以及可持续积累机构。虽然在平滑上遭受了失败,但是允许做出微小的调整以允许借入积累的资源。智利模型的两项最大风险或成本是:(1)波动的资产市场最终收益的不确定性会导致很多群体的实质性贫困[1];(2)极度高额的管理费用为管理者对其进行控制的动机留下了空白。虽然学者们对管理费用进行了记载,但是这些分析的缺陷在于几乎没有能够阐明不适当的替代率的冲击(进一步,后代的代价)。我们在第 3 章对此进行了解释。智利模型中见多识广的个人可能会巧妙地逃避这些计划,因为"有限"选择可能会对他们造成不利。

---

[1] Muralidhar and van der Wouden (1998b) 提供了估计这些福利的消耗的方法。同样见第 4 章。

小　结

　　本章试图以摆正政府应具备的职能的方式澄清在社会保障方面的争论。通过聚焦"必要属性"及设计特征，这项归类任务已经试图证明应如何建立一个完美的模型以确保不同群体的个人能够获得合理的养老金，并且能够使用这些储蓄进行代际消费和投资。通过将完美模型与其他模型进行比较，本章已经证明福利改进特征是如何较为容易地实施的——尤其是当养老金改革还在襁褓中时。但是，在现有的社会保障体系状态下，将所有的要素在所有的国家中推行可能不具备可行性。我们将在第5、6、7章讨论转型问题以及可实施的完美模型不同方面的冲击。在很多情况下，在完美模型中采用的最具政治敏感性的特征是给付等于缴费率，该缴费率以一个有保证的回报率增长，虽然这样类似于一个更加透明、稳定的既定供款计划。该问题发生的原因是参与者怀疑给付的任何变化。因此在第5章和第6章讨论转型问题时，我们将目前的给付作为确定的，并表明我们的主张应如何被用来创造向一个新体系的转型，这个新体系将具备很多完美模型的必要特征。

第3章 养老金改革的评估

智利的革命及其对拉丁美洲和世界银行的征服

在过去的20年中,一场革命席卷了拉丁美洲,在这场革命中各个国家力图对公共养老金体系进行彻底变革。从本质上说,这些国家做出了三项基本的和戏剧性的转换范式,这些转换从遗留下来的现收现付制体系到试图模仿所谓的智利体制的私有化:从现收现付制转换为基金积累制,从既定给付制到既定供款制,以及从适度管理成本下任何积累资产的公共管理体制(伴随一定的低效率)到显著高额成本下的私有资产管理。诸如阿根廷、哥伦比亚和秘鲁这样的国家已经采用了智利模型的一个部分改编版,他们向参与者提供这样一项选择:要么是一个个人账户,私营管理的DC计划;要么是一个公共管理的现收现付制既定给付体系(Mitchell and Barreto, 1997)。亚洲和东欧的很多国家正在考虑接受其中的一些变化,甚至连美国都在讨论创造一个私人退休金账户作为对社会保障体系的补充——或者替代。

很多国家和改革者(例如世界银行)在未经合适的比较的情况下

推进了私有化体制。在发觉公共 PAYGO 体系的潜在缺陷之后，他们寻求改变体系中的所有方面。被提议的新体系的设计成为四个要点问题的混合。貌似关于很多改革的讨论有欠缺是因为：（1）没有将 DC 计划与类似或相等的 DB 计划进行比较；（2）没有对治理或投资政策①发展与投资性政策的实体设计进行区别，或者对证券选择与投资进行识别；（3）相对于公共投资管理，盲目支持私营管理②；（4）没有在清晰界定的市场基准中对被动管理与积极管理进行比较。当这些国家考虑实施强制的、私营的（积极的）DC 管理计划时，为了比较而进行的合理转换应当是具有以下特征的强制的、良好界定的 DB 计划：（1）相同的事前目标替代率③；（2）就像在 DC 体制中以相同的长期缴费进行积累；（3）以私营投资进行集中治理（在发达国家市场中一个普遍且成功的、具有代表性的模型）④；（4）相对于市场基准被动与积极管理的投资项目的可能性。⑤ 这样一个比较旨在减小 DC 计划的吸引力。一些分析家已经指出 DC 计划的一些负面特征，也就是高管理成本、减少多样化投资组合风险的困难、年金体系的不完备与高额成本和高额的转换成本，都应该成为引起警惕的理由

---

① 刚才提到的关于到目前为止在发展中国家的每项养老金改革的共同失败之处在于，投资政策不能特别清晰地归于以下类别中的一类或几类：资产类别的定义、对资产类别的目标分配、围绕实现目标可允许的投资范围以及资产类别的市场基准。最后一项失败之处是严重的，因为基金不能在缺乏被动的、中性的选择下进行比较。在很多市场中，被动投资对于击败一个费后基准是困难的。

② 发达国家引发了一场广泛的争论，并将其视为有关内部管理（在公共或私营非金融机构里）与外部管理的问题。

③ 替代率可能通过多种方式进行确定，包括基于最后工资的、平均工资的等等。我们在此不再赘述。我们强调的是事前目标，因为无论在 DB 或者 DC 体系下，在不产生显著成本的情况下，能够以一个很高的概率获取事后目标是困难的。

④ 这可能仅仅是一个交换而已。另外存在可以将治理和投资管理进行集中的措施——此处没有提及——因为我们喜欢忽略内部管理与外部管理孰优孰劣的争论！在这个问题上没有明显的结论。

⑤ 按照全球资本市场的习惯规定，被动投资是指根据证券选择以及某只特定的证券全部的百分比分配，一个预设市场基准的近似完全复制。积极管理是指灵活地赋予投资组合管理者在证券选择及分配于证券的总百分比。在本章中没有考察有关积极或被动的具体程度。详见 Muralidhar（2001）。

(Asher, 1998)。Baker and Kar（2002）在对世界银行一份报告的批评中，证明了其管理成本、年金、监管机构的建立以及个人所消耗的时间是美国社会保障体系运营成本的很多倍。

在第 2 章中，我们给出了养老金改革问题的分类，并且认为从事养老金改革并无不良记录的国家最好采用一个个人账户（缴费具有一定弹性，并且具有从个人账户余额中借出一个规定比例的权利）DB 体系，该体系通过一个有担保的缴费回报进行保险。资产被积累的同时由政府或私营资产管理者进行被动管理。但是，很多国家已经经过了这一阶段并实施了改革。它们为改革做出了两项跨越：建立一个新体系和进行过渡。

本章将关注存在于现有改革中的变化以及揭示其设计中的基本缺陷。这些问题中的一些已经由其他学者所指出（例如 Diamond，1994）；但是，我们将对相同的问题从不同的视角展示它们潜在的毁灭性。为了达到这个目的，我们给出了这样的命题，任何公共养老金体系的作用是在退休时提供一笔合理的年金，例如一定的目标替代率。期望（固定）长期缴费率由对事前替代率、投资的实际回报、实际工资增长以及与工作年数有关的人口统计特征的估计，以及寿命期望和第 1 章附录中的模型所决定。

在对任何体系的评估中，我们必须要问的是目标替代率是多少，以及实现该替代率的可能性有多大。Blahous（2000）认为，在对一项养老金体系进行评估时，我们必须考虑回报率和替代率，因为任何分离的度量方法都不能对体系是否成功提供充分的信息。在基金积累性计划中，在给定替代率（和工资增长率）的情况下，回报率决定了一个单一的、固定的、长期缴费率。[①] 我们将要检验在 PAYGO 体系下长期缴费率对不同参数的灵敏度，以及在基金积累性体系下证明其优势，从转向私营管理的 DC 账户研究替代率的含义。

以下是我们试图揭示的几个关键性问题：

---

① 在一个多期配置中，实现这种关系的不同缴费路径（例如以不同的缴费率）是可能的。

（1）在稳定状态，基金积累性体系比 PAYGO 体系更受欢迎是因为一些对回报和实际收入增长合理的假定。但是，随着这些变量的演进，其优势可能不会像有时假定的那样显著。

（2）在 PAYGO 体系被投资于股票的基金积累性计划所取代的地方，以及体系的赤字由政府债券（例如认购债券）承担的地方，政府债券受到杠杆作用（例如政府借债购买权益以获取风险收益）的影响。当单纯投资于政府债券的体制将其投资战略转换成投资于权益以获取更高回报时，类似的问题也会发生。对于一个向国家提供实际给付的经受改革的体系，其过渡必须在提高国民储蓄方面获得成功。

（3）断言 DC 计划比 DB 计划好的人是由于得到了错误的比较结果。

（4）当确定强制性缴费率时，大多数国家没有设定目标或者期望替代率，这样就会导致参与者收益的不确定性。一般参与者不会对将要实现的替代率有清晰的认识，并且貌似政府没有基于对目标替代率和期望费后回报率之间关系的分析制定缴费率。

（5）对于那些已经采用 DC 计划的国家，在由不同群体间资产回报率的波动性引起的已经实现的替代率下，可能存在相当大的波动，这样会导致很多人群退休后的贫困。

（6）高管理成本（尤其是作为工资的一定百分比）会导致替代率的实质性下降。

（7）DC 计划中选择的增加倾向于需要广泛的监管，该监管应当允许政府控制资产配置（例如，要求资产的一定比例被投资于低回报性的政府债券以弥补预算赤字）。换句话说，DC 计划的支持者低估了这些计划隐藏的政治风险。

本章将对这些问题逐一进行详细分析，对每种设计的缺陷进行例证，如果可能，将依照预算冲击、缴费率和替代率引致的成本进行估计。到目前为止，还没有其他讨论强调对所有这些参数构成的冲击。本章的目的是强调这些在以往文献中可能被忽视的养老金改革的内在含义。

第3章 养老金改革的评估

基金积累制与现收现付制的比较

在对基金积累制与现收现付制的比较中,我们必须要区分稳定状态和过渡状态。我们将在下一部分证明既定给付下正在积累的(假定目前的计划)必要长期缴费是较少的,并且在相关的"外生"变量——诸如人口增长率和生产率或寿命期望中——对潜在预期不到的变化的敏感性不高。必要长期缴费的变化很少能够在社会保障改革的讨论中被加以考虑,但是对长期缴费波动进行最小化在企业养老基金的管理中是一个关键的目标(Muralidhar,2001)。如果改革者认识到包含长期缴费波动的重要性,这样就会提升基金积累性计划的地位。在第8章中,我们检验了关于长期平均缴费的短期可变给付。

基金积累性体系较少地暴露于资不抵债的威胁之中,而这种威胁会将PAYGO体系摧残到不复存在。这种危机反映了不可预见的目前和未来实际工资增长的下降,这种实际工资去掉了隐含的回报率,使PAYGO体系具有竞争性,因为相对于向退休人士承诺的养老金,没有多少(或者不太富余)年轻工人可供收集。要实现承诺的给付,收益将出现短缺。在基金积累性体制下,可供支付养老金的资金将基本上不会受到"人口结构"中与增长有关的变化的影响,因为养老金不是由年轻职员的缴费进行支付的,而是来源于领取养老金的人积累的资本。生产率增长(或寿命期望)[①]的变化的确需要对必要长期给付做一定的变化,但是就像与在PAYGO体系下的变化进行比较一样,这只是一个较小的程度。必要长期缴费的主要决定因素是投资的长期平均实际净回报,也就是说,是名义回报经通货膨胀和实际增长的调整。但是,我们认为在历史现实主义的限制下,即使这个变量发

---

① 这些变量的变化将会对过渡发生冲击,就像在第5章和第6章进行讨论的一样。

生变化也不会要求长期缴费率发生明显的变化。

除此以外，基金积累性体系与PAYGO体系相比，只要养老金体系（实际值）增长，就会导致资产的大量积累，对国民资本存量、国民收入和国民储蓄会产生一个大的有价值贡献。当一些国家——例如美国——的私人储蓄异乎寻常低的时候，这种储蓄的增加显得更加有价值，因为这时候会因为外债的水平产生令人不安的问题。

最后，我们希望基金积累性体系要求的较低的长期缴费会减少由于目前PAYGO体系造成的劳动力市场的扭曲，促进劳动力更多地参与到养老金体系中，并减少缴费的逃避行为。有证据显示，欧洲征收的大量社会保障工资税——经常是美国的2~3倍——为高失业率承担了一定的责任。

对PAYGO体系与基金积累性体系下长期缴费的概述

忽略最初的过渡问题，我们以稳态下必要长期缴费率的两种融资性可选方法——PAYGO和完全积累①——作为开始。对于每种融资方法，缴费率取决于很多参数，这些参数将在本章中进行介绍。这些变量中的一部分是"外生的"，也就是说，将决策者的调控行为排除在外。它包含以下几个方面：

（1）实际收入的增长率（ρ）及其包含的两个因素（项目（2）和项目（3））；

（2）劳动力的增长（n）；

（3）生产率的增长（q）；

（4）寿命（e）；

（5）不同金融资产的回报率（r）及其波动。

由政策决定的参数包括以下几个方面：

（1）标准退休年龄与寿命一起决定了养老年金的平均期限；

（2）基金积累的资本所投资的投资组合（通常对基金积累性体系

---

① 本部分基于假定的数据证明两种途径的显著不同。

是重要的,因为在纯粹的 PAYGO 体系下,原则上不存在可用于投资的积累性资本);

(3)所谓的替代率,也就是养老金与工作或者缴费期间获得的以一定方法度量的收入之比。替代率的详细说明涉及对应当使用什么收入的度量手段(例如最终收入和一生中的平均收入)及其如何与缴费年限结合起来的细化。

将 a_t 定义为在一个基金积累性体系中时刻 t 的资产,w_t 为时间 t 的工资。同时,将 A_t 定义为资产-时间比,c_t 为时间 t 的缴费率(例如,缴费除以时间),p_t 为成本率。在基金积累性体系中,我们可以发现以下的动态:

$$A_t = [a_{t-1}(1+r)]/[w_{t-1}(1+\rho)] + c_t - p_t, 其中 \rho = n+q \tag{3.1}$$

因此,A 可以由以下公式大体估算出来:

$$A_t = A_{t-1}(1+r-\rho) + c_t - p_t \tag{3.2}$$

方程(3.2)可以被写作:

$$A_t - A_{t-1} = A_{t-1}(r-\rho) + c_t - p_t \tag{3.3}$$

但是当养老金体系达到一个稳态时,资产的增长速度必须与工资相同,也就是说,A_t 的增长速度必须等于零,隐含了以下的基本关系:

$$c_t = p_t - A_{t-1}(r-\rho) \tag{3.4}$$

我们将这个方程称为"黄金 SS 法则"。如果净回报是负的,或者 $r > \rho$,那么体系储备的净回报帮助支付一部分给付,这是一个积累制优于现收现付制的必要条件。

不同融资体制下主要参数对必要收益率的影响在表 3—1A 和表 3—1B 中进行了列示。它同样支持了我们的观点:在现实的假设下,基金积累性体系明显优于 PAYGO 有两个原因,一是因为它要求一个较低的长期缴费,二是降低了破产的风险。表中的回报率(r)是实际（总）回报率。但是正如在表 3—1A 和 3—1B 中列出的，存在 PAYGO 体系要求比基金积累性体系更低的回报率的情况，也就是当 $r<\rho$ 的时候。

表 3—1　可选择体系的成本和缴费率及选择情景

假定：工作年限＝40 年；平均收入＝50%的替换

表 3—1A　PAYGO
成本率＝不同情景下现收现付体制缴费率

	退休生涯：16 年				退休生涯：18 年			
	实际生产率增长							
人口增长	0%	1.00%	1.40%	2.00%	0%	1.00%	1.40%	2.00%
0%	20.00%	15.40%	13.40%	11.90%	22.50%	17.20%	N/A	N/A
1%	15.05%	11.70%	10.40%	9.00%	16.77%	N/A	N/A	N/A
2%	11.24%	8.80%	7.00%	N/A	12.41%	N/A	N/A	N/A

表 3—1B　基金积累性体系
成本率＝不同情景下基金积累性体制缴费率

	退休生涯：16 年				退休生涯：18 年			
	实际生产率增长							
资产回报率	0%	1.00%	1.40%	2.00%	0%	1.00%	1.40%	2.00%
0%	20.00%	20.11%	20.15%	20.23%	22.50%	22.62%	22.67%	22.75%
1%	15.05%	15.33%	15.45%	15.63%	16.77%	17.08%	17.21%	17.41%
2%	1.24%	11.60%	11.75%	11.97%	12.41%	12.81%	12.97%	13.22%
3%	8.33%	8.70%	8.86%	9.10%	9.12%	9.53%	9.70%	9.96%
4%	6.13%	6.48%	6.63%	6.86%	6.66%	7.04%	7.21%	7.46%
5%	4.49%	4.80%	4.93%	5.14%	4.84%	5.17%	5.32%	5.54%
6%	3.26%	3.53%	3.64%	3.82%	3.50%	3.78%	3.90%	4.09%
最终工资的粗略替换	50%	41%	38%	34%	50%	41%	38%	34%

注：N/A 表示数据不可得。

为了进行计算，我们假定了一系列的参数，虽然这些变量不一定与美国或者其他国家的相一致，但我们将其视为合理的。它们包括 40 年的缴费期，以及生命平均收入 50%的替代率。（假如我们改变了对替代率的假设，所有需要报告的缴费率将会同比例地改变。）至于退休后的平均寿命，我们使用两个可供选择的假定来表示其含义：在表格的左侧部分我们假定 16 年的生命期望，然而在表格的右侧假定为 18 年。更进一步假定，对于表 3—1B 所示基金积累性体系，基金的资产投资于所有可买卖证券的"指数化投资组合"，以及以最左侧一栏所示的实际利率进行互换。

PAYGO 体制

表 3—1A 显示了以不同的参数值对目前的养老金与同时期（应税）工资比率或者所谓养老金成本比的估计。但是，在一个纯粹的 PAYGO 体制中，总的来说养老金支出必须等于目前的缴费率，成本比率同样度量必要缴费对工资的比率或者所谓的"均衡缴费比"。

表 3—1A 中记录的一个重要因素是缴费率对人口 (n)、生产率 (q) 以及他们的和 (ρ) 的增长参数的极端灵敏度。按照著名的"年龄金字塔"效应，必要缴费率随人口增长 (n) 的下降而下降。n 越低，退休受益人对在职人员的比率越高——其中后者以其缴费赡养前者——因此必要缴费率就越高，这种数量性的效应是令人难忘的。生产率增长的效应更加复杂，而它只是在相同的方向起作用，并且在定量关系上是类似的。所以，必要缴费率本质上取决于 n 与 q 之和 ($n+q=\rho$)。貌似从表中可以看出，ρ 从 2 到 0 下降两个百分点，会使缴费率从约 11% 上升到 20%，上升 9 个百分点！但是对于很多欧洲国家（例如意大利）而言，替代率达到最终收入的 80%，这就意味着大约 100% 的平均收入以及因此表中的数字必须翻一番（Modigliani and Ceprini, 1998）。特别的，以接近 1.5% 的生产率增长速度，以及较低的人口增长率，表中说明了一个两倍的 20%～25% 的均衡缴费水平，这就接近于那些国家的实际社会保障税负了。

简而言之，在 PAYGO 的融资体系下，必要缴费率对于未来增长中小的或者貌似真实的变化是非常敏感的。因此，那种方法不能为稳态的养老金体系提供基础——这是一个没有受到主要危机连续打击的养老金体系，例如目前的体系就是这样。

基金积累性体制

表3—1B报告了基金积累性体系下需要的缴费率。在一个基金积累性体系处于稳态时,其支出由缴费和积累性资产收益之和共同承担。方程(3.4)中可以看出这点。方程(3.4)的一个有趣的方面是检验这个方程对 n 和 q 变化的动态关系的时机。这些动态关系帮助我们理解基金积累性体系中不同变量的含义。我们首先以人口增长率开始,我们知道该变量与缴费率没有什么关系。

$$\mathrm{d}p/\mathrm{d}n = 0 + (-A_{t-1}) + (r-\rho)\mathrm{d}A/\mathrm{d}n \tag{3.5}$$

或者:

$$\mathrm{d}A/\mathrm{d}n = (1/(r-\rho))[\mathrm{d}p/\mathrm{d}n + A_{t-1}] \tag{3.6}$$

我们知道成本率是人口增长的减函数,这就意味着,如果人口增长上升,在资产—工资率中必须有一个适当的调整。A 将会成为 2-3 的邻域,且 $\mathrm{d}p/\mathrm{d}n$(从表3—1A 和 3—1B)在 4-5 的排列中。因此 $\mathrm{d}A/\mathrm{d}n$ 也是负的,暗示了资产—工资率一定会下降。从 Modigliani and Brumberg(1980)之后隐藏的直觉是,财富主要是年龄的增函数,且人口增长提高了年轻人与老年人之间的比率。因此,随着人口的增长,财富—收入比倾向于下降。

更加困难的情景是生产率增长对变量的冲击。我们从表3—1A 和表3—1B 中知道 $\mathrm{d}p/\mathrm{d}q < 0$,且 $\mathrm{d}c/\mathrm{d}q > 0$(当实际工资增长,缴费率需要支持更高的年金,以满足对一个给定替代率的维持)。

$$\mathrm{d}p/\mathrm{d}q = \mathrm{d}c/\mathrm{d}q + (-A_{t-1}) + \mathrm{d}r/\mathrm{d}q(A_{t-1}) + (r-n-q)\mathrm{d}A/\mathrm{d}q \tag{3.7}$$

或者

$$\mathrm{d}A/\mathrm{d}q = (1/(r-n-q))[\mathrm{d}p/\mathrm{d}q - \mathrm{d}c/\mathrm{d}q \\ + (1-\mathrm{d}r/\mathrm{d}q)(A_{t-1})] \tag{3.8}$$

通常,$\mathrm{d}r/\mathrm{d}q$ 可以被假定为大于 0。如果之前的有关人口增长分析是

第 3 章 养老金改革的评估

成立的,那就意味着 dA/dq 可能也会小于 0。

表 3—1A 与表 3—1B 明显地显示,基金积累性体系下要实现既定的给付所需必要缴费的数量会更少。[①] 产生该差异的原因是,在基金积累性体系中养老金的大部分来源于积累财富的利息而非现金给付。以表 3—1B 中对于基金积累性体系最受欢迎之处为例,收入增长率为 0,投资回报率为 6%,以及 18 年退休。此处 PAYGO 的缴费是 22.5%,而基金积累性体系只有 3.5%!这种差异似乎大得不太可能。当然,对此的解释是这样的,当基金积累性体系到期之前,社会保障信托基金(social security trust funds)持有的资产总计达到 3.2 倍的工资,其 6% 的回报率足以弥补这个缺口。

毫无疑问,之前的分析是很极端的,但是在一些实际情况中这种差距仍然很大。例如,让我们考虑一下与长期增长假设非常类似的美国的情况,与所谓的中级成本计划相一致。PAYGO 体系下相应的必要缴费在表 3—1A 的右侧由阴影的方格表示出来,因此是 17.2%(这是 1999 年老年和遗属保险基金提供的 1950—1975 年养老金成本率)。这一点从表 3—1B 的相应栏目可以清楚地看出来,其基金积累性体系的必要缴费低于 4%,而回报率为 6%,并且对于 5% 的回报率,其往往高于 5%,或者要低三分之二。即使回报率像 4% 一样低(大约比目前美国财政部保质债券的实际利率高 2%),均衡缴费仅仅是 7%,或者少于 PAYGO 缴费的一半。

表 3—1A 和表 3—1B 同样揭示了基金积累性体系优于 PAYGO 融资体系的其他几个方面的特征(Feldstein,1997)。我们已经证明,在基金积累性体系中必要缴费率独立于 n。表 3—1B 中的数据也说明必要缴费率几乎不受 q 的影响,而在 PAYGO 体系为相反的方向;因此,如果 q 下降它将下降(因为在"调整后"的回报率中因此而产生的上升)。并不令人惊讶的是,缴费被视为随着寿命期望(e)而上升,但是其效应小得让人吃惊。以 5% 的回报率,e 从 16~18 年的上

[①] 表 3—1A 部分故意留作空白是因为它们没有被加入分析。

升，这样就需要大大提高原有仅0.35%的缴费，然而在PAYGO体系下这个增幅将接近2%。但是，那么小的效应甚至能够依靠标准退休年龄对寿命期望进行一定的指数化的常用补救措施予以消除。特别的，我们建议退休年龄（例如缴费年数）应当以一定的方式与寿命期望相联系，这种方式就是以增加的缴费抵消掉养老金支付现金流部分上涨的期望期限成本。当然，我们将要保留目前的选项比规定的年龄更早退休，但是退休金将会被削减，这意味着更少的缴费和更长的给付期。

表3—1B进一步确认了第1章和第2章的主张：固定的缴费率，与一个有保证的回报率进行复合，能够确保给定人口统计特征和工资增长下特定的替代率。换句话说，表3—1B可被视为代表了不同可能的既定供款组合，以及确保承诺的替代率下有保证的回报。因此，为了实现既定供款率的有保证的回报计划同样是一个积累性DB计划。

简而言之，本部分的结果为小结中提出的结论提供了证据，根据目前弹性的成本给付比率，以及关于外生变量可能发生变化的必要缴费率的稳定性，完全积累性体系优于PAYGO体系（稳定状态下）。进一步的，该分析给出了三项主要结论：

（1）成本率和净回报取决于增长。如果增长的作用被不小心忽略，那么基金积累性体系优于PAYGO的论断可能会被过分夸大。

（2）在PAYGO体系中，增长率的下降可能会对必要缴费率产生一个大的冲击（既定给付），然而作为资产－工资比上升的伴随结果（我们将在随后研究增长对名义回报率的冲击），在基金积累性体系下这种效应的规模是较小的（符号是负的）。

（3）如果资产－工资比上升，将会导致r的下降。紧接着，这就会使基金积累性体系不再具有优势。在这种情形下，混合体系将会适用，我们将在第8章对混合性体系的情况进行检验。

从一个主要的非基金积累性体系——例如PAYGO体系——向基金积累性体系过渡中更加复杂的问题应当被加以考虑。很多人没有认识到这一点，即稳定状态的基金积累性体系的优越性是由于体系中的积累资本。该资本允许较低的缴费，并且可以对未来的缺口进行弥补（例如，缴费的年轻人较少可以通过更高的资本回报或者劳动生产率的提升进行抵消），但是仅限于资本已经被早早地积累起来。这种忽略使得很多无知的人产生一种错误的观点，就是认为广泛发生的危机可以通过强制参与者对其缴费的重定向——从社保体系到市场中的个人（或者集合）投资组合——而建立基金积累性体系进行解决。这一点将在下一部分进行阐述。

Diamond（1998）认为，由于转型成本的存在，任何公开的收益都是高估的（Samuelson，1975）。Sinn（1999）认为，以现值的形式，转换成一个基金积累性体系将一无所获，即使其提供了一个更高的回报率。典型的观点是未来缴费中的任何削减都是以目前更高的缴费为代价的，并且两只现金流通过适当的折现，其现值是一致的，所以不存在净福利的增加，仅仅是以不变的期望给付进行的跨期转换而已。另一方面，Corsetti and Schmidt-Hebbel（1997）证明了通过给正式部门带来更多的资源，从 PAYGO 到完全的基金积累性体系的过渡能够增加福利。进一步的，即使在静态增长和回报中不存在从 PAYGO 体系到基金积累性体系过渡产生的净福利，如果未来会有一个较低的增长，那么这个结论也不会成立，因此就需要一个较高的缴费或者较低的养老金。这就再次说明，虽然基金积累性体系的个人缴费可能较低——这可能与过渡成本完全不同，但是它可以通过降低长期缴费波动性及减轻劳动力市场的扭曲实现净的正外部性。因此，我们普遍支持向基金积累性体系的转换（如果在回报与增长之间存在合适的关系）。

对赤字 PAYGO 体系过渡的融资

从一个 PAYGO 体系到一个基金积累性体系的过渡过程中的难

点在于，PAYGO下规定的养老金需要在过渡过程中以目前的缴费进行支付；因此，缴费不能被轻易地用于建立新的基金积累性体系。很多国家已经使用财政预算盈余或者对给付进行削减，试图抵消向新体系转换缴费中产生的PAYGO赤字。例如，智利使用场外认购债券（off-market recognition bond）对承诺的给付进行支付，但是在路演时由财政盈余负担。秘鲁也发行过实际担保利率为零的这种债券（Mitchell and Barreto，1997）。其他国家也考虑过提高税收或者以部分缴费保持旧体系的方法。在墨西哥，这种担保通过对过渡的参与者保证其将要得到比PAYGO DB或者DC养老金体系更多的给付来实现。没有预算盈余的国家被迫举债对剩余的养老金债务进行支付。

用于支付以往债务的最常见的形式是由智利人发行的这种认可债券。其主要向政府要求偿还，且只有到退休时才能够进行交易，有可能被赋予一个场外利率①，并以向年老的参与者发行作为特色。

在美国，在试图延长社会保障体系寿命的努力中，有学者（Feldstein and Samwick，1997）提出一项建立个人退休账户的建议，该账户的缴费率为2%，其60%投资于股票，40%投资于债券。这些缴费可能是12%的社会保障缴费之外的部分，计划获得实际5.5%的收益率，并且通过向个人提供美元对美元的——为他们打算在其个人账户中存入数量——个人所得税抵免，从而为发行提供便利。该账户与简化社会保障养老金的组合——与年老等因素造成的收益减少相一致——应该将社会保障目前的12.4%的缴费率无限地扩大。让人欣慰的是，该计划依靠的是来自市场中证券储备——而不是政府债券——投资回报更多释放的预期，就像在信托基金（trust fund）的储备所做的那样。

在1997年就曾预期这些抵免可以通过预期未来的预算盈余（大约为国内生产总值的0.8%）进行补偿。Modigliani and Modigliani

---

① 在智利，其利率为4%的实际利率，然而其他政府债券实际上要支付更高的利率。选择4%的实际利率很明显的原因在于这是实现70%替代率所必须的利率。我们感谢Jonathan Callund提供该信息。

(1987)认为，个人应该使用这些盈余为这类过渡埋单，而不应支付高额的税收。但是，由于布什政府的减税政策以及自 2001 年以来的经济增长放缓，这些盈余不会成为现实；因此，美国政府将会最终以举债的方式弥补这些税收抵免。

Corsetti and Schmidt-Hebbel（1997）对债务补偿方式和盈余补偿的过渡进行了评估，并且认为债务补偿过渡对国民储蓄、资本存量和跨期福利分配仅有一个边际冲击，尽管这些结果与 Modigliani（1966）的结果存在巨大的差异。很明显，盈余或者税收补偿过渡方式以那些现在纳税人的利益为代价，增加了未来非纳税人的福利。Valdes-Prieto（1997）可能会认为，如果增长效应或者额外储蓄没有被触发，福利不会得到提升。

增加政府的债务来为这些过渡进行融资是一个坏主意，因为这样不会产生任何新的净储备；由于养老金体系积累了储备，它通过一个相等的政府债券相配，这样以高水平引发了大量债务偿还。正如艾伦·格林斯潘所指出的，假如不存在额外的储蓄，转换成基金积累性体系并不是灵丹妙药（Blahous，2000；Greenspan，1996）。在任何这些建议中都存在一些基本问题，因为储蓄并没有净增长（Orszag and Stiglitz，2001）。①

毫无疑问，政府债券融资方式可以提供资源的净增长，这一点是有可能的。例如，在拉丁美洲的改革中，政府融资允许在储备中有相同的增加，这样可以投资于回报率更高的资产（例如股票）。人们希望这些投资的回报能高于政府引发的成本。这种机制部分地隐含于 Feldstein and Samwick（1997）的建议中。允许养老金体系通过政府债务的增加，在支付养老金时将缴费投资于股票以获得额外的收益（股权升水），但是这相当于允许政府以举债的方式投资于一个风险资产的组合。这种极端不合理的行为是充满风险的，并且等同于政府获取一个高杠杆的股权投资组合，因为其为了获取股权风险溢价完全由

---

① 缴费的增加对于国民财富的冲击路径有两条：(1) 直接通过提高储蓄；(2) 通过对投资回报的二阶效应。

政府举债融资。在私有化的社会保障体系中，一个方面是政府的赤字可以为私人投资组合中的股票提供融资。最后，由于其确保退休安全的责任，当在实际中如何投资于投资组合的自由度有限时，政府承担了这种风险。这不仅仅没有被当成一个问题，而且它还被看做是积极因素。国际货币基金组织（IMF）曾明确地允许这类债务超过这些国家设定的上限，穆迪公司也调高了经过这种过渡之后的匈牙利的信用等级（James，1998）。

在对该建议的修正版本中，除了私营管理的个人账户，建议使用消费税也成为弥补 PAYGO 赤字的一种方式。[①] 假如这些对基金积累性体系的缴费已经从政府的预算盈余中获得，额外的储蓄能够确保过渡的完成（我们将在第 5 章介绍一个更加有效的体制）。但是随着这种盈余的世界性下降，唯一的选择是进行课税以获得额外的储蓄，采取这种措施之后就不会在别处发生储蓄的流失。

总之，额外的资源需要用于防范破产——也就是增长率的下降——的实际来源，并且这是向基金积累性体系转变的唯一路径。建立一个基金积累的部分可以以提高资本量或者产出的方式帮助解决这场危机，人们希望没有大幅度地削减资本的生产率。但是这些资源从何而来？无论他们被用来支付养老金或者（相等的）向新的基金进行缴费，如果他们由赤字进行融资，那么他们没有解决任何问题，因为这样做没有带来任何储蓄；因此这是一个很不合理的措施。它将政府的投资组合暴露于风险之中，而且并没有增加任何资源，只是将私人和公共部门的现有风险和资本收入进行了再分配。新的储蓄只能从预算盈余或者提高缴费中挖掘才能获得。我们建议通过提高那些投资于更高期望回报（及风险）资产的缴费来增加储蓄。由于这些新的缴费不能由税收抵免所抵消，所建议的增加就类似于由 Kotlikoff and Sachs（1998）提出的税收计划。当基金的规模增加时，它可以用来抵消正在增加的 PAYGO 赤字（见 Feldstein and Samwick，1997）。

---

① 见 Kotlikoff 和 Sachs（1998）。只要目前的退休人员能够承受这项成本，这种安排将是公平的，或者给付的削减也是税收的替代方法。

与这些线路一同提出的建议已经为美国和西班牙所制定完毕（见第5章和第6章的讨论①）。

从 DB 到 DC 的社会保障体系转变

私有化在智利被首先引入（目标是完全积累），随后就是几个拉丁美洲国家以及其他发展中国家（World Bank，1994；James and Vittas，1995）。在美国，最为著名的私有化的提法将其定位为只有部分积累的混合体系以及可能的选择退出条款（例如，乔治·W·布什总统，Archer and Shaw，1999；Feldstein and Samwick，1998）。

在很多情况中，赞同进行转换的观点认为私有化的选项提供了一个更高的回报率。这一点已经被很多分析家所指出（Orszag and Stiglitz，2001），也包括我们。我们认为作为退休收入主要资源的"私有化"至少有4个主要缺点：

（1）它将消除确定的和积极的给付体制的存在，这种体制中与生命收入相联系的给付导致可预期的由政府担保的养老金。私有化将以"既定供款"结构——作为对一生强制缴费的交换，参与者没有获得一个可预期的、有保证的养老金，而是一张"彩票"（其不确定性、个人资产组合的无规律的表现）——替换掉这种结构。参与者的退休收入将取决于能否幸运地选择正确的资产组合，以及其退休的日期是处于牛市还是熊市。对于所建议的个人账户结构，运气也在实现目标替代率的过程中扮演了非常重要的角色。这是因为当你从结束的地方使影响奏效时，也就是你承担风险的时候。其余所有都是不定额的，既定缴费下的平均最终工资成为怀孕以及出生日期的函数。我们考虑了这样一个例子，100单位的本国货币（阿根廷、泰国和美国的个人）为那些将要在1990—1997年退休的人，从1976年开始每年投资

---

① 见 Modigliani and Ceprini（1998）为意大利制定的建议。

于本国股票市场。正如图 3—1 所显示的，即使大多数发达国家市场中的投资——例如美国的（投资于标准普尔 500 指数）——也会存在一批人比下一批人退休后更穷的风险，这是由于市场投资表现的结果（非基金管理人责任）。这种情况在发展中国家的市场表现更为明显。源于市场投资的退休财富风险被最近的全球股票市场低迷所证实。Burtless（1998）进行了一个类似的分析，并且证明美国退休人员替代率的剧烈波动取决于他是在 20 世纪 60 年代退休的还是在 20 世纪 70 年代。

（2）要求或者鼓励人们将自己的养老资金投入赌博的目的与目前 DB 体系的精神是不可调和的。DB 体系的目的在于确保一个最小化的退休收入。**实际上用最贴切的话说，必然得出这样的结论——私有化就是把唯一应当分享的东西私有化了，那就是风险！**除此以外，它会造成一个非常不受欢迎的结果——人为地制造退休收入分配的不公平。在个人资产组合方法下，所有投资组合回报的平均必须接近整个市场的平均回报——一个精确的普通投资组合的回报（Auerbach，1997）。在 DB 体系中，虽然平均回报在本质上是相同的——除了更加高额的个人投资组合的管理成本（Diamond，1996b）——每个参与者都获得这个平均水平。另一方面，即使缴费相同，个人投资组合的个人回报也表现出不一致——一些人结束的时候高于平均回报，但是他们却被那些表现不好的人给抵消了，包括那些收入低的以至于不能承受这种负面风险的人。这种由私有化引发的不平等受到特别的排斥，因为它们是人为的并且没有什么用处（例如刺激）。

（3）个人投资组合倾向于以两种渠道增加贫富差距：（a）富人将会处于从选择中获取更多的地位，因为他们具有更多的投资经验，易于接触到更好的建议和工具，以及更低的管理成本。他们也能够更好地为股票或者其他更具盈利性但风险更大的投资承担风险。因此，富人的退休储蓄在结束时将获得较高的回报。根据 Wolff（2002），在美国，"传统 DB 计划的收缩及其对 DC 计划的替代貌似帮助的是富有的美国老年人，却伤害了一大批低收入或中等收入的家庭。"除此

第3章 养老金改革的评估

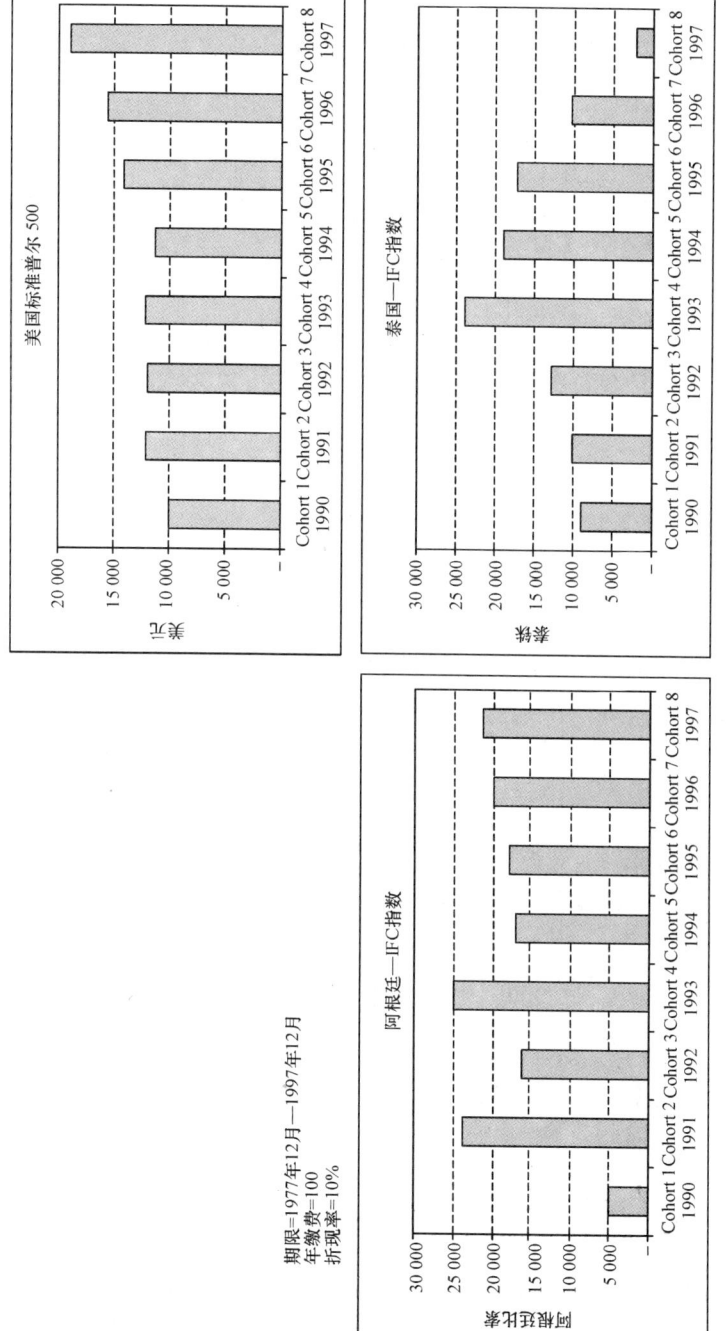

图3—1 阿根廷、泰国和美国的股票市场风险，投资于本国股票市场的退休储蓄价值（20世纪90年代）

以外，研究证明，即使在投资艰难期（例如2001年），最富有的个人已经能够保存他们的资本——甚至还在增长——这是由于获得好建议以及产品的结果，然而这些对于穷人来说却无法得到。(b) 基于个人账户的养老金会消除财富的再分配，因为富人积累的一部分现在被用来为体系中的穷人发放养老金，例如美国的社会保障体系。换句话说，与穷人相比，富人获得有些低的回报。这就为富人提供了脱离社会保障体系的动机，并将其投资于自己的投资组合。当他们这样做时，有关的补助就从穷人手中重新回到了富人手中。最后，穷人将得到更少的养老金，或者不得不增加缴费，然而富人的养老金却提高了。

(4) 一些私有化的赞成者知道衰退风险造成的危险——至少对穷人——并且建议做出一定的修正以保证最小的产出（Feldstein, 1996; Archer and Shaw, 1999）。例如，两个主要的可能包括高于DB体制下对特定替代率的必要缴费以及养老金的期权性风险（optionality）（例如应对差额风险的政府保险）。但是这种补救措施很不令人满意，首先对于参与者没有什么好处；其次是鼓励更多的风险承担，因为参与者会保留任何偏好的收益，而将他们不喜欢的加入社会保障中去。这种自由选择权不仅仅在经济上是缺乏效率的，并且实质上理应提高缴费并且承担保持体系偿付能力的责任（Muralidhar and van der Wouden, 1998b）。我们将在第4章对此进行更详细的解释。

在所有改革的讨论中，目标替代率应当是什么，或者一个有利于DC计划的可预期收益为何遭到拒绝，这样的问题却很少被提及（进一步的，给定工作年限和退休水平的缴费率和期望回报）。主观性的推断往往更加偏好DC计划，因为它们涉及更多的个人选择（虽然没有用于挪威和澳大利亚），并且政治风险较小。这些讨论的不幸之处在于，他们没有试图就替代率、缴费率以及实现这些所谓利益的政府债券对这笔交易进行估价。我们将在标题为"管制与政治风险"的部分进行解释，并且在第4章对选择成本进行更加详细的讨论。

转向"私营"基金管理的问题

在本部分，我们讨论以下三个问题：(1) 清晰界定基准和良好治理的重要性；(2) 资产管理者战胜消极基准的能力；(3) 私营管理者提出的高额费用，及其对降低替代率的冲击。当这三个方面被放在一起研究时，那些为资产的私营管理开出的天真的药方就显得非常肤浅了。

基准和良好治理的重要性

诸如世界银行这样的机构放出的谬论是私营基金管理比公共基金管理要更加有效。引自 World Bank (1994) 的图 3—2 就表达了这种论断，其声称资产的公共管理会导致差的回报。

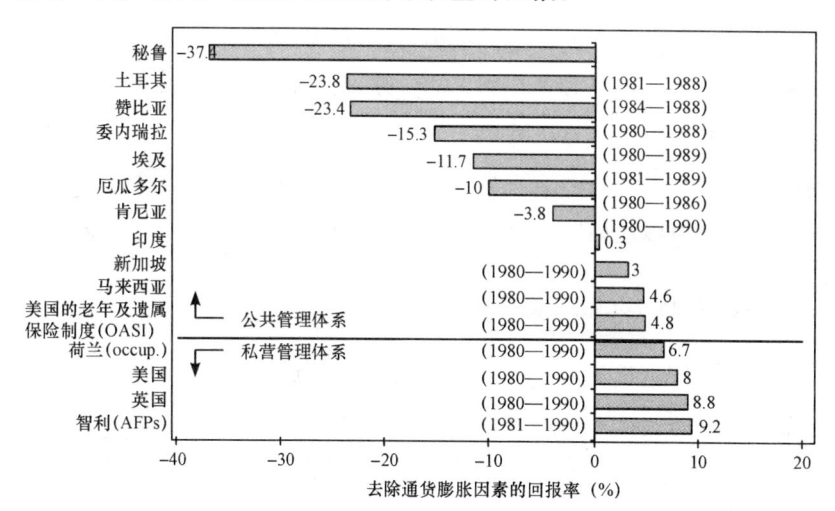

国家/地区	回报率	时期
秘鲁	-37.8	
土耳其	-23.8	(1981—1988)
赞比亚	-23.4	(1984—1988)
委内瑞拉	-15.3	(1980—1988)
埃及	-11.7	(1980—1989)
厄瓜多尔	-10	(1981—1989)
肯尼亚	-3.8	(1980—1986)
印度	0.3	(1980—1990)
新加坡	3	(1980—1990)
马来西亚	4.6	(1980—1990)
美国的老年及遗属保险制度(OASI)	4.8	(1980—1990)
荷兰(occup.)	6.7	(1980—1990)
美国	8	(1980—1990)
英国	8.8	(1980—1990)
智利(AFPs)	9.2	(1981—1990)

图3—2 公共与私营管理基金投资回报比较，所选养老基金平均年投资回报，20 世纪 80 年代

资料来源：World Bank (1994). Figure 3.7. Reprinted with permission from the World Bank.

该结果被多个分析家讨论过（Mitchell and Carr, 1996; Mitchell

and Hsin, 1997)。公共管理基金（不论其涉及治理还是投资管理）比私营管理基金具有较低的实际回报率，这是不正确的。① 日本养老基金——私营管理的——就有可能产生与这幅图相反的结果，美国的公共管理的养老基金或许也是这样。对图3—2中的数据进行一个粗略的检验就足以说明 World Bank（1994）的论断犯了伪造相关度和极度奇异数据样本的错误。两个被忽略的重要问题是对已经明确投资政策的基金进行区分的重要性，以及由基金增加的与其基准相关的价值为多少。② 假如重新强调这些问题，一个完全不同的画面就会出现，并且理应将更多的重点放在投资政策的详细情况上（Mitchell and Hsin, 1997）。有关的延伸性研究可见公共基金行为的文献（Mitchell and Carr, 1996; Mitchell and Hsin, 1997; Munnell and Sunden, 2000），并且这些文献证明可以为公共基金创造一个有效率的环境——尤其是在有好的治理结构时。

Orszag and Stiglitz（2001）以类似的理由对这种分析进行了指责，但是表述方式不同。他们认为对于这种风险承担没有做出任何调整来产生这种回报，并且我们不能武断地认为缺乏对个人投资组合调整行为的检测以适应在公共养老金中的这种分配，福利就会下降。换句话说，公共养老金的表现是一个多极体系的一部分；因此，其中一极表现较差可以将风险与其他风险进行分散。

私营管理人战胜被动基准的能力

与标准普尔指数有关的251家私营资产管理人10年期的业绩由一幅简单的图（图3—3）表示出来，它证明在存在整体重大风险的情况下，其平均超过大盘的能力（费前）为零。③ 给定一个0的总体简单平均余额，一部分管理人战胜了指数，而另一部分则没有。简而

---

① 类似以及更有说服力的文献见 Minns（1996）。
② 这些分析所对应的问题等同于 Muralidhar and U（1997）描述的问题。
③ 同样方式适用于投资型美国固定收益证券管理人（investment-grade U. S. fixed income manager）以及非美国投资。见 Muralidhar（2001）。

言之，私营资产管理不能确保比公共被动管理基金有更高的收益，平均而言，即使经验丰富的私营管理人也不能战胜被动（低成本）选择。

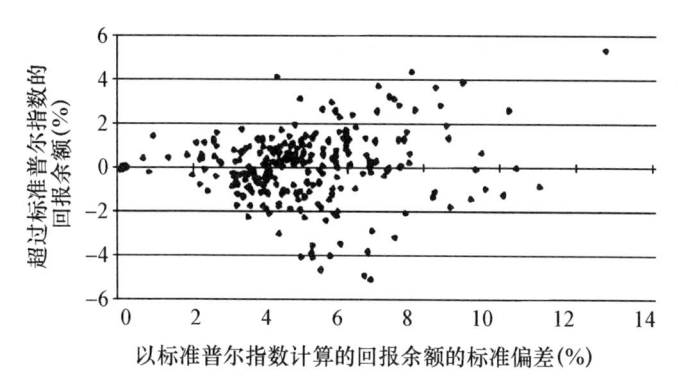

图 3—3　私营管理人的平均剩余回报为 0，用标准普尔指数评价的美国股票管理人业绩，1987 年 12 月—1997 年 12 月（251 家管理人）

资料来源：Muralidhar（2001）．Reprinted with permission from A. Muralidhar and R. Weary．

在很多有关改革的讨论中被忽视的一个重要领域是，在很多发展中国家，资产被交给那些没有多少或完全没有先前经验的管理人进行管理。但是，这些动作被用来证明试图建立一个私营基金管理行业。我们所知道的是管理人对技术水平的信心是与被动基准和经验长短有关的函数（Ambarish and Seigel，1996）。在没有先前经验存在的地方，在高度波动的资产市场中，需要超过 50 年的数据将那些管理差的基金从真正技术好的管理人中分离出来。在对墨西哥的基金进行数据分析的实证中，大概需要 100 年的数据才能对一个管理人的技术具有 75％ 的可信度。必要的经验时间长度远远超过了参与者的平均寿命期望！

高额费用的冲击

让这个问题雪上加霜的是，在拉丁美洲并不缺乏有关私营管理基金产生显著费用的事实。这些资产管理成本的最初估计是全部缴费的

养老金改革反思

大约17%～33%［在 Diamond（1996b）中所给出对智利的估计是20%］。为了便于比较，我们参考了两份文献①，提供了拉丁美洲国家（如表3—2所示）的资产管理成本。

表3—2　　总缴费与净缴费之间的差额（净管理费）

	总缴费（工资百分比）	费用（工资百分比）	净缴费（工资百分比）	"漏损"=费用/总缴费（百分比）
阿根廷	7.5	2.45	5.05	32.7
智利	10.0	2.36	7.74	23.6
哥伦比亚	10.0	1.75	8.25	17.5
墨西哥	12.0	2.75	9.25	22.9
秘鲁	8.0	2.45	6.55	30.6
乌拉圭	7.5	2.05	5.45	27.3

自然而然，我们会产生这样的疑问，为何资产管理公司会开出这么高的首付费用？这个问题通常在用来支持这些水平时被提出——管理人在执行别的管理服务或缴费集合，需要支持其市场行为的费用，以及利用这些费用弥补有关的初始成本。实际上，这些观点的支持者会假定资产管理的费用组成是比较低的。

最令人不安的一个方面是高费用——与被动管理的低成本相比——导致了个人替代率的大幅下降。使用第1章附录的简单模型来估计替代率，我们估计了在拉丁美洲目标替代率对这些成本结构的冲击。为简便起见，我们对所有国家进行了以下假设：

年通货膨胀率（工资、给付和资产）＝5%
实际工资增长　　　　　　　　　　＝3%（名义值为8%）
实际资产回报　　　　　　　　　　＝6（名义值为11%）
服务年限　　　　　　　　　　　　＝40年
寿命期望（死亡年龄－退休年龄）　＝10年

---

① Guerrard（1998）。即使不完全相同，这些由 Monika Quessier 提供给我们的数字也是类似的。我们不仅关注数字，而对采用这里所提供建议的国家更加感兴趣。

给付根据通货膨胀进行指数化。

不同国家的结果如表3—3所示。

表3—3　　　　　　　管理费用对替代率的冲击

	最终工资的替代率（百分比）	最终工资的替代率（百分比）	最终工资替代率的损失（百分比）
阿根廷	70	47	23
智利	93	72	21
哥伦比亚	93	79	24
墨西哥	112	86	26
秘鲁	75	63	12
乌拉圭	70	51	19

这个简单的表格说明，除了秘鲁，个人大约获得了20%的替代率（基于最终工资的），少于基于总值的目标。这个结果有着重要的意义，因为对于很多国家而言，预计第一支柱和第二支柱将会提供约70%的替代率。由于管理成本的存在，这种损失只能通过三种有害的改变进行弥补：（1）提高别处的储蓄（或者减少目前的消费）；（2）实现更高的实际回报（但随之而来的是更高的风险）；（3）延长工作年限并减少退休期。这些虽然都是有害的结果，但是都将不得已而为之，因为体系设计的糟糕或者缺乏对费后回报的强调。Bateman等（2001）的报告指出，有关费用可能会降低澳大利亚退休积累的8~16个百分点，这显然比拉丁美洲要低。这反映出低成本与私营管理人的资产积累有关，会潜在地优化初始条件。我们建议有关国家要求基金管理公司报告费后回报，并且估计这些回报对不同人群期望替代率的冲击。

管制与政治风险

有这样一个天真的推论：私营资产管理下的DC计划减少了政治风险，但是我们将证明事实并非如此。发展中国家的改革发生在人口普遍贫穷、教育落后以及金融系统一片空白的环境中。养老金改革的会议为一些故事发生提供了场所，比如基金经理的选择是取决于销售代表裙子的长度或者供应吐司的味道！很有可能普通的公民不熟悉建立一个内部投资政策对于实现一定目标替代率（同时也可能是随着年龄和财富动态变化的）的重要性，或许他们也不明白在实现该目标中缴费政策与投资政策的内在联系[1]，更不要说具备识别好坏管理人的能力了。[2] 重要的是接受并建立投资政策或资产配置原则，那么对于 DC 计划的参与者至少会像在 DB 计划中一样。研究显示，90％的回报变动，或者养老基金资产负债风险的减少都源于投资政策及投资管理的调整（Brinson, Singer and Beebower, 1991；Muralidhar, 2001）。因此，严格的监管是非常重要的，但是这样会方便政客们对体系进行滥用。

参与者面临的三项主要管制和政治风险分别与缴费、投资回报和给付有关。例如，假如回报貌似太低，政客和监管当局就会提高强制性缴费，并且不存在对这类行为的金融性惩罚措施。除此以外，糟糕的资产管理受到了更多的关注，并且转向了 DB 计划中的非营利行为。同样的事情也会在 DB 计划中发生。另一项与投资有关的风险是计入参与者的回报可能与赚取的回报不同，在很多准备基金（provident fund）中都是这种情况。但是，在私营体制下，欺诈是一项重要风险，因为投资管理公司的管理层可以挪用资金或者欺骗投资者，这是由于基准没有得到清晰的说明。第三项风险与事后给付形式的改变（这可能会是给付的一次性下降）、通货膨胀指数化的改变、参与期限的延伸或者给付年数的限制有关。我们对前两项进行了检验，强调了与投资有关的风险，因为这在 DC 计划中是一个关键的风险。第三项风险通常是 DB 计划所独有的，并且已经在完美模型中进行了解释（例如，采用一个对回报基于缴费的有保证的个人账户）。

与缴费有关的风险

如果貌似缺乏效率的基金被用于个人账户的积累，DC 计划的参

---

[1] 作者的偶然观察证明了这样一个观点——即使在经合组织国家，大多数养老基金都对二元政策最优化（dual-policy optimization）的著作不熟悉。

[2] 或多或少算得上是件奇闻的是，美国贫穷或者缺乏教育的人们更有可能去购买彩票。见 Chinoy and Babington（1998）。

与者同样暴露于政府提高缴费率的风险之下。低水平的积累可能源于糟糕的预期、糟糕的资产业绩或者对先前政府提高缴费率的厌恶。因为在 DC 计划中没有明确的事前目标替代率,参与者不能充分地理解他们所期望得到的以及应如何实现。即使其不受欢迎,政府在缴费中也不承担货币成本。在完美模型中,政治风险受到管制是因为,在给定的替代率下,如果缴费率被提升了,那么参与者获得的有效回报率必然下降。当缴费率、替代率和有保证的回报之间的关系得到确定时,缴费率的上升意味着要么是确定回报下更高的替代率,要么是替代率不变而回报下降。在典型的 DC 体制中无法实现这一机制。

与投资有关的风险

欺诈

参与者愿意欺诈,是因为监管安排、业绩和风险报告标准没有标准化,并且对所有的基金管理人没有采用统一标准。[1] 由于前端费用和监管激励并没有完全与那些参与者联系起来,发展中国家在公民、基金管理人和监管当局之间没有达成有效的合约。

对资本市场发展的金融恐慌风险——或许是其中一家金融机构倒闭的原因——也同样是非常重要的。政府也不得不招募和培训监管人,当这些监管人变得经验丰富时,可能需要这些来自私营部门的天才创造更高效益,但是最终除了增加了他们的工资别无所获。例如,国家养老金储蓄体系委员会(CONSAR)——墨西哥的监管当局——具有非常优秀的团队,并且获得了这种效益。

这些缺点都没能从正在进行改革的国家中逃脱,并且引发了对个人、金融体系以及政府进行最大程度保护的尝试。[2] 简而言之,要求

---

[1] 墨西哥的投资基金监管当局——CONSAR——在这方面做出了显著的研究,但是仍不能作为国家标准。

[2] 参考 Grandolini and Cerda(1997)关于墨西哥是如何应对此事的。同样见 Shah(1997)。

对这些基金进行严格监管,并且在很多情况下已经实施。① 在一些场合基金管理人被要求对其管理的基金进行复合投资(coinvest)以确保其对各个基金最大化的个人激励。在一些国家,管理人的业绩被放在一个特定的围绕平均业绩划出的区间内,以确保其投资与其他人"相一致"。例如在智利,任何一家养老基金管理人(administradora de fondos de pensiones,AFP)的营利都不能超过或少于 AFP 平均水平的 2%(Mitchell and Barreto,1997)。

虽然监管当局对业绩进行监管,并且比个人更具备对其进行评估的能力,如果一项投资的管理人违背其责任,以挪用基金或者声明基金破产的形式欺骗了参与者,那么他们不会受到经济处罚(他们是否面临非经济处罚就不好说了)。复合投资是一项缓和因管理人不适当投资造成的风险度量措施,但是即使复合投资也不能有效地阻止欺诈,因为由所有人投资的资本量相对于外面的资产可能太小了。在一个 DB 计划中,一个一流的团队(以及合适监管安排)领导下的集中化治理的积累方式能为有效监管创造更好的激励。

市场与私营管理人的糟糕业绩

在很多情况下,对于包含国际资产的多样化的限制将会放松,这样就会降低对本地市场业绩的风险。当这些国家发现虚弱的市场或私营基金业绩将公民暴露于低替代率的风险中时,他们要么对养老金支付提供最低担保(比如在墨西哥),要么对最低回报率进行强制规定以对冲市场风险。除此以外,这些国家已经要求投资业绩必须在所有基金平均业绩的一定区间内(例如在智利)来对冲管理人表现的不佳行为(回报少于被动投资组合)。②

不幸的是,这些涉及放弃投资业绩的期权——例如在墨西哥——

---

① Bateman 等(2001)以及 Reisen and Williamson(1997)提供了一个资产管制的国际比较。

② 由于缺乏特定的市场基准,这些加权平均业绩绘成的区间就扮演了市场基准的角色。但是一个真正的市场基准和市场指数具有一定的投资特征(例如久期、市值等),易于复制,因为规则可以知道,由一个独立的可信赖的机构保管(例如 IFC、国内证券交易所),以及交易费用较低。

或者以一个缺乏效率的方式模仿 DB。一些学者建议在接近退休时个人应当被允许购买期权,这样就能以最小化资产负债风险的方式锁定退休时历史资产回报。假如这些方案的目的是提供一个类似 DB 的支出,显然最优结构就是一个好的 DB 计划。

对资产配置或私营管理人缺乏好的建议

目前在不同国家实施的设计方案中,个人无法知道在其有生之年可能实现的替代率或最终财富(例如期望价值或分配),以及谁——是否任何人——将向他们提供缴费或投资政策是否是有效的,或者是否需要进行修正的建议。有关研究仅仅是处于使个人逐渐明白将要获得多少收益的开始阶段(Leibowitz et al,2002),但是这些技术仍不能为参与者提供关于缴费或投资决策的建议以纠正低替代率的潜在问题。

进一步的,目前尚不存在清晰的已制定好的有关步骤可以使缺乏或没有任何金融知识的个人获得有关选择投资者的公正信息。[①] 在发达国家,诸如晨星(Morningstar)的基金评级机构被建立起来,不论这些评级系统存在什么样的问题,希望类似的产业在发展中国家的市场繁荣起来也是合情合理的。但是,研究表明了为何这些机构的服务对于广泛的客户是缺乏效率的,因为他们预先确定了个人的目标,对一个广泛的参与者群体可能具有多样化的目标集合,以及不同的目标可能会有不同的等级划分的认识发生了失败(Muralidhar and Muralidhar,2001)。一个特殊的监管者——墨西哥的 CONSAR——逐渐开始协助发展一个统一的、公共的方法论,并且在假定任何利益冲突理论上都不存在时,我们将认为其胜任这项任务。

不足的选择

个人不能控制自己的投资者政策,而是由监管者进行强制性控制,但是个人预计有可能会承担错误的投资政策风险。实际上,冒险

[①] 我们忽略了选择业绩"好"的管理人而不是"坏"的管理人的方面,因为这不只是科学而更像艺术。进一步的,有理由相信——有研究证明——将运气与技术分开是极端困难的。见 Ambarish and Seigel (1996) 和 Muralidhar (2001,第 10 章)。

者（risk taker）（例如建立投资政策的监管者）绝非风险的承担者（risk bearer）（例如可能因退休致贫的个人），而后者产生了额外的激励问题。① 脱离平均业绩水平的限制会导致选择不足，因为所有的管理人有效地提供了相同的投资组合，并可能引发基金管理人在市场成本方面过度地浪费资源以证明其"优越性"。

更加重要的是，在那些实行强制性 DC 计划、投资组合为 100% 或者实质为 100% 的政府债券的国家里，从 PAYGO DB 体系向 DC 体系的转换不会产生任何对政府债务及其融资方式的冲击。这种转换仅仅对购买和这种债务的出售进行了私有化，Valdes-Prieto（1997）试图检验这种抑制的成本。

糟糕的监管（政治操纵）

不幸的是，PAYGO 或积累性 DB 体系中的政治经济学问题并没有因私营管理的 DC 体系而减轻。虽然私营部门更加积极地参与养老金体系——这一点是正确的——这样就会减少腐败的政客们利用这些基金和挥霍盈余的机会，实际上政府继续为其债务及挥霍保证一个现货市场。这种事情之所以发生是因为控制基金资产配置的监管者是政府雇员，并且在改革前易受相同的政治考量的影响。② 尤其是在强制性配置包含政府债券的地方，政府继续在购买和出售债券的私有化外观下执行对投资基金的完全控制（Fontaine, 1997）。Godoy and Valdes-Prieto（1997）强调监管者将其政治影响施加给基金管理人以获取政治结果的危险，包括这些基金对股东投票方式的影响。但是很多时候人们相信 DC 体系减轻了政府对这些基金的操纵能力。③ 正如 Orszag and Stiglitz（2001）所指出的，在一个对世界银行方案的批评中——为什么如此腐败以至于不能信任公共管理基金的政府应当变得如此仁慈，他们建立了一个削弱其控制以及改变其行为的体系？我

---

① 这是纯粹准备基金体系的情况。
② 允许基金投资于除了政府债券以外的证券并不能减轻风险，这一点并不重要。政府不需要一个对政府债券 100% 的配置来实现这种结果。
③ 如果政府希望继续"从钱柜里拿钱"，为了表示他们将如何随时间的变化而改变配置，可以使用一个简单的博弈论模型。

第 3 章 养老金改革的评估

们的结论是个人账户体系下不法行为的危险性就像在公共 DB 体系下一样,而阻止这种问题发生的方法包括良好的设计、治理和透明的基准。

小　结

本章关注养老金设计和改革中的潜在缺陷,以及鼓励那些已经实施养老金改革的国家尽快纠正其错误,告诫这些国家对改革应深思熟虑而不要再犯这些错误。第一个结论是,一旦达到了一个稳定的状态,积累的方式要优于 PAYGO,因为其具有较低的长期缴费以及较低的必要长期缴费波动。但是,从一个非积累性体系向一个积累性体系的过渡需要资本的积累,这种积累是不能通过简单地转变缴费率就能实现的。当存在政府盈余时,其可以被用来产生积累;否则,则需要更高的积累率或者税收。很多国家通过政府预算赤字来代替对过渡的融资。但这是一种非常不合理的方法。这实际上是使政府在巨大风险下获得了一个高杠杆的投资组合。它不会增加任何资源,只是将现有风险和资本收入在个人与公共部门之间进行再分配。为了使这种转换更加有益,则需要额外的储蓄。

其次,DC 计划对投资于金融市场工具的投资组合的依赖会导致:(a) 富有参与者以贫穷参与者为代价获得显著的福利;(b) 缴费率的极度不确定性;(c) 相对于相同的 DB 计划,实施 DC 体制的高额福利成本。我们目前还不清楚具有较大自由度的外部管理是否比内部公共管理更受欢迎。对于实现合适的投资回报大概有三个至关重要的问题,它们分别是清晰的基准、利用指数产品以及一个一流团队的洞察力。私营管理的 DC 体系通常缺乏这三个要素。进一步的,管理现有个人"私有化"账户的成本是很高的。除了过多的部分,他们超过纯粹的资产管理进行融资活动(例如投资启动成本和广告)。问题是监管者没有将关注的焦点放在费后回报上。当出于管理费用的原因进行业绩调整时，替代率就大幅下降。因此，具有矛盾意味的是，私营管理需要外部监管，而 DC 体制的监管可以被无良的政客用来实现其政治目的。为了使这个过程非政治化，需要一个独立的一流的团队，对于这样一个团队而言，监管一个 DB 计划下的投资组合要比监管 DC 计划下为所有人群设立的个人账户容易。最后，如果监管者和决策者没有注意确保个人可以以一个高概率获得一个相当好的替代率，养老金改革就会引发广泛的老龄贫困化，以及财富从穷人向资产管理行业的转移。这些就是养老金改革预期将要防止出现的后果，但是实际上，拍脑袋式的和设计糟糕的改革正在导致灾难。

第4章　既定供款计划的福利成本

很明显，正处于养老金体系改革过程的国家倾向于实施强制性的、个人账户、既定供款体系，这些体系在私营管理下正在部分或完全地替代原来的 PAYGO DB 计划。在美国，这些讨论正越来越多地倾向于布什总统的改革方向。布什政府在社会保障问题上赞成私有化的社会保障体系。强制性 DC 计划的长期性问题在于个人承担了投资风险，而他们却只是能做此事的最小经济体。所以，由于投资回报的多变性，个人退休后获得的年金可能低于基本目标水平。

本书第2章、Muralidhar and Van Wouden（1998a）建议使用一个可替换的模型，我们将其作为一个参与的、积累的既定给付计划（contributory, funded, defined benefit plan，CFDB）。CFDB 计划是一个基金积累性体系，政府可以通过既定供款下的有保证的实际回报率确保给付的支付。该计划具备所有 DC 体制的吸引人的特征，它吸收了既定给付体制的风险分担和保险给付的优点。在 Muralidhar and Van der Wouden（1998a）的文献中，作者提供了一种"思想"实验来证明当 CFDB 被强制实行时是如何比目前实施的 DC 计划更加能够改善福利，并且具有更低的政治风险，对监管当局更能产生激励。这篇文献提供了该模型结构性和制度性要素以防止大量的人口遭受因老致贫的现象发生。我们为种种类似模型给出了建议，并且提议以较低的和更稳定的缴费使社会保障向 DB 体制转换（第 1 章）。我们通过要求财政部与社会保障事务管理局（Social Security Administration，SSA）进行互换实现了有保证的回报率，这样就为实现有保证的回报率而交换市场投资组合回报。

当一国实施社会保障计划时，其目标在于确保公民在退休时不至于变成贫民。因此，如果发生个人的退休致贫，政府需要提供福利计划以减轻这种状况。Turner and Rajnes（2002）提供了丰富的各国保障措施案例（Pennachi，1997）。例如，在巴西，DC 计划要求提供一个 6% 的年实际回报率。在德国，养老基金需要保证最低养老金必须等于所有缴费的名义价值，或者实际的零回报。但是，一些行业基金提供了较高的 3.5% 有保证的回报。在比利时和瑞士（Payne，2002）也有类似的条例。准备基金也常常提供保证：马来西亚和新西兰提供一个 4% 的最低年名义回报率。

正如 Godoy and Valdes-Prieto（1997）所强调的，政府在很多情况下被赋予了承担社会保障体系的责任。在一些国家——例如德国——公民有权主张获得这些帮助的权利。Walliser（2002）声称这些保证既不是免费的，也不便宜，我们试图对这些保证的成本进行评估。我们假定保证是由融资形成的债务，并且因此政府应当在养老金体系的设计中寻求对保证的成本进行最小化。此处所估计的成本经常在养老金改革的讨论中被忽视。我们无法估计的一项养老金成本来自相对于 DC 计划的 CFDB 计划中缩减的对投资期权选择的成本。这是私营体制的一项既定给付——个人对选择进行评估——因此私营化是好的（一个建筑工人或者铁路工人在一个没有任何专业知识的领域——当这种工作可以由专家以低成本方式承担时——进行抉择的方式是否可以使他们从中获益，这一点鲜见讨论）。通过强调私营 DC 计划期权成本，当选择私营 DC 体制而非积累性 DB

时，我们试图提供私营性 DC 体制应当达到的收益临界值。在第 7 章，我们将回到这个问题来证明"选择的自由"是言过其实的，并没有被利用。我们将显示由于缺乏任何 DB 体制的选择权，即使参与者拥有完全的选择权（对典型投资产品），其获得的福利也较低。

Orszag and Stiglitz（2001）对这个论题的文献进行了回顾以证明保证的一定形式——显性的或隐性的——存在于大多数的第二支柱改革中，并且根据 Diamond and Valdes-Prieto（1994），很难排除隐性保证，尤其是当缴费是强制的时候。再者，Walliser（2002）指出保证可以有两种形式：偶然性支付（基于收入、经济普查或最低回报）和经常性支付——如统一退休金（flat pensions）。

以往的研究没有对这种保证的成本和影响政府成本的因素进行检验。在本章中，我们推导了 CFDB（或者更一般的，一个设计良好的、积累性 DB 计划）优于积累性的 DB 体制的条件，并强调了福利收益（welfare gain）对不同经济变量的弹性。

我们从两个角度对这两种养老金体制进行比较：

1. 从国家的视角进行比较。这种分析的思路是，对国家实施 DC 结构形式或 CFDB 养老金体制时的国家期望债务[①]进行比较。期望债务间的差距被定义为实施 CFDB 体制而不是 DC 体制的"福利收益"。

2. 从国家中的个人（或参与者）角度进行比较。在这种分析中，我们对参与者进行监督，并通过对他们的财富低于目标期望的数量进行比较，这个目标就是应当实现最低生活水平的退休财富。

不足为奇的是，由于 DB 计划应用普遍，而 CFDB 计划特别能够在参与者群体内部或者群体之间积累风险（例如，以不同的特征，在不同时期），所以从国家的层面获得，并且来自参与者观点的福利才

[①] 请注意任何形式的养老金体系都会有一个期望债务。体制中提供一定有保证给付的期望债务是显性的（例如，DB 型体制和 DC，或者有回报担保的准备基金体制），然而体制中不能确保给付支付的期望债务（例如 DC 型体制）是隐形的。

是实质性的。一些学者错误地建议通过提高缴费率来实现因老致贫最小化，或者将参与者退休后获得年金低于目标 DC 体制的概率最小化（Feldstein and Ranguelova，2001）。这些学者没有意识到高额缴费成本不会在 DB 体制中出现。相同替代率下较高的成本意味着参与者消费水平的降低，并且不能公平地享受福利。

本章的分析注重任何一个国家或地区的人口结构及投资环境的福利成本冲击（例如为使退休致贫最小化的政府债务）。我们将证明一个国家中不同特征聚集起来的参与者的冲击。通过聚集更多的参与者——他们在退休计划中有着不同的参与期限——CFDB 体现出相对于 DC 体制的优势。不仅对于处于养老金改革进程中的一般国家而言这个结果令人感兴趣，而且对于某些国家的地区也是如此。这些地区能够从规模经济及聚集起来的参与者的地区多样性中获得福利。这种风险多样化降低了提供有担保的养老金或寿命年金的成本。该结果与 Valdes-Prieto（1997）相比——后者从能够获取国际资产以及仅仅分散资产风险的角度检验了基金积累性体系的福利。因此，像欧元区、加勒比群岛地区以及太平洋群岛这样的地区将会从实施 CFDB 型养老金体系中获得更多福利，而不是试图实行国家层面的个人体制。

我们同样关注退休账户的投资政策冲击，我们对此进行了研究以展示对福利的投资选择冲击。这种冲击对于美国这样的国家是很重要的，但是对于那些资产波动高于发达国家，以及更大的投资多样化需求的发展中国家尤其重要。貌似对于那些投资组合波动率较高的国家，从个人账户 DC 结构向 CFDB 转换的福利收益是高昂的。同样，由于养老金计划可以获得更多的多样化机会，CFDB 计划貌似比 DC 体制能够获得更多福利。该结论对于养老金体系改革的设计者来说是特别重要的，因为目前来说，很多国家无法从本地多样化中获得收益，但是有可能从国际多样化中获得实际的效益。[1]

---

[1] Kelley，Martins and Carlson（1998）以及 Srinivas and Yermo（1999）。

第4章 既定供款计划的福利成本

本章结论基于的假设为社会保障体系覆盖的参与者：（1）进行强制的、既定的年缴费直到退休[①]；（2）不得不提供其自己的退休年金；（3）在某个年龄强制退休。但是，CFDB 结构的一个受人欢迎的结果是，当该计划提供的年金支付以及退休年龄是弹性的时候，参与者的参与期将会更加多样化。所有这些都为 CFDB 体系拓宽了优于 DC 体制的条件。[②]

以下几点简单地总结了如第 2 章以及 Muralidhar and van der Wouden（1998a）描述的 CFDB 模型。

1. 个人向公共的 CFDB 体系缴费，CFDB 体系由社会保障实务管理局进行运作。

2. 资产聚集之后投资于市场化的证券，例如股票或者债券。

3. 个人缴费记录和最终财富是受到维持的。

4. CFDB 计划所有参与者的给付在一个既定年缴费的基础上通过有保证的实际（或名义）回报率受到保护。（"既定供款"假设在第 8 章被放松。）

5. SSA 实行集中化的治理。资产管理的集中化可以被削弱或者进行公共管理，资产可以积极或者被动投资。与财政部的互换可以担保有保证的回报率。

为了对这个关键的结果进行解释，我们将使用蒙特卡罗模拟模型，因为其为任何养老金计划的经济环境建模提供了一个简单的方法。该方法正处于与其他方法的比较中，而其他方法将保证视为一种期权，并试图像 Lachance and Mitchell（2002）这样进行定价。使用标准期权定价理论对替代率进行期权定价的问题在于资产负债市场是不完备的（Muralidhar，2001，Chapter 6）；因此这类模型不能表示真实的价格。在介绍模型和阐释结果之前，我们专门使用一部分来说明目标的一般重要性及其使用。本章没有在现有的养老金改革的政策

[①] CFDB 模型同样能够建立以允许：（1）仅来自于雇主的缴费；（2）参与者以年金为基础对缴费进行调整。弹性缴费比既定供款更受到欢迎。这将在第 8 章进行讨论。

[②] 见 Bodie 等（1988）。

建议中耗费其过多笔墨，但是它将在对实现目标的界定及风险描述方面扮演至关重要的角色（在任何养老金体系中）。

目标的重要性

任何养老金或基金管理实践都可以视为资产负债管理问题，因为财富被保留出来对一定的债务或者未来的年金进行支付（例如，财富就其本身而言是不相关的）。第 1 章中列示的养老基金资产负债表就强调了这个方面。

设定目标对于界定目标及任何养老金管理过程中的风险是非常重要的。如果没有目标，就没有结果，最终潜在目标函数（underlying objective function）就是不确定的。此外，设定目标时必须清晰准确以便于衡量实现目标的程度，以及方便未来这些目标可能实现。[1]

但是，为养老基金设定正确的目标——从实践的观点——是一个广泛的过程。特别的，养老基金受到不同群体的意愿和要求影响。每个群体，例如雇员、退休人员或养老基金的资助者都有其既得利益，并且希望为其代表的个人代言。进一步的，往往发生这种情况：制定这些目标是出于感情用事而不是对经济情况的考虑[2]，这样用一个简单的数学公式包含所有的目标就变得困难（Muralidhar，2001，Chapter 3）。

为了合理地识别退休财富管理政策，参与者和有关组织必须确定其目标。在 DC 体制下，为了在退休时实现合理的财富数量，参与者不得不确定其投资政策、他们愿意而非强迫缴费的数量（这需要对目前消费与未来消费进行一个权衡）及其愿意承担的投资风险。

---

[1] 见 Muralidhar（2001）。例如，一项使资产业绩等于或大于同行的决策经常导致未达到最优化的资产负债配置。

[2] 例如，一项使资产业绩等于或大于同行的决策经常导致未达到最优化的资产负债配置。

第4章 既定供款计划的福利成本

在这个目标中需要嵌入三个本质特征。首先，它必须是透明的和清晰的。透明和清晰使涉及的所有有关方面的监督变得便利。获得广泛的接纳及对目标实际业绩的度量是至关重要的。其次，目标需要事前设定，这就意味着个人或组织不得不在退休前就决定（例如在养老金计划开始注册时）退休时的目标年金。再次，也是最重要的一点，在退休前或计划终止前的任何中间阶段，在寻找事前目标时对目前状况的合适程度进行检测应是最终可行的。简言之，参与者必须有能力发现其目前的财务状况是否充足到能够确保其退休后选择的最低生活水平。设定中间目标的能力——中间目标可以从最终目标中提取——对于一个成功的养老金战略是至关重要的。[1]

企业养老金计划的管理必须时时切合这些中间目标。[2] 该群体主要关心的是对计划的资产进行管理以便在每一期都能足以支付债务，否则"点缀"的缴费需要由资助者完成。制定这些决策通常基于在职员工所有目前的（以及未来潜在的）债务应当进行偿还的原则。在一些变化中，企业甚至为未来的员工提供服务。原则上，一笔DB基金可以拥有低于估计负债的资产（在基金终止前的一些时间点上），并仍然为现有的给付收益人进行服务。简言之，只要目前的资产超过目前的负债，就不会出现现金流问题，因为目前的退休人员可以从目前雇员的缴费和积累中得到支付。

在DC体制中，每个参与者必须以一个基础规则对其自己的养老基金进行管理，以确保在退休时获得一定数量的财富。假如在DB或DC体制中所有资产不足以应对所有定位于未来债务的需求，该计划就遭遇了"积累性"赤字。将DC计划作为永久性的积累已经变成一种趋势，因为养老年金取决于不确定的积累性财富。但是，我们坚信如果DC养老年金低于一个目标水平，那么DC计划就是欠积累的（Muralidhar, 2001, Chapter 2; Leibowitz et al., 2002）。虽然养

---

[1] 同样见 Krishnamurthi, Muralidhar and van der Wouden（1998a）和 Leibowitz et al.（2002）。

[2] Boender, van Aalst and Heemskerk（1997）。

老金计划的监督者总是旨在避免这些状况，伴随着资产回报的不确定性、通货膨胀等等，所以不能百分之百地确定这些状况不会发生。另一方面，不可能建立一项以一个很高的概率获得这个目标（例如，以一个这些赤字不能发生的合理的低概率）的战略（第8章）。因此，确立正确的目标确保了一项计划能够忍受的风险清晰度。①

分析的框架

本部分提供了为显示结果而设定的 CFDB 和 DC 计划的背景资料。该结论从以下三个方面进行讨论：
1. 养老金计划中个人参与者的角度（或者一个 DC 的视角）；
2. 整个 CFDB 计划的视角；
3. CFDB 与 DC 体制之间的比较。

个人视角

在 DC（和 CFDB）养老金计划中，个人不得不决定他们愿意的目标退休财富水平，他们必须对退休前和退休后的消费进行权衡。这样的平滑实际上确保了经居民家庭成员数量及其他因素调整对积极消费承担合理的"舒适关系"。因此，这种目标财富必须与参与者未来的职业生涯有关，既作为未来缴费的资源，又作为选择养老消费的基础，因此敦促每个人以一个特定替代率——基于事前的——为目标，而替代率要么可以用最终收入，要么可以以平均收入进行表示。②

为了计算该退休财富，每个人或者机构必须对下列变量做出

---

① 一方面，一项计划可能是管理退休财富的组织；而另一方面，它可能是一项个人管理的私人养老金资产（individual managing personal pension assets）。

② 意识到设定财富目标等同于设定替代率目标这一点是非常重要的。财富目标应当以期望退休年金的现值（退休时）进行表示。

第4章 既定供款计划的福利成本

假设：

1. 期望实际工资增长，工资和价格膨胀；
2. 期望资产回报（退休前与退休后）；
3. 退休年龄；
4. 假如个人无权以及不愿意购买生命年金，则还应包括退休前与退休后的寿命期望（在既定供款体制中）；
5. 目标退休收入；
6. 该目标是否经过通货膨胀调整（对于处理长期情况这是理性的）；
7. 强制或自愿缴费率。

如果个人根据上面所列出的变量1~6的既定假设确定目标替代率，那么会存在一个与其他变量一致的唯一的既定供款率，意识到这一点是重要的。在另一方面，一个给定的缴费率预先确定——在前面的假设下——一个唯一的期望替代率（就期望未来收入而言）或者退休时的目标财富。① 这些是简单的等价关系，第1章的附录和第3章的模拟证明了这种内在关系。这个问题的二元性是至关重要的，并且常常在养老金改革的设计中被忽视。这些参数变化的冲击将在第8章中进行研究。

除此以外，没有列出的一个重要因素是投资政策或实现参与者目标退休财富的最优资产组合。设定投资政策或承担投资风险的实体在CFDB和DC计划中是不同的。在"纯粹"的DC计划中，参与者具有"完全自由"来构建其自身的投资政策，并承担所有与这个决策有关的风险。参与者具有选择他们想要投资的资产或这些资产的数量（例如股票还是证券，国内还是国际）的全部或部分自由。实践中鲜见完全自由这种情况——正如第3章中指出的——澳大利亚和瑞典的参与者并不这样实行。

在CFDB计划中，参与者没有能力决定资产配置的方式，因为

---

① 详见 Asad-Syed et al. (1998)。

这些资产被委托给一流的管理团队；但是，CFDB 计划将向参与者确保一个一定的事前收益因子 ω，他们的缴费和积累将随 ω 每年的增长而增长。因此，任何一个 DC 计划的参与者的冒险态度可能会与其实体中 CFDB 计划的参与者不同。

我们假定，在两种体制下，参与者将在其退休时立即取出所有其职业生涯中积累的数量，并且为退休后生活的年金做准备。因此我们忽略了年金支付积累的成本及给付。

CFDB 计划

前面曾经指出养老金管理计划的一个基本的职责是在每个时间点将资产的数量与负债的总规模相配。在 CFDB 计划中（或任何养老金计划）实现这个目标的两个主要工具是投资政策和缴费政策。[①]

CFDB 计划中的投资政策可以以同样的传统 DB 计划中的方式进行决定。但是，CFDB 的缴费政策就略微不同。在传统的 DB 计划中，监督委员会每年都有提高或降低计划资助者缴费的能力。在纯粹的 CFDB 计划中，管理层或政府已经限制了对参与者缴费的影响，因为计划中的赤字不能简单地通过提高参与者的缴费数量进行解决。这样会继续下去，因为参与者的缴费直接与给付有关。因此，提高参与者的缴费将自动地提高养老金计划的债务或者意味着担保率的下降。[②] 我们将在第 3 章回到这一点，因为存在已实现的长期平均回报将低于担保率的风险，并且我们依靠的是不同的缴费对风险进行管理。因此，担保的本质发生了变化；在不同缴费情况下会有更多对给付而非固定回报的保证。

CFDB 计划在任何时间都是一个负余额，或者所有计划中的资产不够弥补所有的债务，这都是可能的。这是因为该计划通过对参与者提供有保证的回报而实现了有保证的给付，然而整个 CFDB 计划的业绩受到市场波动率及其他非预期变化的影响。如果 CFDB 计划的

[①] 见 Muralidhar（2001），第 3 章。
[②] 假如投资业绩不佳，这样会降低政府提高参与者缴费的政治风险。

第 4 章　既定供款计划的福利成本

总回报低于有保证的回报率，该计划将以赤字结束。

CFDB 体系的准确缴费政策需要对政府融资进行时间安排、向体系支付的数量（无论是立即支付的总数量还是分期偿还数量）以及需要衔接的政府融资机会成本。Muralidhar and van der Wouden (1998a) 认为，一旦负债超过了资产，政府将会使用对它的偿还对整个赤字进行弥补——假如相反的情况发生。呼唤合约保证了这笔现金流。养老金改革的目标必须是阻止政府大幅度地提高其债务。

CFDB 与 DC 计划的比较

前一部分曾介绍过 CFDB 养老金计划有可能以负的余额结束（例如，如果政府没有立即达到某个赤字水平，或者在达到之前）。另一方面，这种情况不会在 DC 计划中出现。参与者拥有个人账户，并且每个人积累的数量取决于缴费及实现的回报。但是在 DC 计划中参与者由于糟糕的回报有可能在退休时获得低于最低必要生活水平的年金（Feldstein and Ranguelova, 2001）。在这两种养老金体制中，参与者由于非资产业绩的原因有可能在退休时不能实现其事先确定的目标财富。假定缴费率是确定的，那么低于预期的工资增长在两种体制中都会影响到退休财富。[①]

本章将要展示在 DC 计划中参与者未实现其目标的程度要远大于 CFDB 计划。其原因在于，在 DC 计划中实现回报的更大的不确定性被传递给了参与者，与 CFDB 计划的管理层相比，他们可以用于缓和风险的工具寥寥无几。

[①] Muralidhar and van der Wouden (1998a) 认为参与者在 CFDB 计划中总是能够在第三大支柱中将额外的储蓄进行保留以对冲工资增长的风险。作为另一种选择，CFDB 计划包含最低养老金。除此以外，在该养老金计划中，将参与者的财富有条件地对工资增长进行指数化是有可能的，这取决于 CFDB 计划的金融状态。Boender, Heemskerk and van Hoogdalem (1996) 描述了退休给付对养老金计划的资产负债战略的条件指数化冲击。同样的方法论或思想可以被运用于进行财富对工资增长条件指数化的 CFDB 计划。

本章得到的第二个结论是即使在一系列最严格的假设下，实施DC计划的国家的期望债务（expected debt）比CFDB计划中的债务还要高。① 为了证明这个结论，有必要对养老金计划的债务做一清晰的定义。我们基于"终止假说"——假定该系统将在一个给定的时间终止，所有的参与者必须就其自身的累算权益（accrued rights）获得补偿——对CFDB计划的债务进行计算。② CFDB养老金计划中的累算权益是一种允诺养老金（promised pension），参与者以一个有保证的回报率对其个人账户进行积累。因此CFDB计划中的债务为已实现的CFDB计划资产余额与参与者以有保证的回报率进行积累的允诺财富之间的差。③

在每一期，基于"终止"假说的DC计划债务等于零。但是，在该体系下参与者积累的退休财富可能低于实现最低生活标准的必要数量。Heller（1998）和Muralidhar and van der Wouden（1998a）认为贫穷退休人员的存在可以被视为该国的隐性债务。④ Feldstein and Ranguelova（2001）假定个人衡量其业绩的基准是5.5%的回报率（60%的股票与40%的债券的投资组合），因此可以进行类似的计算。为了对这两种体制进行直接的比较，我们将DC计划的债务定义为DC体制下假定相同的缴费和投资政策，参与者已经积累的数量与实现目标替代率的最低财富数量［例如CFDB体制下的累算给付（accrued benefit）］之差。在很多方面，这是显性的债务负担，像墨西哥这样的国家向参与者允诺养老金收益不会低于以往PAY-GO DB体制。Feldstein and Ranguelova（2001）认为，存在一项额外的成本：参与者需要支付较高的缴费率以降低过低退休财富的概率。

除此以外，我们对两种养老金体系做出以下假设：

---

① 我们曾表明CFDB计划的期望债务是显性的，而DC计划的债务是隐性的。
② 同样见东亚：菲律宾报告（1997），附录I。
③ CFDB养老金计划只有在参与者的允诺总财富超过CFDB计划的总资产时（例如余额）才会出现赤字。
④ Heller（1998）对此进行了更有力的论证。

第4章 既定供款计划的福利成本

- 两种计划都对参与者在退休时提供一个等于职业生涯积累数量的总和。
- 对这两种计划的监管将从第一个参与者加入养老金计划开始，到最后一个人退休结束。我们假定在第一天不同年龄的人群加入到了这个计划。随着这个计划的持续，不会再有新的参与者加入，并且我们假定所有从这个计划开始加入的参与者将会一直参加到退休（例如，不存在对计划的逃避及工作期间不存在死亡）。对该假设进行修正将会部分地改变 CFDB 与 DC 计划差的绝对值，并且不改变差值的符号。因为这些都是完全积累性体系，我们忽略人口增长问题。
- 当最后一个参与者退休时，我们在他们结束的时候对两种计划进行比较。[①] DC 和 CFDB 计划的期望债务将会成为那个特殊时间的积累债务。参与者将会在计划执行期间陆续退休。因此，在最后一个参与者退休之前该计划就会面临负债。在 CFDB 计划中，当政府不得不弥补计划中的赤字时，这些中间债务就会发生（例如所有参与者允诺财富超过了这项计划的总资产的情况，或者相应的，在互换中当回报少于有保证的回报时）。政府向计划缴费的数量可以视为 CFDB 计划的一项显性债务。当参与者退休时的财富低于其在 CFDB 计划中以有保证的回报率积累的财富时，DC 计划的债务就会出现。由于我们仅仅在最后一个参与者离开这个计划时对计划的债务进行比较，为了将中间的债务归入最后的时刻，我们对机会成本进行合并。机会成本可以被视为借钱弥补养老金赤字的成本。在 CFDB 计划中，在最后一天将有 CFDB 计划及所有政府缴费的最终余额。因此，CFDB 计划的债务等于养老金计划关闭时的余额减去政府缴费。这些 DC 和 CFDB 计划的积累债务的差别将会被作为从 DC 体制到 CFDB 养老金体制转换的福利收益。

---

① 显然我们也同样在中间的时点上即时做出比较。但是因为我们想把所有参与者退休时的冲击作为研究对象，那么一旦最后一个参与者退休，对两种计划进行比较是更加显而易见的了。

模拟的有关假定

经济环境

两种计划及参与者投资政策的结果将基于养老金计划寿命中每个时期经济环境的 1 000 个情景进行评估。这些情景由刻画每个随机游走的经济变量的模型生成,并且其中经济因子间的关系得到维持。[①] 生成情景的最重要特征由表 4—1 给出。

表 4—1　　　　　主要经济变量的特征

	年期望名义价值(%)	标准差/年波动(%)
价格与工资增长	4.0	3.0
国内股票	10.5	15.0
国内固定收益证券	6.5	5.2

表 4—1 基于以下假设:2.5% 的期望实际无风险利率、4% 的期望实际股票风险溢价,以及对所有资产类别 4% 的期望增长。该实际回报接近布什政府的设想(政府债券 3% 的实际回报和 6.5% 的股票回报)。这些变量间的相关系数在附录 4.1 中进行提供。为了简便起见,我们假定实际工资增长为零。改变这个变量不会改变此分析的结论。

这些假定基于对美国市场的分析以及对 2000 年前一流资产管理公司在其前瞻性的资产负债研究中做出假设的对比。这些实际回报假设对于任何市场都是合理的。对于发展中国家的市场,我们很清醒地知道很难实现,但是改变这些结果是不可能的,正如在敏感性分析部分所证明的那样。

不同的经济情景可以被用作模型模拟的输入变量。有关这种模拟

[①] 见 Dert(1995)对该分析进行的技术性讨论。这些是应用于投资管理事务的标准技术。

第4章 既定供款计划的福利成本

技术的更多细节在附录 4.2 中进行提供。每个参与者在 DC 或 CFDB 养老金计划中的福利将通过这 1 000 种经济状态进行评估。为了向读者提供这种模拟的本质思想，图 4—1 显示了在 15 种经济状态下那些将在 65 岁退休的 55 岁参与者的财富发展。其中的一些路径高于设定的目标，而其他则没有（例如政府引致的债务）。

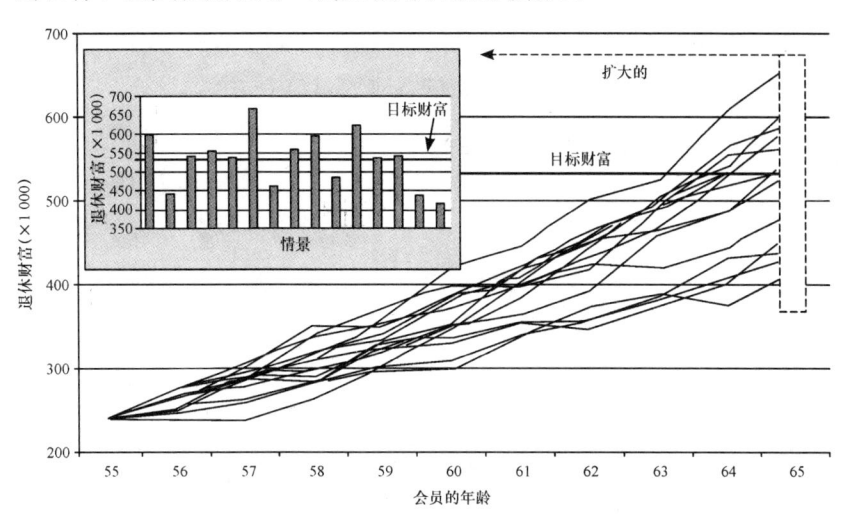

图 4—1　15 种不同情景下一个 55 岁的参与者直至退休的财富发展路径

额外的投资假定

除了生成经济环境的假定之外，我们做出以下假定以应用于作为整体的 DC 计划和 CFDB 计划。这些假定可以分为两类：(1) 有关投资回报的假定；(2) 不同增长参数的假定。

受到监督的回报率如下：

1. 目标率（例如计算实现财富目标的回报）。事前目标的计算所使用的回报为投资政策的预期回报。[1] 该回报率对于每个参与者都是一样的。

---

[1] 例如，假定一个投资者将要投资一个 100% 的国内固定收益证券组合，期望回报率就是 6.5%。将 50% 投资于国内的固定收益证券和 50% 投资于国内股票的配置战略将会产生 8.5% 的预期回报。

2. CFDB 担保的回报率。CFDB 计划对每一年的实际回报率进行担保，该回报率通过以一定的升水对一个合成政府指数债券（synthetic government index bond）的投资进行建模（例如，能够确保在一定价格指数上的回报）。这是固定的实际回报率，但是这种通过该回报率进行支付的债券工具将存在通货膨胀波动。

3. 债务的机会成本。由政府承担的养老金计划债务的融资存在机会成本（例如，借入额外基金的成本）。国内固定收益证券的回报被用来承担未来 DC 和 CFDB 计划的债务。[①]

4. 投资回报。投资回报取决于投资组合的构成。我们假定每个人的投资战略相同，并且都是 CFDB 计划的投资战略。为了将问题简化，我们使用配置 100% 国内固定收益证券的静态投资政策作为一种基本情况。敏感性分析给出了引入更多多样化投资组合的冲击特征。

受到监督的增长率如下：

1. 工资增长。为了简便起见，我们假定工资增长率等于物价增长率[②]（即实际工资增长率为 0），且每个参与者是相同的。

2. 物价上涨。我们假定每年具有一定波动的 4% 的物价上涨。

3. 退休后的上涨。这个假定对于计算退休时年金的现值是必要的（或者退休时的必要财富）。我们将这一点与物价上涨相联系。

下一部分的结论将由这些回报和增长参数的特定假定得出。表 4—2 给出了这些参数的值，这些参数将作为基本设置的参照。在后面，我们将引入更加多样化的投资战略，这些战略将对这个基本的回报假定做一些改动。

[①] 在 DC 计划中，该比率被用来预先承担那些在计划终止前退休的参与者的隐含债务。在 CFDB 计划中，该比率确立了政府在中期为弥补中期赤字向养老金计划投入的数量。

[②] 为了简便起见，我们假定实际工资增长率为 0；但是该假定不必用于强调本章得到的结论。我们在附录 4.3 展示了对这个假定的放松，其中 1% 的实际工资增长也证实了这个基本结论。

表 4—2　　　　　　　对基本的回报和增长参数的假定

	年期望名义回报率（%）	年波动（%）
回报假定		
目标回报率	6.5	N/A
CFDB 担保的回报率①	6.5	3.0
债务的机会成本②	6.5	5.2
投资回报③	6.5	5.2
退休后回报	6.5	N/A
增长的假定		
工资增长	4.0	3.0
物价上涨	4.0	3.0
退休后的上涨	4.0	N/A

分析的结论

有关结论被分为两个部分。第一部分对计划中人口统计特征变化的冲击进行了论证，第二部分展示了投资制度的变化的冲击。第一部分的分析将为做出主要结论打下基础，第二部分对于那些资产回报波动较大并具有较多资产配置机会的发展中国家尤为重要。

分三个小部分展示了不同人口特征的冲击，这三个部分关注于养老金计划的组成。它包括以下几个方面：

1. 计划中的 1 个参与者；
2. 计划中的 2 个参与者；
3. 计划中的 40 个参与者。

该投资分析对以下两种投资假定进行了评估：

1. 投资组合的波动性增大；

---

① 该比率就像对 2.5% 的物价上涨升水的合成政府指数债券的投资。
② 我们假定该机会成本与投资等级、国内固定收益方面的投资相同。
③ 作为一种基本的情况我们假定一项配置 100% 国内固定收益的静态投资战略。该投资战略与每个参与者的投资战略相同，与 CFCB 相同。

2. 投资战略的多样化。

每个小部分都为参与者提供了 DC 和 CFDB 计划下退休人员的财富，以及选择 CFDB 养老金计划而不是 DC 计划的福利收益。

计划中人口统计特征的变化

计划中只有一个参与者

我们开始时假定一个职工在 25 岁加入计划时没有任何初始财富，开始时的薪水是 10 000 美元，并且在 65 岁时退休。我们使用表 4—2 中给出的回报和增长假定。除此以外，我们还假定职工在退休时的目标年金是每年最终工资的 70%。我们进一步假定寿命期望为退休后还有 20 年，并且这个职工在退休时购买经通货膨胀调整的年金。因此，需要提供大约 541 406 美元的退休财富（基于退休后的回报率为 6.5%，且物价上涨率与退休前相同）。该退休财富将成为参与者的事先目标财富。

为了研究不同时期投资战略的影响，我们假定名义工资以物价上涨的速度增长。在每年年初，参与者将其年缴费投资于国内固定收益证券。为了对参与者的福利进行模拟，我们需要确定一个合适的缴费率。如果给定期望工资增长和国内固定收益证券期望回报，参与者需要将其每年工资的 16.69% 进行投资以实现 541 406 美元的目标退休财富。表 4—3 对这个参与者的特征进行了归纳。

表 4—3　　　　一个在 DC 和 CFDB 计划中虚拟的参与者

目前的年龄	退休年龄	退休后的期望寿命	初始余额（美元）	目标财富（美元）	目前的年工资（美元）	年缴费率（%）
25	65	20	0	541 406	10 000	16.69

在该模拟中，我们追随该参与者在 DC 和 CFDB 计划中的脚步（两者并无不同，因为只有一个参与者）。表 4—4 从参与者的视角给出了 3 个关键的资产负债统计量，以及 DC 和 CFDB 养老金计划的期望债务。随后是一个简短的描述，附录 4.2 提供了一个更加详细的解释。

第 4 章 既定供款计划的福利成本

表 4—4　　　　　养老金计划中只有一个参与者的结果

	投资政策：期望回报 6.5%，5.2%的波动率			
	参与者未能实现目标财富的概率（%）(1)	参与者低于目标财富的期望数量（美元）(2)	参与者财富低于目标财富的下跌风险（%）(3)	计划的期望债务（美元）(4)
DC	55.4	46 847	10.8	51 145
CFDB	53.7	35 177	8.2	51 145
CFDB 的福利收益（例如 DC 与 CFDB 之间的差）				
绝对量	1.7	11 670 美元	2.6	0 美元
相对量	3.2	33.2%	31.7%	0%

第一列：参与者未能实现目标财富的概率。该统计量提供了参与者退休时的财富低于目标财富的可能性。

第二列：参与者财富低于目标财富的期望数量。

第三列：参与者财富低于目标财富的下跌风险。[①] 第二列给出了参与者低于目标财富的期望数量，那么第三列代表了该期望数量的波动性。因此，这个数值较高预示了参与者财富有低于目标的较高风险。

第四列：这两种养老金计划的期望债务。该指标已经在之前进行了详细解释。

除此以外，表 4—4 的底部同样给出了这些 DC 计划和 CFDB 计划统计量之差（绝对量和相对量，其中绝对量为差，相对量为比值），这代表了从 DC 型结构转向 CFDB 养老金计划的福利收益。

表 4—4 证明了在两种体制下参与者的退休财富都有低于目标的可能性。这种不确定性来源于以下两种情况：(1) 来源于投资收益的不确定性；(2) 来源于工资增长的不确定性（这种情况以名义工资增长而不是实际工资增长）。因为参与者不得不承担 DC 计划中的两种不确定性，参与者低于目标的期望数量将会更高，并且在 DC 计划中程度将

[①] 下跌偏差类似于投资组合回报的下跌偏差的定义（Sortino and van der Meer, 1991），以及属于"低偏矩"（Lower Partial Moment，LPM）一类的风险测度。在 Leibowitz, Kogelman and Bader（1994）中，作者使用 LPM 对一定的资产组合风险进行度量分析。

更深（见第一列和第二列）。虽然 CFDB 计划保证一定的实际回报率，却不能承担参与者工资增长的不确定性（参与者承担风险）。这就解释了为何不能实现参与者目标财富概率不为零。因此，在 CFDB 计划下参与者财富积累的速度比其个人 DC 账户的财富积累要稳健。

第二个关键性的结论是两种计划的期望负债是相同的（例如，期望债务的差为 0 美元）。这是因为只有一个参与者。这些结论清晰地表明将大多数风险从参与者转向养老金计划（正如在 CFDB 计划中所证明的）将增加参与者的福利，并且该计划的期望债务不会高于 DC 体制。

计划中有两个参与者

我们之前的工作可以在计划中引入更多的参与者。如果我们具有多个相同的参与者，表 4—4 中唯一变化的统计量就是养老金计划的期望债务。该期望债务将正好等于表 4—4 的这一项乘以计划中相同参与者的个数。在附录 4.3 中给出了具有两个相同参与者的养老金计划的结论。

更令人感兴趣的扩展是当计划中具有不同年龄的参与者的时候。我们加入了第二个具有相同期望最终工资且目标退休财富相同的参与者，只是加入时的年龄不同。为了使偏差不发生偏离，由于两个参与者处于生命的不同阶段，我们使年纪较大的参与者（比如第二个）具有合适的初始财富以便于保持其他参数相等。如果第二个参与者具有与第一个相同的缴费率（例如，工资的 16.69%），并且在相同的假设下，第二个参与者的初始财富将会被设定成期望退休财富与事先目标率一致的水平。① 这两个参与者的变量特征由表 4—5 给出。

表 4—5　　　　具有两个参与者的体系的有关特征

目前的年龄	退休年龄	退休后的期望寿命	初始余额（美元）	目标财富（美元）	目前的年工资（美元）	年缴费率（%）
25	65	20	0	541 406	10 000	16.69
45	65	20	94 738	541 406	21 911	16.69

---

① 该初始财富恰好等于假定年缴费率为 16.69% 且期望回报率为 6.5%，一个 25 岁的个人到 45 岁时积累的数量。

第4章 既定供款计划的福利成本

两个参与者的模拟结果在表4—6中给出。

表4—6 养老金计划中有两个不同参与者的结果

	投资政策：期望回报6.5%，5.2%的波动率			
	参与者没有实现目标财富的概率(%)(1)	参与者低于目标财富的期望数量(美元)(2)	参与者财富低于目标财富的下跌风险(%)(3)	计划的期望债务(美元)(4)
DC	54.7	43 362	10.2	214 065
CFDB	53.8	29 930	7.2	188 104①
CFDB的福利收益（例如DC与CFDB之间的差）				
绝对量	0.9%	13 432美元	3.0%	25 961美元
相对量	1.67%	44.9%	41.7%	13.8%

扩展之后有两个有趣的结果。首先，DC计划中的期望债务大约比CFDB计划高13.8%。其次，从参与者的角度而言，DC计划中参与者财富低于目标财富的程度要明显更高。

这两种分析使我们得到这样的结论，从国家和参与者的角度而言，当养老金计划以不同的参与时期在退休计划中对参与者进行保障时，CFDB计划具有更高的效率。债务风险的多样化被CFDB计划"挖掘"出来。

具有40个参与者的计划

在本部分我们将分析扩展到40个参与者，每个参与者加入养老金计划时的年龄都不相同。这40个参与者的年龄为25~64岁，且每个参与者具有相同的期望最终工资和最终工资70%的事先目标退休收入（也就是说，每个参与者以相同的退休财富为目标）。年缴费率对于每个参与者是相同的，并且在目前的假定下每个参与者的退休财富被设定为与其目标财富相等的期望退休财富水平。② 表4—7提供

---

① 该债务数量与附录4.3中两个相同参与者的债务数量的差产生的原因在于我们有关终止假说和退休短缺的假定，以及他们是如何积累的。因为我们假定第一个退休者的债务将会一直持续到计划结束，债务的利率等于政府债务的期望回报，后者对分析造成了影响。

② 这意味着在目前的假定下45岁的参与者与之前结论中的个人具有相同的状态。

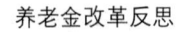

了 25～29 岁参与者的特征，同样附录 4.4 给出了所有参与者的特征。

表 4—7　　　　　体系中 25～29 岁的 5 个参与者的特征

目前的年龄	退休年龄	退休后的期望寿命（年数）	初始余额（美元）	目标财富（美元）	目前的年工资（美元）	年缴费率（%）
25	65	20	0	541 406	10 000	16.69
26	65	20	1 777	541 406	10 400	16.69
27	65	20	3 741	541 406	10 816	16.69
28	65	20	5 907	541 406	11 249	16.69
29	65	20	8 290	541 406	11 699	16.69
…	…	…	…	…	…	…

表 4—8 归纳了具有 40 个参与者的两种养老金体系的有关结论。

表 4—8　　　　　具有 40 个参与者的养老金计划的结论

	投资政策：期望回报 6.5%，5.2%的波动率			
	参与者未能实现目标财富的概率（%）(1)	参与者低于目标财富的期望数量（美元）(2)	参与者财富低于目标财富的下跌风险（%）(3)	计划的期望债务（美元）(4)
DC	53.6	36 562	8.8	6 236 624
CFDB	53.3	23 590	5.7	4 670 100
CFDB 的福利收益（例如 DC 与 CFDB 之间的差）				
绝对量	0.3%	12 972 美元	3.1%	1 566 525 美元
相对量	0.6%	55.0%	54.4%	33.5%

拥有 40 个参与者计划的结论与 2 个参与者的结果类似。DC 体制下参与者的福利损失仍然很高。但是很显然的是，DC 计划的期望债务（33.5%）显著高于 CFDB 计划的债务。

该结果表明当参加时间各不相同的参与者增加时，CFDB 计划的效率收益（efficiency gains）增加，这种效率收益是值得关注的。这就是很多私营体制推崇者所忽略的 DB 计划起作用时的风险分担特征。

第 4 章　既定供款计划的福利成本

计划中的投资制度变化

本部分我们针对 40 人计划介绍两种另外的分析方法,这些分析方法仅仅注重退休账户的投资政策。我们通过这些实践证明福利方面的投资选择冲击——尤其是在那些资产回报的波动较高以及多样化需求大于发达国家的发展中国家。

首先,我们实质性地提高资产组合的波动,其次我们将介绍在非完美相关的两种资产等级中进行投资的可能性。

提高波动性

在之前的分析中我们假定 DC 计划和 CFDB 计划中每个人的退休财富被投资于国内固定收益证券。表 4—9 展示了当我们实质性地提高该资产等级的波动时的冲击。我们或多或少将年资产波动人为地提高 3.5 个百分点,这就预示了相对于国内固定收益的年波动为 8.7%。

表 4—9　具有 40 个参与者的养老金计划的结论

	投资政策:期望回报 6.5%,8.7%的波动率			
	参与者没有实现目标财富的概率(%)(1)	参与者低于目标财富的期望数量(美元)(2)	参与者财富低于目标财富的下跌风险(%)(3)	计划的期望债务(美元)(4)
DC	55.8	60 556	13.7	9 656 368
CFDB	53.2	23 590	5.7	7 243 973
CFDB 的福利收益(例如 DC 与 CFDB 之间的差)				
绝对量	2.5%	36 966 美元	8.0%	2 412 395 美元
相对量	4.7%	156.7%	140.4%	33.3%

为了研究提高波动后的冲击,我们将表 4—9 的结果与表 4—8 的结果进行比较。从比较中可以得到一些有趣的结论。首先,DC 计划和 CFDB 计划中期望债务间的相对差(relative difference)基本相同(33.3%)。然而,更加令人惊讶的是两种计划中的绝对期望债务被实质性地提高了,这导致一个更高的绝对差(在高波动情况下为 240 万美元,而低波动情况下为 160 万美元)。换句话说,从国家的角度看,

_99

由于资产回报波动的提高，CFDB计划的福利收益得到了实质性的提高。

另一个令人惊讶的结论是对于参与者的统计。这些统计量验证了两种计划中的主要差别。因为DC计划中的投资风险完全由参与者引发，养老金与这些参与者退休时目标财富的期望差值多于CFDB计划期望数值的两倍半（DC计划为60 556美元，而CFDB计划为23 590美元）。除此以外，该期望数值的波动同样在本质上比DC计划中的要高（13.7%对5.7%）。换句话说，在如此高的波动率情况下，假如参与者的目标财富没有得到满足，他们将以DC计划中实质性的较低退休收入而告终。

附录4.3对所有这些结论进行了归纳，并提供了另外一些结论，可以以提高5%的波动率进行同样的分析，这样会导致DC计划中更高的期望债务以及有利于CFDB养老金计划的更高的福利收益。因此，在那些投资组合波动很高的国家，从个人账户DC结构进行转换的福利收益是很大的。

投资组合的多样化

当投资组合通过引入第二种投资等级——即国内股票——进行分散化时，将产生高于固定收益证券4%的股票风险升水，且年波动为15%。我们现在假定DC计划中的每个人和整个CFDB计划包含50%的国内固定收益证券和50%的国内股票。这种情况比Feldstein and Ranguelova (2001)的60∶40的股票－债券比要保守一些。50∶50的资产配置产生了8.5%的年期望回报以及8.9%的波动。因此，CFDB计划提供了4.5%的实际回报率，而不是在之前的模拟中使用的2.5%的回报率。在表4—2中进行列示的基本回报假设将由于资产配置的调整发生变化（表4—10）。

表4—10　　　　　经过调整后的回报和增长假设

	年期望名义利率（%）	年波动（%）
回报假定		
目标率	8.5	N/A

第4章 既定供款计划的福利成本

续前表

	年期望名义利率（%）	年波动（%）
CFDB 的担保回报率①	8.5	3
债务的机会成本②	6.5	5.2
退休后的回报	6.5	N/A
投资回报	8.5	8.9
增长假定		
工资增长③	4	3
物价增长	4	3
退休后价格增长	4	N/A

作为这种参与者职业生涯中较高期望回报的结果，他们能够降低其年缴费率来达到相同的目标退休财富。④

在这些假定之下，25 岁参与者的年缴费率——正如表 4—3 所示——将要降低到 10.53%。附录 4.5 对参与者的特征提供了一个详细的归纳。该附录同样表明，除了缴费率，参与者的初始财富也将变化。表 4—11 给出了该分析结果的细节。

表 4—11　具有 40 个参与者的养老金计划及多样化投资组合的结论

	投资政策：期望回报 8.5%，8.9% 的波动率			
	参与者没有实现目标财富的概率（%）(1)	参与者低于目标财富的期望数量（美元）(2)	参与者财富低于目标财富的下跌风险（%）(3)	计划的期望债务（美元）(4)
DC	56.5	62 875	14.0	10 387 681
CFDB	53.3	23 305	5.7	5 860 749

---

① 该比率类似于一个在合成政府指数债券中以高于通货膨胀 4.5% 的实际升水的投资。

② 我们假定该机会成本是不变的。这样在出于政府的动机中产生了扭曲，但是这些扭曲对于本分析是不重要的。

③ 我们同样假定工资增长等同于价格增长（例如，0% 的实际工资增长）。

④ 只有参与者在在职期间的期望回报发生变化，且因此退休后的期望回报（为了购买年金）没有变化。所以，给定相同的期望最终工资，参与者就像以往一样在本分析中锁定相同的绝对退休财富作为目标（541 406 美元）。

续前表

	投资政策：期望回报 8.5%，8.9% 的波动率			
	参与者没有实现目标财富的概率（%）(1)	参与者低于目标财富的期望数量（美元）(2)	参与者财富低于目标财富的下跌风险（%）(3)	计划的期望债务（美元）(4)
CFDB 的福利收益（例如 DC 与 CFDB 之间的差）				
绝对量	3.2%	39 570 美元	8.3%	4 526 932 美元
相对量	6.0%	169.8%	145.6%	77.2%

以之前各部分（例如表 4—9）的结果对多样化投资战略结果进行比较，可以得到一些有趣的结论。多样化投资组合的年波动大约与之前的分析结果相同（表 4—9）。因此，它将导致更高的期望债务，而不是如表 4—8 所示产生低波动的投资组合。

转向多样化投资组合后参与者的财务状况没有发生很大变化；参与者低于其目标财富的期望数量仍然显著高于 DC 计划。另一方面，养老金计划中的期望债务中存在一些有趣的变化。DC 计划中的期望债务上升了，CFDB 计划中的债务就会下降。因此，归于多样化的原因，CFDB 计划的绝对福利收益将几乎翻番。

由于养老金计划有能力使多样化的机会增大，CFDB 计划——提供了风险分担——能够从资产组合中利用这种有效收益。这种结果对于像美国这样金融市场非常完备的国家是特别重要的。而对于那些目前虽然无法从本地多样化中获取收益的发展中国家而言，则有可能从国际上的多样化中获得收益。

小　结

之前的研究关注于 DC 计划如何作为 PAYGO DB 体制的替代，以及个人因退休致贫的风险如何通过较高缴费进行缓和。在 Feldstein and Ranfguelova（2001）的模拟中，双倍的缴费戏剧性地降低了风险。在本章中，我们将 DC 计划与 CFDB 计划进行比较。本章中涉及的 DC 计划可能为以下任何一种形式：最低保证的 DC 计划、准备基金计划和分红平滑的准备基金，对于这些该分析就足够了。本章产生的主要结论是简单和直白的。

通过对退休计划中参与期不同的参与者进行资金集合，当以参与者和国家的视角进行审视时，总体而言 DB 计划和特定的 CFDB 体制貌似将实质性地降低福利成本。该结果不仅仅对于单个国家是有趣的，而且对于那些包含多个正处于养老金体系改革国家的地区而言也是如此。有能力以不同的人口特征汇集不同参与者的这些地区，将会最大程度地从实施 CFDB 养老金体制中受益。一个好的例子就是欧元区。

对于那些投资组合波动非常大的国家，从个人账户 DC 结构转换的福利收益是巨大的。除此以外，对于那些有条件获得更大多样化机会的国家，CFDB 计划导致了福利成本的实质性减少。

在本章中，对于单个投资者的投资战略是相同的，并且作为一个整体的 CFDB 计划是贯穿整个计划进展期间的。初步的结论显示，在不同的投资环境下[1]，CFDB 计划比 DC 计划更具优势。一个简单的延伸是每期 CFDB 计划的最优政策决定问题。除此以外，一些学者认为，由于工资增长与资产回报间缺乏相关性的优势可以通过将积累性 DB 计划或 DC 体制融入 PAYGO 体系的方式得以实现（Feldstein and Ranguelova, 2001）。这些文献未能发现同样的结果可以通过在积累性 DB 计划中实施一个较小的缴费变化——不定额的而不是既定的——实现。

进一步的，CFDB 养老金计划的弹性允许对政府的融资政策进行调整。我们目前假定政府立即达到当负债超过计划的全部资产的总赤字水平。然而，最初的分析认为该融资政策或缴费政策中的调整可以进一步提高 CFDB 计划的效率。[2] 这个特征在第 8 章中也将进行

---

[1] 有关解释见 Muralidhar and Wouden（1998a）。
[2] 在 Krishnamurthi et al.（1998a）、Krishnamurthi and（1998b）以及 Dert（1995）中，作者强调了在资产负债环境中缴费政策的重要性。

研究。

对本章的分析还包含另外的扩展，这就使得在 CFDB 计划中进一步预测效率收益成为可能。当 CFDB 养老金计划提供退休年金时，计划所获取的收益将会更多。进一步的，参与者的不同退休年龄也对整个养老金计划的业绩有利。这些论述来自于描述的调整提高了计划中参与者的多样性，并且因此提高了参与期间的多样性，这也给 CFDB 养老金计划带来了好处。

简而言之，引人注目的 DB 计划的风险分担特征在放弃 PAYGO 以及赋予个人更多选择的道路上已经被改革家们忽略或者低估。假如选择的价值没有超过这些福利成本，国家和个人的情况将会伴随目前正在和准备实施的 DC 养老金改革变得更差。

附录 4.1　经济变量间的相关系数

	价格和工资上涨	国内股票	国内固定收益债券
价格和工资上涨	1	−0.3	−0.1
国内股票	−0.3	1	0.4
国内固定收益债券	−0.1	0.4	1

附录 4.2　以情景分析的方式获取经济不确定性

贯穿本章所使用的统计概念将在本附录中进行更加详细的说明。这些概念经常被用于养老金计划的资产负债研究。在本章中，有两类统计量需要进行识别：第一类归纳了体系中参与者的状态，第二类提供了 DC 和 CFDB 计划间的比较。我们起初关注前者，同样的方法论被用于计算第二类统计量。

第 4 章 既定供款计划的福利成本

以 40 个加入计划的 25～64 岁的参与者进行分析。我们目前关注体系中 55 岁的参与者。表 A4—2—1 给出了该参与者的特征。

表 A4—2—1　　　　　　体系中 55 岁的参与者的特征

目前的年龄	退休年龄	退休后的期望寿命	初始余额（美元）	目标财富（美元）	目前的年工资（美元）	年缴费率（％）
55	65	20	239 665	541 406	32 434	16.69

我们现在将要监测体系中的参与者在最后 10 年里他或她的个人账户中积累的数量，我们将在 15 种不同的情景中进行分析。图 4—1 给出了在这些不同的情景下参与者退休财富的发展情况。多重变量模拟分析中的一个问题是较高的力矩（斜交和峰度）难以持续保证相容性。因此，从模拟变量（工资和回报）中产生的一定的变量（例如退休财富）不可能像其他变量一样具有相同的常态缴费特征。

图 4—1 随即证明了该参与者的财富在不同的经济模拟下沿着不同的路径发展。因此，退休时（例如 65 岁）的全部财富也将会不同。图中的柱状图给出了在 15 种不同状况下针对目标的最终退休财富。这意味着以下为个人视角的资产负债统计量：

1. 参与者未能实现其目标财富的概率。由于存在 5 种情景使退休时的财富低于目标财富，该概率为 33.3％（15 种情景中的 5 种）。

2. 参与者财富低于目标财富的期望数量。这相当于参与者能够预期的低于目标财富的数量。其中一种情形出现的概率为 6.67％（15 种情景中的一种）；因此，一种情景中退休财富低于目标的期望数量为该情景出现的概率（例如 6.67％）乘低于目标财富的退休财富数量。因此，总期望数量等于所有这些情景数量的总和。

3. 下跌风险。该统计量与之前给出的低于市场平均水平期望价值的统计量有关。另一方面，下跌风险给出了该期望的波动。一个高的波动意味着退休财富会远远低于目标财富。

附录4.3 全部结果概览

个案描述		参与者未实现其目标财富的概率(%)(1)	参与者低于其目标财富的数量(美元)(2)	参与者财富低于目标财富的概率(%)(3)	参与者财富的下跌风险(美元)(4)	系统的期望债务(美元)(4)
1个参与者：25岁 基本假定 回报率：6.5%；波动率：5.2%	DC CFDB 绝对福利收益	55.4 53.7 1.7	46 847 35 177 11 670	10.8 8.2 2.6	51 145 51 145 0	
2个参与者：25岁和25岁 基本假定 回报率：6.5%；波动率：5.2%	DC CFDB 绝对福利收益	55.4 53.7 1.7	46 847 35 177 11 670	10.8 8.2 2.6	102 290 102 290 0	
2个参与者：25岁和45岁 基本假定 回报率：6.5%；波动率：5.2%	DC CFDB 绝对福利收益	54.7 53.8 0.9	43 362 29 930 13 432	10.2 7.2 3.0	214 065 188 104 25 961	
40个参与者：25~64岁 基本假定 回报率：6.5%；波动率：5.2%	DC CFDB 绝对福利收益	53.6 53.3 0.3	36 562 23 590 12 972	8.8 5.7 3.1	6 236 624 4 670 100 1 566 525	

第4章 既定供款计划的福利成本

续前表

个案描述		参与者未实现其目标财富的概率(%)(1)	参与者低于其目标财富的数量(美元)(2)	参与者财富低于目标风险(%)(3)	系统的期望债务(美元)(4)
40个参与者: 25~64岁 提高3.5%的波动率 回报率: 6.5%; 波动率: 8.7%	DC CFDB 绝对福利收益	55.8 53.3 2.5	60 556 23 590 36 966	13.7 5.7 8.0	9 656 368 7 243 973 2 412 395
40个参与者: 25~64岁 多样化: 债券+股票 回报率: 8.5%; 波动率: 8.9%	DC CFDB 绝对福利收益	56.5 53.3 3.2	62 875 23 305 39 570	14.0 5.7 8.3	10 387 681 5 860 749 4 526 932
40个参与者: 25~64岁 提高5.0%的波动率 回报率: 6.5%; 波动率: 10.2%	DC CFDB 绝对福利收益	56.6 53.3 2.5	70 855 23 590 47 265	15.6 5.7 9.9	11 177 035 8 402 621 2 774 415
40个参与者: 25~64岁 1%的实际工资增长 回报率: 6.5%; 波动率: 5.2%	DC CFDB 绝对福利收益	53.7 53.3 0.4	52 264 34 573 17 691	8.6 5.7 2.9	8 949 348 6 631 054 2 318 294

附录4.4 养老金计划中40个参与者的特征

当前年龄	退休年龄	退休时的寿命期望（年数）	初始余额（美元）	目标财富（美元）	目前的年工资（美元）	年缴费率（%）
25	65	20	0	541 406	10 000	16.69
26	65	20	1 777	541 406	10 400	16.69
27	65	20	3 741	541 406	10 816	16.69
28	65	20	5 907	541 406	11 249	16.69
29	65	20	8 290	541 406	11 699	16.69
30	65	20	10 909	541 406	12 167	16.69
31	65	20	13 780	541 406	12 653	16.69
32	65	20	16 925	541 406	13 159	16.69
33	65	20	20 364	541 406	13 686	16.69
34	65	20	24 120	541 406	14 233	16.69
35	65	20	28 218	541 406	14 802	16.69
36	65	20	32 683	541 406	15 395	16.69
37	65	20	37 544	541 406	16 010	16.69
38	65	20	42 830	541 406	16 651	16.69
39	65	20	48 573	541 406	17 317	16.69
40	65	20	54 808	541 406	18 009	16.69
41	65	20	61 572	541 406	18 730	16.69
42	65	20	68 903	541 406	19 479	16.69
43	65	20	76 844	541 406	20 258	16.69
44	65	20	85 440	541 406	21 068	16.69
45	65	20	94 738	541 406	21 911	16.69
46	65	20	104 791	541 406	22 788	16.69
47	65	20	115 652	541 406	23 699	16.69
48	65	20	127 382	541 406	24 647	16.69
49	65	20	140 043	541 406	25 633	16.69
50	65	20	153 702	541 406	26 658	16.69
51	65	20	168 431	541 406	27 725	16.69
52	65	20	184 306	541 406	28 834	16.69
53	65	20	201 411	541 406	29 987	16.69
54	65	20	219 833	541 406	31 187	16.69

续前表

当前年龄	退休年龄	退休时的寿命期望（年数）	初始余额（美元）	目标财富（美元）	目前的年工资（美元）	年缴费率（%）
55	65	20	239 665	541 406	32 434	16.69
56	65	20	261 008	541 406	33 731	16.69
57	65	20	283 969	541 406	35 081	16.69
58	65	20	308 663	541 406	36 484	16.69
59	65	20	335 211	541 406	37 943	16.69
60	65	20	363 743	541 406	39 461	16.69
61	65	20	394 401	541 406	41 039	16.69
62	65	20	427 331	541 406	42 681	16.69
63	65	20	462 694	541 406	44 388	16.69
64	65	20	500 658	541 406	46 164	16.69

附录4.5 归于资产组合多样化下对假定进行修正后的养老金计划中40个参与者的特征

当前年龄	退休年龄	退休时的寿命期望（年数）	初始余额（美元）	目标财富（美元）	目前的年工资（美元）	年缴费率（%）
25	65	20	0	541 406	10 000	10.53
26	65	20	1 142	541 406	10 400	10.53
27	65	20	2 427	541 406	10 816	10.53
28	65	20	3 869	541 406	11 249	10.53
29	65	20	5 482	541 406	11 699	10.53
30	65	20	7 284	541 406	12 167	10.53
31	65	20	9 293	541 406	12 653	10.53
32	65	20	11 528	541 406	13 159	10.53
33	65	20	14 011	541 406	13 686	10.53
34	65	20	16 765	541 406	14 233	10.53
35	65	20	19 815	541 406	14 802	10.53
36	65	20	23 190	541 406	15 395	10.53
37	65	20	26 919	541 406	16 010	10.53
38	65	20	31 036	541 406	16 651	10.53
39	65	20	35 576	541 406	17 317	10.53

续前表

当前年龄	退休年龄	退休时的寿命期望（年数）	初始余额（美元）	目标财富（美元）	目前的年工资（美元）	年缴费率（%）
40	65	20	40 578	541 406	18 009	10.53
41	65	20	46 084	541 406	18 730	10.53
42	65	20	52 140	541 406	19 479	10.53
43	65	20	58 796	541 406	20 258	10.53
44	65	20	66 108	541 406	21 068	10.53
45	65	20	74 133	541 406	21 911	10.53
46	65	20	82 937	541 406	22 788	10.53
47	65	20	92 589	541 406	23 699	10.53
48	65	20	103 166	541 406	24 647	10.53
49	65	20	114 750	541 406	25 633	10.53
50	65	20	127 431	541 406	26 658	10.53
51	65	20	141 308	541 406	27 725	10.53
52	65	20	156 485	541 406	28 834	10.53
53	65	20	173 079	541 406	29 987	10.53
54	65	20	191 216	541 406	31 187	10.53
55	65	20	211 031	541 406	32 434	10.53
56	65	20	232 673	541 406	33 731	10.53
57	65	20	256 303	541 406	35 081	10.53
58	65	20	282 095	541 406	36 484	10.53
59	65	20	310 240	541 406	37 943	10.53
60	65	20	340 944	541 406	39 461	10.53
61	65	20	374 431	541 406	41 039	10.53
62	65	20	410 945	541 406	42 681	10.53
63	65	20	450 750	541 406	44 388	10.53
64	65	20	494 133	541 406	46 164	10.53

第5章 从PAYGO到普通投资组合积累的转变：美国的实践[①]

从PAYGO到部分或完全积累转变问题：值得干吗？假如值得，如何干？

正如第3章所提到的，与现收现付制相比，基金积累性体系在很多方面都显示出优势。[②] 因此我们不必假设应当存在一个向积累转变的中间过程（Samuelson，1975）。参与者感觉基金积累性体系优于PAYGO是因为对于相同的成本率而言，他们支付了较低的缴费（以较低的波动）。这仅仅是由于给付的剩余（成本）部分由积累的资本回报提供（例如，他们变得更富有）。向基金积累性体系的转换意味着必须首先以积累资本弥补现存PAYGO体系的非积累性债务。这就是所谓的"转变问题"，其要点在于：(1) 如何干；(2) 谁来承担成本。我们将从一般意义上应对这个问题，本章的最后将分析结果应

---

① 衷心感谢Maria Luisa Ceprini关于美国改革的前期工作的帮助。本章借鉴了很多对Modigliani et al.（2001）改良的思想。
② Feldstein（1997）已阐述了类似的问题。

用于美国。

我们如何从 PAYGO（完全或部分的）转向基金积累性体系？这将成为向资本化体系转换的主要障碍。人们普遍认为这种积累向处于转变时期的那一代人施加了无法承受的负担，他们有可能需要支付两份缴费：一份用于建设新的资本化体系，另一份用于上缴社会保障（social security，SS）来支付目前承诺的养老金。凭借养老金融资的基本假定以及借助模拟分析的方法，我们证实了这种观点大都夸大了转变的成本。① 对于转变我们同样在附录 5.5 提供了一个更加一般化的分析方法。

一个一般化的转变机制

在本部分中，我们列出了完成从 PAYGO 体系向基金积累性体系转变的基本机制，并且通过一个简单的模拟进行说明。

基本转变机制的描述

出于便于说明的原因，起初我们关注一个人口和生产力为静态的，其 PAYGO 体系为平衡的特殊情况。我们的转变计划的核心为建立一个新的公共基金（a new public fund，NF），就像 SS 一样，由强制性缴费进行积累并提供既定给付，仅仅是完全积累而已。必要缴费率得到确立之后——当 NF 期满时——就能按照建立起的比率（例如在 65 岁以平均工资提供一个 50% 的替代率）支付给付。换句话说，当 NF 期满时（稳态），缴费率从开始的时候就以必要的均衡水平保持固定。当所有的参与者已经为其整个工作生涯支付了所有相同的必要缴费时，基金就到期了。显然，必要缴费将取决于资产的回报率以及其他相关参数，正如第 3 章表 3—1 所示。

---

① Valdes-Prieto（1997）认为这种双重缴费可能言过其实，但是可以根据一组不同的理由得到这个结论，并且向处于转变的几代人施加不同的负担。

第5章 从PAYGO到普通投资组合积累的转变：美国的实践

NF将依照以下对基金积累性体系合理的准则从开始支付养老金（例如，将为那些达到退休年龄的人基于其向NF实际缴费数量支付养老金）。通过将合理的法则应用于以固定的回报率积累的参与者的信贷余额的方式，这些养老金的数量将在退休的时候得以确立。请注意一个与PAYGO体系法则的不同之处，现收现付制中退休人员获得的给付是基于其服务的年限，而非是否曾经向基金进行缴费。在NF中，只有那些有机会进行完全的、必要的缴费的人们才会在退休时有资格从NF获得全额养老金。

但是，NF养老金实际上将不会支付给养老金领取者。相反地，在一个确定时期内欠付养老金的总量将会被打包转移至SS。接着SS将使用该资金流——与缴费提高的数量（有可能还有政府的津贴）——根据现有规则支付养老金，以及向NF支付既定供款。应当注意的是，NF账户不必在每个时期都达到平衡：在实际中它有可能有余额，这样一直到期满就增加了其资产。由于支付的数量是由确立的规则所固定下来的，那么来自于NF的资金流降低了由SS引起的美元对美元的应提高的缴费。例如，假如来自于NF的资金流等于工资的10%，那么缴费就会降低10%。但是，SS的负债——向NF转移的既定供款——将会最初使不得不设法建立起的SS出现经常账户的赤字。由谁并且如何实施支付同样受到了检验。

由NF向SS转换的资金流开始时会较小，因为没有多少参与者会达到退休年龄，他们的余额将非常小，向基金缴费的时间非常短。但是，资金流将会迅速地增长，因为即将退休的人数将会根据寿命期望多年增长，并且那些即将退休人们的余额将会进一步扩大，因为他们对基金的缴费将会更长。

我们解决方案的核心思想是NF的养老金资金流将持续增长，因为它将接近"到期"。如果对NF（以及对SS的构建）的最终缴费率被设定为与回报率、人口统计学以及预期替代率一致的合理的稳态水平，由NF产生的养老资金流将最终等于原有PAYGO体系支付的给付资金流，即成本率。在附录5.5中，我们为如何确定唯一既定供款率（及积累程度）提供了分析思路。从这一点出发，SS 不必为支付养老金而收费，而只需要弥补既定供款就可以了。因此，在到期时（稳态），唯一需要支付的缴费为基金积累性体制下的既定供款。由表 3—1（第 3 章）可以推断出，这样一般会低于 PAYGO 的缴费，即成本率。

值得注意的是，NF 允许以 75% 的缴费进行完全扣减所需要的到期时间是非常重要的。它至少等于标准缴费时间加退休时间的长度，大概为 60 年。但是，如此处所示，缴费的削减会开始得更早。

一个假定的静态经济

我们通过对一个纯粹的静态经济进行分析以解释我们的基本方法，该静态经济满足第 3 章表 3—1 下的各种假设。实际上，我们假定 $\rho=0$。退休后的寿命期望为 18 年，养老金体系的资产回报率为 5%。在这些假定之下，成本率（CR）或 PAYGO 缴费为 22.5%，但是基金积累性体系的必要缴费仅仅是 4.8%！图 5—1 和附录中的表 A5—1—1 对转变的路径给出了详细说明。

在图 5—1 中，顶部 22.5% 的水平线代表成本率，该成本率为不变的是因为经济是静态的（以及替代率假定是不变的）。底部 4.84%（粗）的水平线表示向 NF 的缴费率。从左侧（0%）升起的到右侧（22.5%）的粗曲线是该计划中的重要组成部分，因为它代表了由新计划向 SS（NF 养老金计划）支付的养老金资金流。它从零开始，以加速度直到 21 世纪 30 年代，以后就开始减速，增长减缓直到其在 2060 年前达到 22.5% 的成本率（或 p）。接着，NF 养老金的上升就会"挤出"对 SS 的必要缴费，正如从 27.3% 开始下降的曲线所示（22.5% 与对 NF 的 4.8% 的缴费之和），并在等于 NF 缴费的顶部结束。4.8% 的缴费产生的大量资本积累和利息使这个缴费不可思议地减少——从 PAYGO 体系中的 22.5% 到基金积累性体系的 4.8%——变为可能，只要参与者的人数上升，资本积累和利息就会超过养老金支付，这种情况一直到期满（在数量稳定的时候）。当期满的时候，

第 5 章 从 PAYGO 到普通投资组合积累的转变：美国的实践

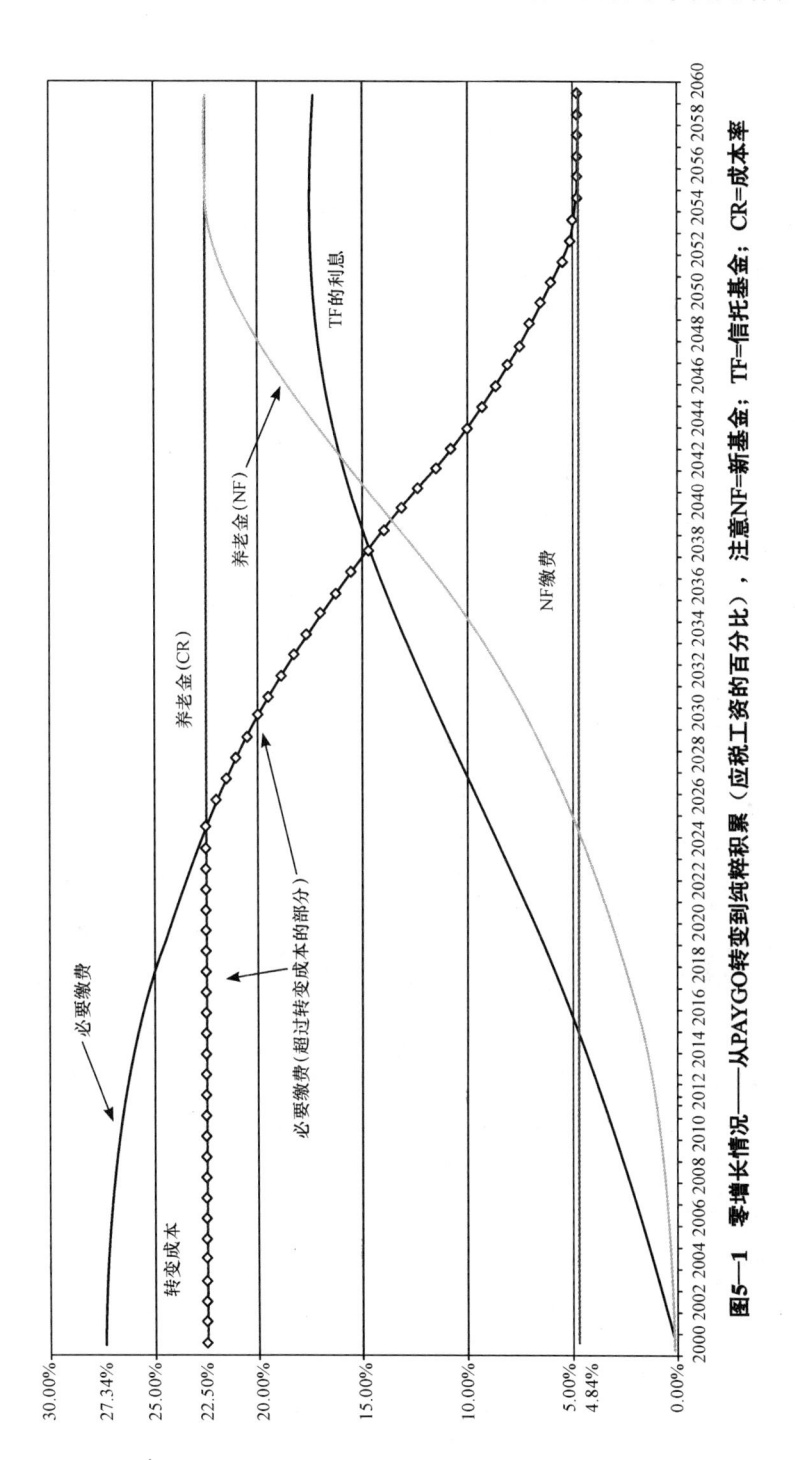

图5—1 零增长情况——从PAYGO转变到纯粹积累（应税工资的百分比），注意NF=新基金；TF=信托基金；CR=成本率

积累达到大约 3.53 倍的工资水平，5% 的回报率意味着等于工资 17.65% 的利息（TF 的利息）。这样就与超过 4.84% 的既定供款一起弥补了 p（22.5%）。

正如在导言中所指出的，向（低缴费）基金积累性体系的转变涉及一项成本——最初将缴费提高到 PAYGO 的水平之上的成本——它本质上代表了 PAYGO 体系的非积累性债务。我们可以以这种附加缴费的数量度量转变成本：它们在图中由必要缴费和 PAYGO 成本率（负的）之间的差表示。它可以被看做从 4.8% 开始的，在 25 年后逐渐减少至零的成本，因为 NF 养老金降低了必要缴费。从 22.5% 到 4.8% 的最终缴费率的转变成本——或者 75% 的降幅——在用我们的方法时表现出令人惊讶的小：其平均值少于 25 年工资的 3.3%，或者 PAYGO 工资税的 15%。[1] 这与那种转变人群不得不——在其整个生命期间——支付两份缴费（一份给原有的 SS，一份给新建立的基金积累性体系）的一般观念形成了鲜明的对比。这个表面上违反了直觉的结果基本上反映了理想水平的复合利率的作用。

下一个问题是：转变的成本将如何分配？有很多在不同群体中分摊成本的方法。例如，通过提高在职职工的缴费率达到"必要缴费曲线"的水平，或者通过临时降低养老金的方式，使他们承受这些负担。没有任何一种行为或行为组合可以减少消费以及增加储蓄。采用另一种方式，政府能够吸收转变成本，直到转变成本消失，雇员的缴费将保持不变，并随后下降，如图 5—1 所示。接着，政府缴费可以通过较高的税收、较低的政府消费或最终提高政府债务将负担转嫁给子孙的方式提高公众储蓄进行积累。但是，我们必须清楚最后一种方法是达不到目的的（如第 3 章所示），因为债务的提高将会抵消体系新增加的储蓄。这样将会否定一项积累制的重要优点，也就是增加国民储蓄和资本。

我们现在将研究可替代的方法及一些代际公平问题。

---

[1] 在 60 年的时间里这个数值仅仅为工资的 1.4%。

第5章 从PAYGO到普通投资组合积累的转变：美国的实践

一般化：通向纯粹性积累均衡的另一条道路

我们已经知道，在期满时NF能够支付等于p的养老金，这些费用完全由既定供款进行完全积累，称为c^*，加上从它的（均衡资产）rA^*获得的收入，此处c^*和A^*作为对总工资的比率进行度量，r为总回报率（例如，未经人口增长和生产力增长的调整）。因此，在稳态下以下关系成立：

$$c^* + rA^* = p \tag{5.1}$$

这意味着那笔资产必须达到一个由以下公式决定的唯一的均衡价值：

$$A^* = (p - c^*)/r \tag{5.2}$$

因此，为了进行模拟，均衡资产－工资比为

$$(22.5 - 4.84)/5 = 3.53① \tag{5.3}$$

假如在任意一点，成本率由于寿命期望或其他任何变量的变化而发生变化，美国社会保障管理局需要在给定r的情况下建立新的c^*以确保新的均衡。这种模拟相对容易进行，在既定给付SS体制下的较长时间内相对容易实施。

一个重要的意义是，无论体系何时积累起与均衡比率相等的净资产对工资比率的数量，就其能够支付的与均衡缴费率相等的长期必要缴费下隐含在成本率中的给付而言，它都已经达到了长期均衡（与到期时间相等）状态。在之前的例子中，假如体系试图将资产－工资比的积累达到3.53%，那么它将以4.84%的缴费率支付22.5%的成本率，因为该差额由积累资产的回报所弥补。该结论之所以重要是因为显然可能存在很多积累均衡资产－工资率的途径。换句话说，虽然我们的模拟显示出可能导致均衡财富积累的路径，但是很多其他路径可

---

① 如果考虑到增长，我们应当对分母进行调整，因此会导致较高的比率。

能也会获得这种效果。这次试验对于使用我们自己的方式拓宽通向最终均衡的路径具有非常重要的意义。

这个结论通过一个小例子来进行论证。在模拟中，那些必须工作到 2025 年的人们将会遭受到改革的伤害，因为他们将不得不将其缴费提高到高于 PAYGO 的比率。但是，从那以后的人们将会变好，因为缴费下降，并且下降的速度在一定时间内会非常快。这就向我们清晰地引出了代际公平的问题。能否在改革中通过确保较早几代人的一定收益或者较小的损失而减少后来人的收益，对整个收益进行"平滑"呢？

例如，我们可能想提前大概 5 年开始削减缴费。在图 5—1 中，这意味着缴费曲线将会低于原曲线的 1%，必须可推定至少在 2030 年前要低于这条曲线。该假定可以被当作完全有可能的，但是在后面的一些点上，可替换的路径将跨越这条老的路径并至少保持一定时间位于其上方。该理由可以通过对缴费线高度——在任何点上——是财富积累路径的斜率的主要决定因素的考虑进行（粗略）解释。因此，当缴费率较低的时期，财富积累更加缓慢，将在标准路径下方。因此，对于达到均衡水平的净资产—工资比，其必须在之后的某个日期以更快的增长速度进行超越，这就意味着缴费率将高于标准水平。本质上，对于将可替代路径保持在标准路径之下直至标准版（2060 年）的最后一年，也是有可能的。但是，在这种情况下，资产—工资比将会特别低，因此缴费率将不得不在 4.8% 的长期均衡价值之上维持一段时间——在稳态到达之前可能需要较长时间（尤其是假设我们加上缴费曲线为单调下降的条件）。我们将在第 6 章通过西班牙的体系证明这种路径。该原则是显而易见的：在一定限定下，可以通过牺牲年青一代（但是，他们对于第一项转变措施是拥有特权的）的利益提高老年一代的福利。

将两只基金合并为一只

直到现在，我们依靠的是两基金方法：旧的 SS 和 NF，因为我

第5章 从 PAYGO 到普通投资组合积累的转变：美国的实践

们相信该公式对于推出我们方法的基本逻辑是有帮助的。但是这样做的同时，我们可能会问两基金的结构实际上对于提出的改革是否是必要的。如果借助单一基金——新 SS 实际上会更加方便，对结果的获得能够清晰地表示出来（在最后一部分结果的帮助下）。因此，我们改革方案的实施不需要创造一只 NF 基金。

这个命题可以轻易地从表 A5—1—1 通过"合并"基金来源的方式进行检验，这些来源包括政府缴费、家庭缴费、资产和 NF 养老金的利息（SS 的第 [8]、[9] 列与新基金的 [2]、[3] 列），以及基金的使用，包括对每年 NF 的缴费、NF 的盈余以及 NF 的成本率（新基金的 [1]、[4] 列与 SS 的第 [6] 列）。推出该"合并"的同时，我们可以发现以下的简单结论。对于每一年：

$$\text{基金盈余} = \text{NF 盈余} + \text{SS 盈余} = \text{对养老金体系的全部缴费（来自于参与者和政府的任何缴费）} + \text{资产回报} - \text{成本率} \qquad (5.4)$$

这里的资产意味着以固定比率进行资本化的积累盈余。

因为在任何时间点上资产是确定的，p 也是类似固定的或者为给定的外生目标，那么体系盈余就是整个缴费的增函数。

现在我们可以从最后部分知道，为了完成这个转变，资产达到由成本率、回报率以及——标志着稳定状态和能够独立于是否是一只基金还是两只基金而可以轻易计算出的——长期均衡缴费决定的重要水平是足够的了。

我们可以断言，只要成本率是固定的，我们的方法就会在以下条件下进行到转变的终点：(1) 在改革开始的时候，全部缴费超过了成本率的目的是产生一个初始的盈余；(2) 从那以后，需要将缴费率保持在足够产生（充分的）正盈余的高度，这样就可以为了均衡而增加资产，假如 p 最终保持稳定，该均衡将存在下去。

显然，对于缴费率而言存在很多可选择的路径，所有路径都将最终单调下降（因为一个正的盈余意味着资产的增加，但是形状和持续期不同）。缴费和成本率之间最初的差距可以通过提高参与者的缴费或者政府补贴而产生，我们前文和下文都进行了解释。

很不幸，该结论并不意味着我们的方法仅仅通过选择合适的单调下降缴费就能确保转变的平稳。假如 p 是固定（或者下降）的，但是成本率未必有望显著高于目前的水平，那么该结论成立，并且威胁到 PAYGO 体系的偿付，但是对于在美国所发生的，并且在一定程度上对很多其他具有 PAYGO 体系的国家都是准确的。下一部分进行的模拟（附录 5.2 和 5.3）因此而令人特别地感兴趣。

改革的需要与对美国的提议

很多学者，例如 Diamond（1997）、ACSS 中的 Schieber and Weaver（1997）、Geanakoplos et al.（1999）、Kotlikoff（1996）、Kotlikoff, Smetters and Walliser（1998）、Feldstein and Samwick（1997）以及 Seidman（1999）使用模拟的方法验证了向基金积累性体制的转变，并且检验了哪些人将在这场转变中受益或者损失。除了 Diamond（1997）和 Seidman（1999）以外，其他研究者更加倾向于向积累性个人账户的转换。以下的模拟试图为我们的建议进行同样的工作，但是这个工作已经在创建一个（部分的）积累性 DB 计划中做过了。

美国的社会保障体系：改革的需要

我们对美国的体系仅提供简略信息以验证改革的需要。Schieber and Shoven（1999）对美国的社会保障体系提供了一个更加完整的历史及描述。目前对社会保障体系的总缴费为应税工资的 12.4%。在现存的既定给付结构下，有关的给付基于参与者生命中缴费数量进行预测。该结构赋予参与者在一定年龄退休（目前为 65 岁，并随时间逐渐提高）并取得准实际养老金的权利，该养老金代表了"平均寿命收入"（参与者最好的 35 年的平均收入）大约 50% 的替代率。但是平均替代率掩盖了美国社会保障计划的最"进

第5章 从PAYGO到普通投资组合积累的转变：美国的实践

步"的本质。实际上，当接受者的生命收入增加时边际替代率将显著下降。

在图5—2中（隐含的数据在表A5—2—1中提供），我们展示了由SSA为"中间成本个案"（intermediate cost case）（SSA，2002）预测的成本率。它可以被看做该曲线在下一个10年的中期升高到目前的缴费曲线之上，这意味着SS开始产生目前的赤字。该成本率保持上升是因为人口与生产力的不利上升，因此，赤字将会持续增长。在一段时间内该赤字可以通过由前些年盈余积累起来的资产进行弥补。但是在21世纪40年代之前，所有缓冲将被耗尽，成本率将比现行的PAYGO缴费高大约50%。以不变的给付保证体系的偿付，在2042年缴费将不得不从12.4%显著上升至17.8%，并逐渐上升至19.5%。在图5—2"未改革时的缴费率"已经体现出来。另一方面，不得不强行降低给付的三分之一（违背了以往的承诺）或采取两种不受欢迎的措施的组合。进一步的，即使如此迅速的补救措施也不能保证以后不出现更多的问题。

有关这些问题及其解决措施的讨论令人感到无比厌恶。[①] 但是很多提出的方案需要某种程度的以下组合：（1）提高未来的缴费；（2）给付的削减；（3）由参与者负担的投资风险的提升（Feldstein，1995；Greensein，1999；Kotlikoff and Sachs，1998；ACSS，1997；Ferrara，1997；Schieber and Shoven，1999；以及布什政府报告）。在前几章我们认为，如同Seidman（1999）及Aaron and Reischauer（1998）所指出的，现存社会保障安排中的主要问题在于养老金融资的方式，而不在于既定给付的结构。我们认为美国目前的既定给付结构以对公众较强的支持从而提供了合理的基础，问题在于如何进行融资。在下面的部分我们为这个融资问题提供了一个可行的长期方案，包括转变路径，但是在开始之前我们需要验证一些重要的替代方案。

---

① 见Munnell（1977）、Blahous（2000）、NCRP（1998）、NASI（1999）、Baker（1999）、Schieber and Shoven（1999）以及Aaron and Reischauer（1998）。

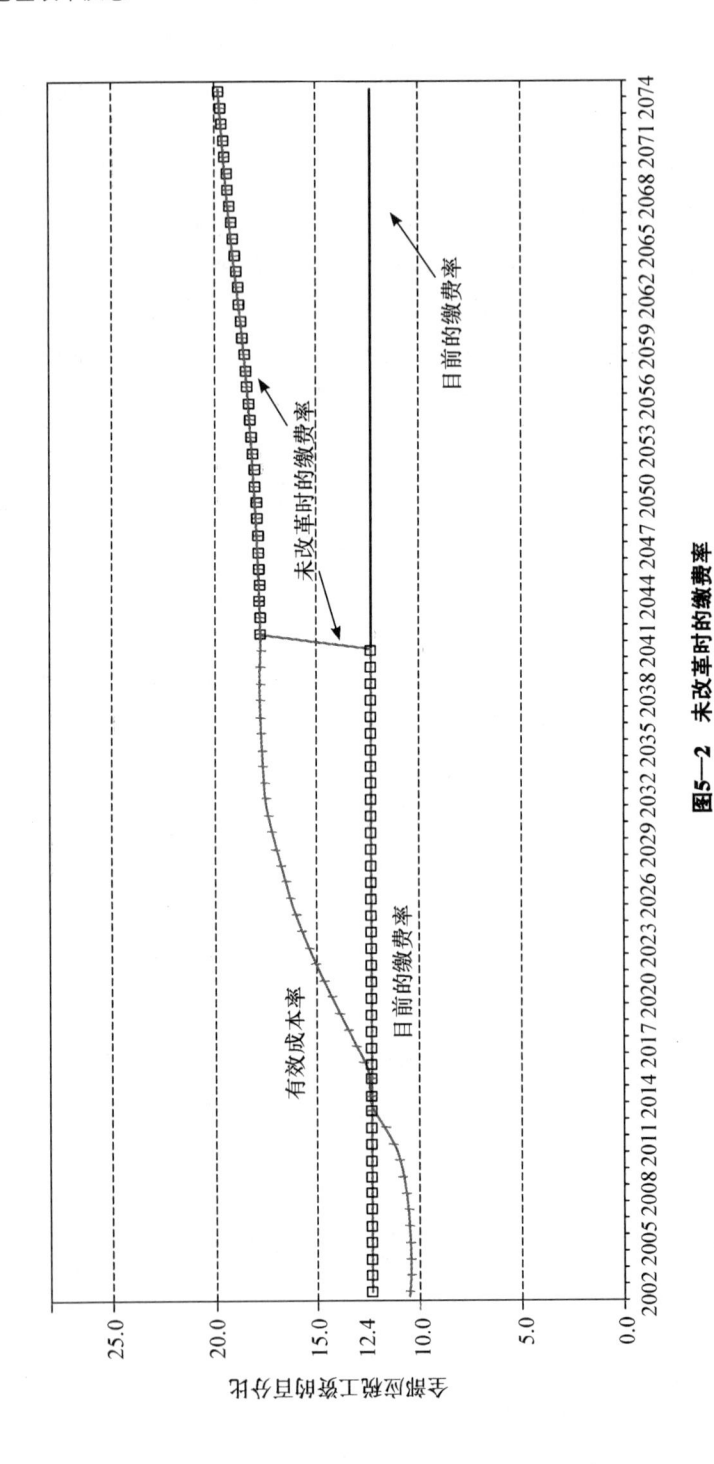

养老金改革反思

图5—2 未改革时的缴费率

第5章 从PAYGO到普通投资组合积累的转变：美国的实践

主要建议回顾

克林顿的承诺——一个错过的机会

无痛转变或许能够以不变的给付为完全积累体系效力，通过以下的措施：(1)（转变性）目前和未来社会保障盈余；(2) 克林顿政府向社会保障体系承诺的预算盈余；(3) 为信托基金设计的富有想象力的投资政策的目的在于追求与长期稳定相一致的，并且合理关注于使政府在金融市场的作用最小的最高回报（Seidman，1999）。附录5.3显示的我们的方法对于美国是非常有效的，美国预算赤字的运用能够结合参与者缴费产生渐进的但完全的转变，缴费最初是不变的，而后为单调下降的，虽然这种结果部分地反映了仅对美国有利的一系列环境。

姑且认为布什政府的决策是利用预算盈余削减税收，以及应对2000—2002年的经济下滑，那么美国可以采纳一个次优的部分积累性策略，这样就会确保目前给付的维持，但是缴费率将会被稳定在高于目前税收的1.12%的水平上。额外的缴费就成为参与者必须承担布什政府扮演的税收削减政策的成本。

正如前面所示，向完全或部分的积累体系转变需要额外的资源，在20世纪90年代后期的一点上，貌似美国能够使用预算盈余实现完全的或部分的积累。通过将一部分预算盈余托付给社会保障体系——克林顿总统就是这样建议的——美国就可以实现完全积累以及在21世纪50年代末将缴费降低到6.2%。由于该措施已不再可行，我们放弃对这一特定案例的描述以及将克林顿政府的建议与附录5.2进行比较。

布什政府的提议

布什政府没有足够清楚地表明其立场，他们倾向于Martin Feldstein教授的提议以及对社会保障体系的"私有化"。此外，布什政府的社会保障委员会提出了三种而不是一种建议进行考虑，这样就增加了精确找到究竟哪种建议更加适合布什政府的难度。Diamond and

Orszag（2002）验证了这三种建议中的缺陷：一种不能产生长期偿付（模型1）；另外两种（模型2和3）将会导致替代率的降低，参与者将面临更多风险（第4章所言），以及需要从一般预算中连续75年注入工资的1.5%～1.7%。由于任何需要对给付进行削减的建议都有可能在政治上是不可行的，以及任何不能重建财政平衡和偿付的解决方案都是不恰当的，所以我们考虑需要创造私人账户的普遍性提议。

为了创造这种账户，已经建议参与者以社会保障缴费对私人账户2%的转移对这些账户进行积累（要么是强制的，要么是自愿的）。这些账户或许由私人部门进行管理，参与者或许拥有一定的选择权。这些建议的早期版本（Feldstein and Samwick, 1997）计划使用规划的预算盈余来弥补2%的转移（要么是通过对参与者的削减，要么通过填补 PAYGO 养老金支付的漏洞作为2%的转移的结果）。布什政府较少关注这些基金的来源，因为社会保障体系将需要这些基金对目前和将来的退休者进行支付（以及增加预算赤字的前景计划）。

参与者的最终养老金可能为积累性 DC 计划与 PAYGO DB 计划养老金的结合。其思想在于使用 DC 账户中的积累来抵消 PAYGO 下的债务（要么是美元对美元的，要么是使用 DC 和 DB 养老金的比例来决定最终养老金），以此试图实现 DC 体制下最低的 DB 支出。由于 DC 养老金的波动并非不重要，这些建议已经考虑了对 PAYGO 养老金体系的担保，或潜在的要求参与者提高差不多2%（的额外）缴费（Feldstein and Ranguelova, 2001），以试图使参与者退休时所获得的养老金低于目前承诺的养老金的概率最小。我们已经在第4章证明了 DC 体制下的担保成本，该成本并不重要。此外，在参与者有权选择资产配置以及基金管理人的地方，业绩的分散和担保的成本有可能高于受限制或无选择权的地方。另一种方法——提高缴费——对参与者施加了直接的成本，参与者承受了缴费率在14.4%～16.4%之间的负担（基本的12.4%+个人账户的2%+

第5章 从PAYGO到普通投资组合积累的转变：美国的实践

确保较高地实现退休目标概率的2%)。因此，虽然参与者可能具有选择权，但是如果他们仍然退休后致贫，则不能保证政府不会遭受更高的成本。

我们的建议

正如我们在零增长案例中所验证的，转变需要额外的资源，根据附录5.2所示，转变可以加入到一个完全积累的体系中。伴随着政治体制和经济状况的变化，预算盈余以及所有为了其继续良好运行的项目，消失在税收削减和经济衰退的冲击中。因此，我们转变中关键的资源就被拿走了。现在的问题在于：转变仍然是可行的吗？如果是，我们应当向何种体系转换？

在缺乏政府盈余的情况下，任何额外的缴费都一定来自于参与者，因为假定其含义错误时，债务融资型的政府缴费是不合适的。最好的替代方法是对参与者进行课税，但是这样做存在两项关键性的考虑：(1) 将税收的规模最小化；(2) 它的弊处由所有参与者和群体平等地承担（以确保代际公平）。在很多情况下，这时所需要的是那种由格林斯潘委员会提议的提升缴费，然而对于创造一个部分积累结构的更高目标而言，将会完美地与未来的危机相隔离。

为了对我们的转变进行验证，我们依靠更加方便的手段——由SSA为"中间个案"估计的相关参数值的基金方法，并且我们假定5.2%的实际（总）回报的合理估计。我们将在下一部分解释该回报的合理性。我们的计划的本质特征是确保在所有时间由SS提供目前的（既定）给付。我们通过使用与SSA在其（中间）成本计划（SSA，2002）中完全相同的成本率以确保得到这个结果。

图5—3以及附录中的表A5—3—1提供了这次模拟的细节。我们将以5.2%的回报率（通过约1%的增长率的调整）、1.1%的持久缴费增长为所有目前给付的维持提供足够资源。附录5.5通过所确定的1.1%的持续增长验证了这种分析技术。在该计划下，资产－工资

图5—3 不同改革情景下缴费率的比较（部分积累）

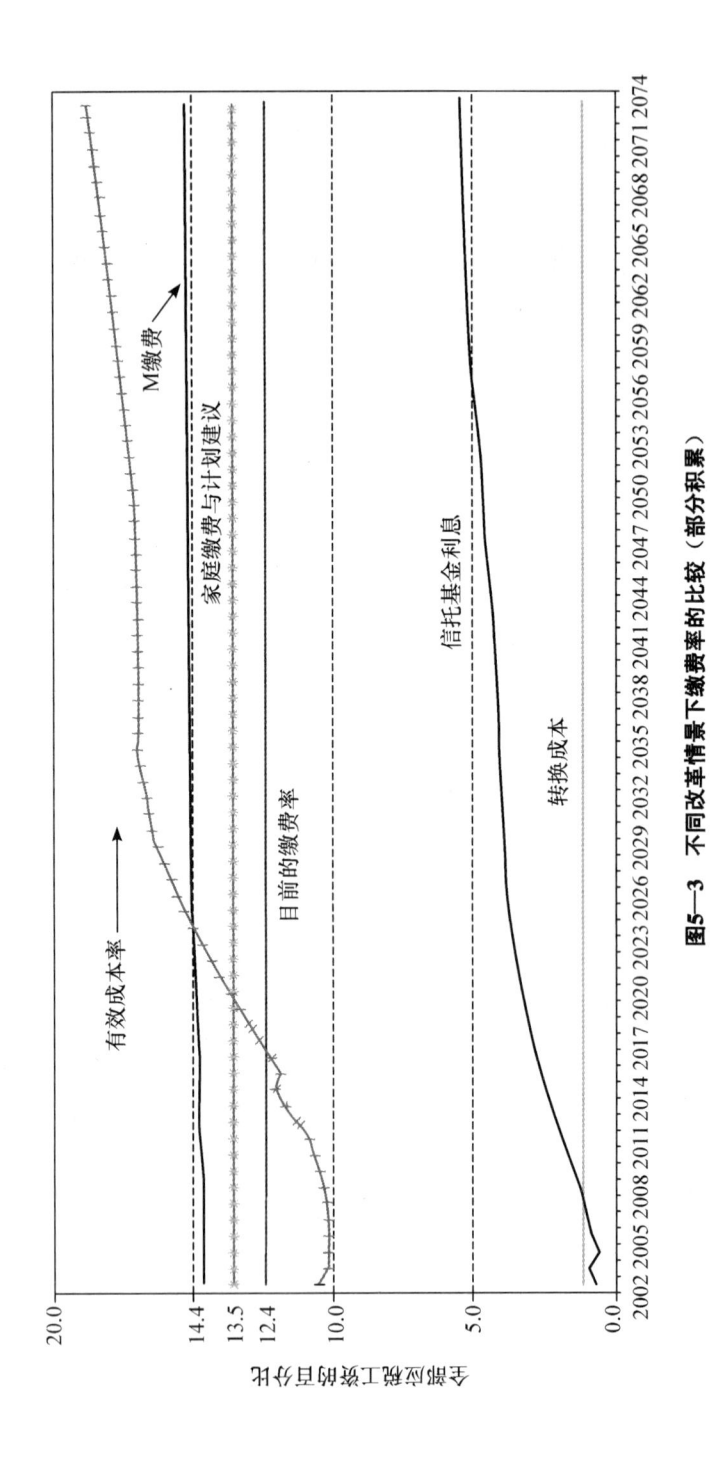

第5章 从PAYGO到普通投资组合积累的转变：美国的实践

比将期望达到工资的1.6倍，这样就显得容易被接受了。这样就会在较高既定供款率（所提供的家庭缴费）补偿的成本率余额条件下，从约6.4%的投资中产生回报（如图5—3所示的标为"信托基金利息"的逐渐上升的曲线）。虽然一些人可能偏好完全积累方式——因为较低的缴费意味着较低的劳动市场扭曲，但是根据目前的经济环境我们所建议的解决方案是最可行和最平等的。除此以外，我们在第8章部分积累中证明了一些令人感兴趣的或有优点。

我们的计划与PAYGO体系调整的比较

偏好PAYGO的一种观点认为目前体系的赤字并没有达到非常严重的程度（Munnell，1999）。[①] SSA的计算表明，到2075年，有关收入将会仅仅比承诺的给付低约2%的工资（比在我们的方案中的必要缴费仅仅高0.8）；因此，我们至少应当在今后保持PAYGO体系的75年内，通过老年遗属（Old Age Survivor，OAS）缴费从目前的11%到可能的13%的直接增长来解决这个问题〔这样会将OAS与残疾保险（disability insurance）结合起来——OASDI——缴费大约为14.5%〕。但是这种方法——称为M方案——产生了一条令人吃惊的缴费路径——这条缴费路径要比我们完全积累的方案更差，如图A5—2—1所示，并且比图5—3中我们的建议要稍微昂贵。在图5—3中，约13.5%的水平线代表M缴费路径。更加重要的是，如第3章所展示的，在对经济和人口增长的基本经济预测下，PAYGO缴费更容易改变，并且不对国民储蓄产生贡献。

金融问题

该部分研究一些主要的金融问题，有关回报率选择的更加技术性

[①] 该批评也在相应的个人情况中被详细阐述。

的问题将在附录 5.4 中进行讨论。

管理信托基金组合

我们改革的一个本质特征是所有在积累过程中积累的资产必须通过 TF 在一个普通的投资组合中进行投资。这将成为原则上由所有相同交易证券份额的投资组合的基准。这需要对基准组成中轨迹变化进行非常有限的管理。这种有限管理应当通过一个享有盛誉的、独立的、一流的团队进行监管，例如美国联邦储备委员会。加拿大和爱尔兰已经建立起类似的委员会，这些地方初步报告显示了在强大监管原则下的积极经验。资产在内部得以低成本管理，或者通过竞争性投标确立的费用被委托给几个私营管理人。Seidman（1999）检验了这种方法的可行性，引用 Cavanaugh（1996）以证明投资组合能够以非常低的成本（通过竞争性投标过程）进行管理，并且与政治性决策相隔离。进一步的，Angeles（1996）验证了在私营市场中投资公共资金前需要明确的几个问题。

投资组合的管理没有留出任何自行处理的空间，具有明显的消除政治操纵危险的优势。但是它也有一个缺陷——也就是管理人被动地追随市场——因此其决策并不能在投资组合中反映其对公司价值的真实观点。紧接着，当 TF 成长为市场的巨大份额时，估价功能便留给了资本下跌部分的所有者。这种情况经常且显而易见地被当成不受欢迎的变化。如果考虑 TF 或其管理者是否应当被赋予投票决定其份额的权利时，这个问题就变得更加复杂了。

我们因此希望提出一个可替代的方法，由最近的一种新形式的工具产生的灵感进行考虑——即所谓的"交易型开放式指数基金"[Exchange Traded Funds，ETFs，例如标准普尔 500 存单（SPDR）或者 I—份额]。假定已经选出了 n 个管理人，其中每个人管理投资组合中的 $1/n$。假定下一步，不是要求他们持有基准的投资组合，

第 5 章 从 PAYGO 到普通投资组合积累的转变：美国的实践

而是使他们按约定确保 TF 将会从持有的基准中获得近似的回报。①基金管理人应当寻找这种契约优势，因为他们可以通过实际选择持有的基准，来确定全部套期保值。与此同时，他们可以自由地选择一些其他的投资组合，他们认为这些投资组合可以会有更好的回报以获取有关管理费用，当然，也要承担一定的风险。在这种契约的形式下，每个管理人都会具有利用他或她的信息以保持投资组合具有很好前景的动机，这正是在今天机构或私营资金的私营管理人身上所发生的，除非私营管理人没有持有一个有保证的回报。任何在基准回报之上增加的价值都可以被管理者所共享。简言之，当 TF 保持具有市场可以反映信息和所有投资者没有排除那些严格基准化投资组合期望的可能时，这种契约的形式可以保证 TF 的基准回报。

一些劳工团体抗议证券市场中的社会保障基金投资——因为他们认为这样会变相地取悦资本的所有者。但是越来越多的养老基金成为（包括联合养老基金）公司的主要股东，这意味着这种恐惧是杞人忧天的，因为劳动力正逐渐成为资本的主人。②

掉期合约的描述与种类

我们在第 1 章和第 3 章的附录中证明在既定供款情况下，提供既定（实际）给付的——单独或者总额——基金积累性养老金体系必须能够依靠一个固定（实际）回报率，该回报率对于所有参与者是相同的（不包括对再分配的调整）。我们通过两种策略进行实现：（1）在一个普通多元化投资组合中参与者缴费的投资；（2）对美国社会保障管理局与财政部进行掉期。

我们所提议的投资组合——即使经过了最大程度的分散化——也不能确保一个既定的回报。基于这个理由，我们建议 SSA 和美国财政部针对固定实际利率掉期市场进行投资组合回报。在这个合约下，

---

① 企业需要对交易成本、追踪程度等进行积累，以对其进行投标承包。
② Diamond（1999）讨论了股权的投资问题。

为了有关支付 SSA 将会与财政部 5.2%的固定实际回报交换来自于其市场投资组合的（不确定）回报。政治性风险得到了管理，因为对投资的任何干扰将会导致掉期中财政部的较高支付。

一个明显的问题是：合适的实际利率是什么？因为这是一个困难的技术性问题，我们不能假装在这个问题上具有专长，我们的分析和尝试性的回答就归入了附录 5.4。我们也在第 8 章研究了管理得到的利率错误（以简短的形式）解的风险。但是，股票和债券的市场资本化的回顾揭示了在这两种主要资产间进行配置的比例应当为 70∶30。这里我们可以理直气壮地说我们的尝试性回答为 5%～5.5%的实际回报。该结论基于超过一个世纪的证券市场回报以及自 20 世纪 50 年代以来的公司收益记录。它意味着公司资本的无举债、税前回报率平均为 8%～8.5%（税前收益为相关的度量口径，因为对于财政部而言，纳税将会随应缴部分的净值逐渐增加）。即使在布什政府回报的假定下，我们关于 5%～5.5%回报的假定也是可完成的。我们推荐的比率将为财政部提供一个对互换 3%的期望风险升水。我们没有声称解决有关合理风险升水的争论，而是提议在给定长期寿命以及通过提供可能的既定给付而改善参与者的福利这种外部性时，对于财政部而言 3%的升水是合理的。

如果这个掉期是一个"合情合理"的交易，那么它能不能不通过私营投资者或者投机者提供？当然，问题的答案在于财政部获得的风险升水远大于私人投资者增加的部分，因为它将给付从因税收收入增加而产生的外部性中孤立了起来。在第 7 章，我们将讨论有担保回报的私有供给。

从可操作的视角看，可以想象当安排掉期的时候，财政部将建立损失基金以贷记（或借记）市场回报（由 TF 持有的应税股权收益估计加总）和固定利率的差额（也就是说，我们的 5.2%或 5.5%）。我们将为损失基金建立较高或较低限制。假如积累超过了上限，赤字将会转换成盈余，与此同时，将会考虑提高固定掉期率和因此降低缴费

第5章 从PAYGO到普通投资组合积累的转变：美国的实践

水平。如果损失基金低于下限，也将会采取相应措施。[①] 任何由政府进行的"缴费"将会通过对公司较高的课税实现，在第8章中我们将验证该过程是如何通过不定额供款进行管理的。

该方法显然将来自于美国社会保障管理局的有保证的市场回报风险转嫁给了政府。由于其规模以及无限期的寿命，我们赞同政府应处于这种吸收风险的地位。此外，政府能够分散整体的单一投资组合的风险，以及大量群体之上单个工人群体的风险。更重要的是，在对外部性的考虑中，政府应当准备承担最后保险人的角色，这种外部性可能来自于对老年公民平静生活的保证。我们将在第8章回到这个问题，我们将验证资产回报和工资增长的短期波动风险是如何通过不定额供款得以有效管理的。

损失基金的工作模拟

我们对少量投资组合的业绩在两个历史时期进行历史性模拟：（1）1926—2001年的75年期间；（2）1961—2001年的较短的40年。[②] 我们假定——为了简便起见——股票收益由标准普尔500股票指数所广泛代表，而债券组合由20年期财政部债券中的投资回报代表。[③] 我们假定将100美元在第1天以各自的增长率投资于一系列投资组合。该方法忽略了周期性缴费，但我们更加关注资本市场表现及风险。我们创造了4种不同的静态投资组合配置（ALCO 1的30%为股票，ALCO 2的40%为股票，ALCO 3的50%为股票，ALCO 4的60%为股票）。该分析的结果列于表5—1中，且ALCO 5代表了有保证的实际回报业绩（5.2%）。表5—2表示了"损失基金"的业绩。

[①] 一个可替代的方法是将投资组合的业绩在一个较长的时间进行平均，以保证在掉期中减少波动性周期支付。我们感谢David Blake教授对此的评论。

[②] 我们承认历史性模拟的问题代表了诸多可能的未来路径中的唯一一条。理论上，"拔靴法"（bootstrapping）和蒙特卡罗模拟可能被采用，但是这些模拟仅具有指示性作用，而缺乏结论性，因此，这里采取了更容易的方法。

[③] 数据来源于Ibbotson Associates（不同年份）。

表 5—1　不同资产配置条件下掉期合约风险的历史模拟

有保证的实际回报率	5.2%					
1. 1926—2000 年（75 年）		ALCO 1	ALCO 2	ALCO 3	ALCO 4	基准 ALCO 5
标准普尔 500 的回报率（%）		30	40	50	60	0
20 年期财政部债券回报率（%）		70	60	50	40	0
基准（通货膨胀率+有保证回报率%）		0	0	0	0	100
开始时的余额（1926 年开始）		$100	$100	$100	$100	$100
结束时的余额（2000 年结束）		$22 277.98	$34 637.60	$52 215.85	$76 362.98	$39 027.82
时间流基准的百分比（年百分比）		52.00	48.00	49.33	44.00	N/A
时间流基准的百分比（积累百分比）		73.33	62.67	38.67	21.33	N/A
几何平均（回报的年百分比）		7.47	8.11	8.70	9.25	8.28
平均回报（%）		7.89	8.62	9.35	10.07	8.37
最差业绩比 BM（年百分比）		(22.30)	(25.38)	(28.46)	(31.54)	N/A
最差业绩比 BM（积累百分比）		($16 749.84)	($10 531.04)	($4 791.31)	($3 264.31)	N/A
2. 1961—2000 年（40 年）		ALCO 1	ALCO 2	ALCO 3	ALCO 4	ALCO 5
标准普尔 500 的回报率（%）		30	40	50	60	0

第5章 从PAYGO到普通投资组合积累的转变：美国的实践

续前表

20年期财政部债券回报率（%）	70	60	50	40	0	0
基准（通货膨胀率＋有保证回报率%）	0	0	0	0	100	100
开始时的余额（1961年开始）	100	100	100	100	$100	$100
结束时的余额（2000年结束）	$100	$100	$100	$100	$5 127.86	$4 073.37
时间流基准的百分比（年百分比）	$3 008.15	$3 630.06	$4 336.14	40.00	N/A	N/A
时间流基准的百分比（积累百分比）	52.50	47.50	50.00	75.00	N/A	N/A
几何平均（回报的年百分比）	95.00	90.00	80.00	10.34	9.71	
平均回报（%）	8.88	9.40	9.88	10.97	9.75	
最差业绩比基准（年百分比）	9.37	9.90	10.43	(31.54)	N/A	
最差业绩比基准（积累百分比）	(22.30)	(25.38)	(28.46)	($681.17)	N/A	
	($1 279.73)	($1 092.93)	($892.98)			

133

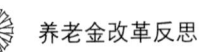

表 5—2　　　　　　不同资产配置条件下损失基金的历史模拟

1926—2000 年（75 年）
损失基金的业绩（美元）

	ALCO 1	ALCO 2	ALCO 3	ALCO 4
1926	5.22	5.60	5.99	6.37
1927	21.04	24.61	28.21	31.83
1928	33.35	43.12	53.22	63.67
1929	27.14	35.06	43.09	51.20
1930	22.03	25.11	27.81	30.12
1931	3.90	1.08	(2.26)	(6.09)
1932	20.35	14.45	8.15	1.51
1933	34.68	34.33	32.83	30.20
1934	36.25	34.20	30.95	26.59
1935	54.20	58.37	60.85	61.59
1936	74.29	84.06	92.02	97.97
1937	40.86	41.78	40.53	37.12
1938	62.38	68.33	71.74	72.48
1939	63.85	68.63	70.73	70.05
1940	56.95	58.16	56.59	52.27
1941	25.13	23.44	19.09	12.22
1942	15.23	17.15	16.04	11.92
1943	18.57	26.42	30.90	31.81
1944	21.45	34.48	44.02	49.69
1945	54.04	77.05	96.43	111.41
1946	(19.66)	(0.06)	15.68	26.93
1947	(69.11)	(46.66)	(27.80)	(13.28)
1948	(87.19)	(63.11)	(42.69)	(26.71)
1949	(67.32)	(36.32)	(8.84)	14.07
1950	(80.06)	(33.33)	11.29	52.21
1951	(115.93)	(54.40)	7.42	67.55
1952	(121.94)	(48.12)	28.13	104.63
1953	(145.22)	(72.18)	2.64	77.01
1954	(77.32)	35.31	156.88	284.65
1955	(64.85)	79.53	241.60	419.00
1956	(130.91)	19.79	191.80	383.32
1957	(178.84)	(38.75)	116.77	284.86
1958	(180.43)	8.90	230.40	482.82

第5章 从PAYGO到普通投资组合积累的转变：美国的实践

续前表

1926—2000年（75年）
损失基金的业绩（美元）

	ALCO 1	ALCO 2	ALCO 3	ALCO 4
1959	(223.56)	(18.33)	226.01	509.50
1960	(217.53)	(3.93)	246.10	531.06
1961	(209.00)	48.01	357.61	720.86
1962	(256.37)	(10.29)	279.87	612.67
1963	(267.05)	21.04	369.11	778.40
1964	(275.15)	49.49	447.59	922.84
1965	(322.23)	31.13	470.41	1.002.18
1966	(439.22)	(105.94)	300.81	783.77
1967	(549.21)	(169.57)	311.09	903.09
1968	(671.21)	(264.10)	258.08	909.76
1969	(925.82)	(548.46)	(66.63)	531.89
1970	(1.034.53)	(631.50)	(121.70)	505.45
1971	(1.070.29)	(611.05)	(29.48)	686.83
1972	(1.149.63)	(623.90)	51.47	895.44
1973	(1.563.04)	(1.089.48)	(492.33)	239.54
1974	(2.113.39)	(1.716.08)	(1.238.04)	(681.15)
1975	(2.307.42)	(1.795.82)	(1.162.51)	(403.07)
1976	(2.414.58)	(1.792.88)	(1.017.51)	(80.54)
1977	(2.946.07)	(2.355.58)	(1.625.53)	(751.34)
1978	(3.576.82)	(2.962.50)	(2.195.73)	(1.268.54)
1979	(4.465.10)	(3.777.85)	(2.900.87)	(1.816.33)
1980	(5.432.99)	(4.610.68)	(3.521.63)	(2.124.15)
1981	(6.463.12)	(5.660.17)	(4.605.69)	(3.264.31)
1982	(6.581.53)	(5.550.00)	(4.219.68)	(2.559.25)
1983	(7.217.96)	(6.035.74)	(4.475.03)	(2.480.61)
1984	(7.784.31)	(6.486.93)	(4.791.68)	(2.648.29)
1985	(7.817.84)	(6.108.95)	(3.873.51)	(1.043.91)
1986	(7.673.05)	(5.610.05)	(2.928.01)	445.24
1987	(8.886.61)	(6.775.95)	(4.005.69)	(487.44)
1988	(9.636.82)	(7.227.68)	(4.041.46)	36.67
1989	(9.930.63)	(6.884.81)	(2.804.73)	2.485.66
1990	(11.571.24)	(8.512.08)	(4.460.05)	732.90
1991	(11.555.26)	(7.692.18)	(2.519.92)	4.181.63

135

续前表

1926—2000 年（75 年）损失基金的业绩（美元）	ALCO 1	ALCO 2	ALCO 3	ALCO 4
1992	(12 504.80)	(8 339.75)	(2 765.57)	4 453.60
1993	(12 801.34)	(8 087.68)	(1 834.71)	6 189.90
1994	(15 143.48)	(10 531.04)	(4 343.41)	3 688.27
1995	(13 798.01)	(7 562.02)	846.52	11 818.14
1996	(15 268.10)	(8 177.32)	1 625.85	14 740.96
1997	(14 346.00)	(5 391.12)	7 191.84	24 302.93
1998	(13 485.83)	(2 544.09)	13 059.06	34 593.95
1999	(16 103.14)	(4 233.89)	13 234.83	38 107.70
2000	(16 749.84)	(4 390.22)	13 189.04	37 335.16
最差情景	(16 749.84)	(10 531.04)	(4 791.68)	(3 264.31)

第一个结论——给定两个时期及 5.2%的目标有保证实际回报（以加入消费者物价指数进行调整）——是对 50%或更高的股票配置（ALCO 3 或 ALCO 4）在两个期间都实现了积累目标；股票低于 50%的配置实现目标的可能性较小，且没有各自实现 8.28%和 9.71%这两个时期的年化名义目标收益。但是，仅仅因该目标在 2000 年底实现并不能说明这些资产组合对财政部没有风险。

我们确定 4 种典型的资产管理风险度量方法，并且对其中一些进行估计。这些风险度量方法为：（1）时间的百分比（使用月度数据），这些配置提供一个低于有保证回报率的年度回报。（2）时间的百分比，这些配置具有低于有保证基金的积累性配置（例如，损失基金具有负头寸的时间百分比）。（3）投资组合业绩差于年度有保证回报率的程度（年度最差业绩以回报的百分比形式表示）。（4）投资组合业绩差于积累性有保证回报率的程度（积累性最差业绩或者以美元形式表示的最差下跌）。

结论分布于这些参数之中，因为所有投资组合及这两个时期都是相对平常的，较高的股票配置导致了：（1）较高的时间百分比，不论年度业绩还是积累性业绩都高于有保证回报率。（2）较高的年度"下跌"风险（最差业绩）。（3）损失基金中较低的积累性减少（这些占

第5章 从PAYGO到普通投资组合积累的转变：美国的实践

最终财富较低的百分比）。较高的年度"下跌"风险不仅是窘境，更是对体系的真正风险，因为社会保障安排是一个多年度的安排，年度下跌相对于积累性下跌更缺乏相关性。总之，本部分揭示了掉期合约是如何起作用的，并且假如在美国实施，对这种掉期如何进行风险统计。这些模拟表明，对于那些股票配置像50%那样低的组合，一个5.2%的有保证的实际回报可以在不同时期进行融资而无剩余风险。

这些模拟没有解释国际多元化及对其他非公共资产的投资（加拿大养老金计划委员会允许私人股权投资），并且我们知道分散化风险的能力越大，以较低回报波动实现目标回报的可能性越大。

回报率是如何影响可选计划的优点的

不止一个问题涉及需要重点讨论的回报率。基金积累性体系超过PAYGO体系的优点取决于一个高回报率吗？这里必须识别长期均衡中体系的优点与从一个体系到另一个体系转变中的问题。根据第一个问题，答案是直白的——如果资本回报率超过实际收入增长率，基金积累性体系以长期缴费率水平和潜在波动为基础支配PAYGO。实际上，对于处于积累的均衡长期缴费率低于PAYGO的必要条件是清晰的。（这种结论与一个众所周知的动态每人消费最优化命题相一致。）很难理解此条件不能实现——至少直到能被察觉的时候。

根据转变问题，该模拟有些不同。正如我们已经验证的，如果 p 没有超过相关的水平（或者如果PAYGO体系在没有提高缴费率的情况下可以关注其养老金债务），那么，对于任何合理的正回报率，我们的体系将会保证在无限期向完全积累的转变，直到形成一个最终较低的伴随单调下降缴费率的缴费（除非最初额外缴费能够由参与者、政府或者通过社会保险盈余促使TF开始积累）。当然，回报率将影响均衡缴费和转变的时间长度。

但是，当PAYGO体系不是自我维持且面临破产时，之前的结论并不一定成立，美国就是这个样子。特别的，在美国因为缺乏政府补助，这个体系将会在21世纪的前25年末出现赤字，并在2042年出现恶化。即使克林顿总统已经提出讨论政府慷慨补助提议，没有PAYGO缴费的大量提高，该体系也不能支付承诺的给付。在这种情况下，TF利息的一部分必须用来堵住因成本率上升而越来越大的窟窿。那么，不能保证我们的体系——即使我们假定政府给付来源于想象中的盈余——在无限期以及没有任何缴费增加的情况下，能够为从PAYGO体系向完全性积累体系转变的"奇迹"进行支付，除非回报率足够高。这就是为什么我们已经验证了需要对参与者施加一个略高的缴费率的原因（与附录5.2的回报相比，附录5.3较低）。

我们没有精确的最小可行比率，但是我们进行了一些模拟，未在此处报告。我们在这里建立了在完全积累情景中可能仍为5%的"奇迹"，虽然付出的代价是将均衡缴费提高至7.4%，且较少猛烈地削减、缴费在早些年潜在地提高很少的数量。① 在部分积累的可选方案中，一个较低的5%的回报率由永久的1.4%缴费提高所补偿。但是，我们前面提到过这些标准路径能够被修正，利用第一次削减的时间与完全积累中转变期持续时间之间的平衡，以及回报率与部分积累中持久性缴费提高之间的平衡。

另一方面，在4%的总回报率时，"奇迹"不再可能发生在完全积累情景之下，因为该体系永远不能积累充足的资产，以便这些资产的回报与均衡缴费一起能够充分补偿最终成本率。即使在这种情况下，完全的转变也是有可能的，但是需要政府、参与者或两者进行额外的缴费。在部分积累的计划中，一个4%的实际回报需要一个2.5%永久性缴费的增加——在这种情况下M-方案就受到了欢迎。由Seidman（1999）提出的该方案利用了4%的回报假设，为了引导转变，需要初始的缴费增加以及轻微的给付减少。

资本中股票的增加对回报率的冲击

最后一个问题，也是必须进行认识的，是基于回报率引入的完全

---

① 那些年这些提高由失败的保险赤字所引发。

第 5 章　从 PAYGO 到普通投资组合积累的转变：美国的实践

积累或部分积累体系可能产生的回馈。毫无疑问，在基金积累性体系达到均衡的时候，将会导致国内资本数量的实质性增加。为了揭示这个问题，我们已经说明，在 5.2% 的回报率和 20% 的成本率下，在完全（部分）积累下 TF 的净资产应当在数量上稳定地等于大约 3.1 (1.6) 倍的工资，或者 2.3 (1.1) 倍的国民收入，因为工资是大约 75% 的国民收入。现在，个人财富对国民收入的比率可以大约在 4.5 左右；因此，新的体系将意味着财富－收入比额外地上升 50%（25%），这将是令人印象深刻的。但是，这并不是故事的全部，因为利率的效应取决于生产性有形资本的增长，它将少于财富的数量，因为后者包括持有的政府债券。如果去掉了这个组成部分，资本对收入的比率近来已经低于 4。因此，资本收入的增加将会接近 57%（30%）。这种变化将会在公司资本的回报率下降中具有非常显著的作用。接受这种估计必须引起我们的警惕。另一方面，TF 财富的增加将会削减在个人财富中的一些偏移减少。但是，一方面，必须记住的是，在一个开放的经济系统中，必须关注"世界"资本的增长，而不仅仅是美国的资本。在部分积累的方案中，该问题被淡化了，因为资产－收入比实际上比较低。

小　结

在本章中，我们努力尝试揭示美国目前的既定给付社会保障结构——其未来已经受到严重威胁——是如何由一个新的、既定给付的体制逐渐替换目前的 PAYGO 而得以永远保存的。我们将美国作为一个例子不仅验证收益是如何保留的，还有不同的转变情景是如何演变以满足这个改革的各种目标（例如，转变的速度、代际公平、部分或者完全积累）。这些新的体制支持目前社会保障体制的福利目标，正如其维持目前的给付一样。

该结论受很多考量支持，其中重要的如下：

养老金改革反思

首先，在PAYGO之下，缴费——实际上是强迫储蓄——被用于积累养老金及之后的消费。在新的基金积累性体系中，这些储蓄被投资于金融资产中，在退休时这些金融资产将会非常可观，并产生使其保持低于PAYGO的必要现金缴费的很大可能（在2075年大约为6%，或者为PAYGO下必要缴费率的大约30%）。

其次，美国错过了一次以分散预算盈余的方式永远降低社会保障缴费的唯一机会。这个盈余——如果用于社会保障，能够给职工带来显著的收益，并且降低劳动力市场的扭曲。这条经验的教训在于未来的盈余应当用于实现更加复杂的改革，这种拖延的代价也是高昂的。

我们推荐了一种向部分积累的转变，并且将这些资产投资于一只普通的基金，该基金保持一个严格的可市场化证券的指数化组合（股票和债券），由政府和私人投资者基于最低投标人的报价进行管理。这样的投资组合具有令人满意的效率特征，并且使那些控制TF的机构失去所有判断能力。如果切实可行的话，我们更加赞成将TF的资产从会计的视角配置到个人账户：（1）使参与者更能意识到其缴费和余额增长之间的关系；（2）使国会消除将TF资产用于其他目的的诱惑；（3）使参与者从其账户中借款成为可能。除此以外，美国社会保障管理局必须与美国财政部进行掉期交易以确保既定给付。

不幸的是，从PAYGO体系向基金积累性体系的转变存在成本，就像储蓄需要被抬高一样，至少临时的，需要对非积累性养老金债务进行积累。我们以适度的额外负担为转变展示了一个操作性计划——也就是说，额外征收的支付平均为1.12%。这个方案的优势在于其确保了代际公平，虽然目前接近退休的参与者可能因这些感到不利。

显然，袖手旁观或者试图将现存的PAYGO体系进行固定的方案都不是合理的选择。因此，承担不可避免的转变成本是值得的。我们建议我们的永久性方案应当比奉行社会保障"私有化"错误概念的一系列建议（其中包括布什政府的一些建议）更可取。这些提议通常仅涉及巨大的风险；因此他们实质性地使承诺的缴费承担一个较高的

第5章 从PAYGO到普通投资组合积累的转变：美国的实践

长期缴费率。严重之处在于其基本特征为向个人管理账户委托缴费的原则。这些不仅仅使管理的成本增加，而且意味着放弃既定给付的社会福利提升原则，而偏好具有严重风险的既定供款方法——尤其对于较为贫穷的、没有多少经验的人们——以及假如保证最低收入后高昂的监管成本。最后而且最重要的是，这些提议将会更加严重地导致养老金收入分配中不必要且人为的不平等性增加。

附录 5.1　零增长率条件下有关转变的动态细节

见表 A5—1—1。

附录 5.2　完美模拟与克林顿政府建议的比较

在 20 世纪 90 年代，克林顿政府制定了一个试图利用当时预算盈余的社会保障计划。其主张运用盈余向体系制进行改革。这就意味着最早把 2000 年前的盈余预留出进行配置。除此以外，克林顿计划预见了在资本市场中对一些 TF 储备进行投资的可能性。该计划基本上包括尽可能长时间地保持现有的 PAYGO 体系及目前的缴费率［见图 A5—2—1 中 12.4% 的水平线（直到 2056 年）］。这个数字同样显示了有美国社会保障管理局对于"中间成本"（intermediate cost case）所预测的成本率。它可以被视作在下一个年代中期前这条线高于缴费线，意味着社会保障体系开始出现赤字。成本率保持上升是因为不受欢迎的人口和生产力行为的不断增加。该赤字可以通过前些年盈余的积累，以及确定预算盈余对社会保障体系有计划的政府转移进行一段时间的补偿（直到第二个 10 年）。但是到 2050 年底，这种缓冲就会耗尽，然而成本率将会高于 PAYGO 缴费的大约 50%。因此，为了使体系以不变的给付保持偿付能力，缴费不得不从 12.4%

养老金改革反思

表 A5—1—1　零增长情况下的转变动态（应税工资的百分比）

假定：
寿命期望=18年
利率=5%
往年TF的潜后利息

	来源	新基金	用途		来源		用途 旧社保体系	
年份	对新基金的缴费 (1)	新基金应收利息 = $(5_{t-1}) \times 5\%$ (2)	新基金养老金 (3)	新基金盈余 = (1)+(2)-(3) (4)	新基金资产 = (5_{t-1})+(4) (5)	养老金或成本率 (6)	必要积累 = (6)-(1) = (3)+(1) (7)	转变成本或政府缴费 = max [(7)-(6),0] (8)	如果政府承担成本时的家庭缴费 (9)
2000	4.84	0.00	0.02	4.82	4.84	22.50	27.32	4.82	22.50
2001	4.84	0.24	0.02	5.06	9.90	22.50	27.32	4.82	22.50
2002	4.84	0.50	0.03	5.31	15.21	22.50	27.31	4.81	22.50
2003	4.84	0.76	0.06	5.54	20.75	22.50	27.28	4.78	22.50
2004	4.84	1.04	0.11	5.77	26.51	22.50	27.23	4.73	22.50
2005	4.84	1.33	0.17	6.00	32.51	22.50	27.17	4.67	22.50
2006	4.84	1.63	0.24	6.23	38.74	22.50	27.10	4.60	22.50
2007	4.84	1.94	0.32	6.46	45.19	22.50	27.02	4.52	22.50
2008	4.84	2.26	0.42	6.68	51.87	22.50	26.92	4.42	22.50
2009	4.84	2.59	0.53	6.90	58.78	22.50	26.81	4.31	22.50
2010	4.84	2.94	0.66	7.12	65.89	22.50	26.68	4.18	22.50
2011	4.84	3.29	0.81	7.32	73.22	22.50	26.53	4.03	22.50

第 5 章　从 PAYGO 到普通投资组合积累的转变：美国的实践

续前表

年份							
2012	4.84	3.66	−0.98	7.52	80.74	22.50	26.36	3.86	22.50
2013	4.84	4.04	1.16	7.72	88.46	22.50	26.18	3.68	22.50
2014	4.84	4.42	1.36	7.90	96.36	22.50	25.98	3.48	22.50
2015	4.84	4.82	1.59	8.07	104.43	22.50	25.75	3.25	22.50
2016	4.84	5.22	1.83	8.23	112.66	22.50	25.51	3.01	22.50
2017	4.84	5.63	2.10	8.37	121.03	22.50	25.24	2.74	22.50
2018	4.84	6.05	2.39	8.50	129.53	22.50	24.95	2.45	22.50
2019	4.84	6.48	2.69	8.63	138.16	22.50	24.65	2.15	22.50
2020	4.84	6.91	3.02	8.73	146.89	22.50	24.32	1.82	22.50
2021	4.84	7.34	3.35	8.83	155.72	22.50	23.99	1.49	22.50
2022	4.84	7.79	3.71	8.92	164.64	22.50	23.63	1.13	22.50
2023	4.84	8.23	4.08	8.99	173.63	22.50	23.26	0.76	22.50
2024	4.84	8.68	4.47	9.05	182.68	22.50	22.87	0.37	22.50
2025	4.84	9.13	4.88	9.09	191.78	22.50	22.46	0.00	22.46
2026	4.84	9.59	5.31	9.12	200.90	22.50	22.03	0.00	22.03
2027	4.84	10.04	5.76	9.12	210.02	22.50	21.58	0.00	21.58
2028	4.84	10.50	6.23	9.11	219.13	22.50	21.11	0.00	21.11
2029	4.84	10.96	6.73	9.07	228.20	22.50	20.61	0.00	20.61
2030	4.84	11.41	7.26	8.99	237.19	22.50	20.08	0.00	20.08
2031	4.84	11.86	7.80	8.90	246.09	22.50	19.54	0.00	19.54
2032	4.84	12.30	8.38	8.76	254.85	22.50	18.96	0.00	18.96
2033	4.84	12.74	8.99	8.59	263.45	22.50	18.35	0.00	18.35
2034	4.84	13.17	9.62	8.39	271.84	22.50	17.72	0.00	17.72
2035	4.84	13.59	10.29	8.14	279.98	22.50	17.05	0.00	17.05
2036	4.84	14.00	10.99	7.85	287.83	22.50	16.35	0.00	16.35

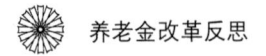

续前表

2037	4.84	14.39	11.73	7.50	295.33	22.50	15.61	0.00	15.61
2038	4.84	14.77	12.50	7.11	302.44	22.50	14.84	0.00	14.84
2039	4.84	15.12	13.31	6.65	309.09	22.50	14.03	0.00	14.03
2040	4.84	15.45	14.16	6.13	315.22	22.50	13.18	0.00	13.18
2041	4.84	15.76	14.98	5.62	320.84	22.50	12.36	0.00	12.36
2042	4.84	16.04	15.77	5.11	325.96	22.50	11.57	0.00	11.57
2043	4.84	16.30	16.53	4.61	330.57	22.50	10.81	0.00	10.81
2044	4.84	16.53	17.25	4.12	334.68	22.50	10.09	0.00	10.09
2045	4.84	16.73	17.94	3.63	338.32	22.50	9.40	0.00	9.40
2046	4.84	16.92	18.58	3.18	341.49	22.50	8.76	0.00	8.76
2047	4.84	17.07	19.19	2.72	344.22	22.50	8.15	0.00	8.15
2048	4.84	17.21	19.75	2.30	346.52	22.50	7.59	0.00	7.59
2049	4.84	17.33	20.27	1.90	348.41	22.50	7.07	0.00	7.07
2050	4.84	17.42	20.74	1.52	349.94	22.50	6.60	0.00	6.60
2051	4.84	17.50	21.26	1.08	351.01	22.50	6.08	0.00	6.08
2052	4.84	17.55	21.85	0.54	351.55	22.50	5.49	0.00	5.49
2053	4.84	17.58	22.10	0.32	351.87	22.50	5.24	0.00	5.24
2054	4.84	17.59	22.30	0.13	352.00	22.50	5.04	0.00	5.04
2055	4.84	17.60	22.44	0.00	352.00	22.50	4.90	0.00	4.90
2056	4.84	17.60	22.51	(0.07)	351.93	22.50	4.83	0.00	4.83
2057	4.84	17.60	22.51	(0.07)	351.86	22.50	4.83	0.00	4.83
2058	4.84	17.59	22.51	(0.08)	351.78	22.50	4.83	0.00	4.83
2059	4.84	17.59	22.51	(0.08)	351.70	22.50	4.83	0.00	4.83
2060	4.84	17.59	22.51	(0.08)	351.62	22.50	4.83	0.00	4.83

第5章 从PAYGO到普通投资组合积累的转变：美国的实践

表 A5—2—1　通过"盈余"方式弥补转变成本的有关模拟细节（与克林顿政府的提案进行比较）（应税工资的百分比）

假定：
寿命期望＝18年
利率＝5.5%
在年TF的滞后利息

	养老金成本率 (1)	对养老金的家庭缴费 (2)	退税 (3)	政府津贴 (4)	全部缴费＝(2)＋(3)＋(4) (5)	信托基金应计利息＝(9)$t-1$×(int Rate ρ) (6)	对社保体系的流入＝(6)＋(5) (7)	社会保障盈余＝(7)－(1) (8)	信托基金＝(9)$t-1$＋(8) (9)	全部资产/给付＝(9)/(1) (10)	克林顿政府缴费 (11)
2002	10.53	12.38	0.33	2.20	14.91	0.83	15.74	5.21	33.91	322	12.38
2003	10.44	12.37	0.32	2.00	14.69	1.12	15.81	5.37	39.28	376	12.37
2004	10.49	12.38	0.32	2.40	15.10	0.75	15.85	5.36	44.63	425	12.38
2005	10.46	12.39	0.33	2.50	15.22	1.07	16.29	5.83	50.47	482	12.39
2006	10.49	12.39	0.33	3.00	15.72	1.31	17.03	6.54	57.01	543	12.39
2007	10.57	12.41	0.33	3.40	16.14	1.54	17.68	7.11	64.12	607	12.41
2008	10.67	12.40	0.35	3.80	16.55	1.80	18.35	7.68	71.79	673	12.40
2009	10.84	12.40	0.36	4.10	16.86	2.15	19.01	8.17	79.97	738	12.40
2010	11.03	12.40	0.38	4.30	17.08	2.48	19.56	8.53	88.50	802	12.40
2011	11.25	12.40	0.43	4.50	17.33	2.83	20.16	8.91	97.41	866	12.40
2012	11.69	12.40	0.45	4.60	17.46	3.21	20.67	8.98	106.38	910	12.40
2013	12.14	12.41	0.48	4.60	17.48	3.58	21.06	8.93	115.31	950	12.41
2014	12.58	12.41	0.50	4.50	17.41	3.96	21.37	8.79	124.10	987	12.41

145

续前表

2015	12.36	12.40	0.50	0.00	12.90	4.34	17.24	4.88	128.99	104.4	12.40
2016	12.74	12.40	0.52	0.00	12.92	4.51	17.44	4.70	133.69	1 050	12.40
2017	13.11	12.40	0.54	0.00	12.94	4.71	17.65	4.54	138.22	1 054	12.40
2018	13.49	12.40	0.57	0.00	12.97	4.89	17.86	4.37	142.60	1 057	12.40
2019	13.86	12.40	0.59	0.00	12.99	5.08	18.06	4.20	146.80	1 059	12.40
2020	14.24	12.40	0.61	0.00	13.01	5.26	18.27	4.03	150.82	1 059	12.40
2021	14.59	12.40	0.63	0.00	13.03	5.43	18.46	3.87	154.69	1 060	12.40
2022	14.95	12.40	0.65	0.00	13.05	5.57	18.62	3.67	158.36	1 059	12.40
2023	15.30	12.40	0.68	0.00	13.08	5.70	18.78	3.48	161.84	1 058	12.40
2024	15.66	12.40	0.70	0.00	13.10	5.83	18.92	3.27	165.11	1 055	12.40
2025	16.01	12.40	0.72	0.00	13.12	5.94	19.06	3.05	168.16	1 050	12.40
2026	16.26	12.40	0.74	0.00	13.14	6.05	19.19	2.94	171.10	1 053	12.40
2027	16.50	12.40	0.75	0.00	13.16	6.13	19.28	2.78	173.88	1 054	12.41
2028	16.75	12.41	0.77	0.00	13.17	6.19	19.36	2.62	176.49	1 054	12.41
2029	16.99	12.41	0.78	0.00	13.19	6.25	19.44	2.45	178.94	1 053	12.41
2030	17.24	12.41	0.80	0.00	13.21	6.30	19.51	2.27	181.21	1 051	12.41
2011	17.34	12.41	0.81	0.00	13.22	6.34	19.56	2.22	183.42	1 058	12.41
2032	17.45	12.41	0.82	0.00	13.23	6.42	19.65	2.20	185.62	1 064	12.41
2033	17.55	12.40	0.83	0.00	13.23	6.50	19.73	2.18	187.80	1 070	12.40
2034	17.66	12.40	0.84	0.00	13.24	6.57	19.81	2.16	189.96	1 076	12.40
2035	17.76	12.40	0.85	0.00	13.25	6.65	19.90	2.14	192.10	1 082	12.40
2036	17.76	12.40	0.85	0.00	13.25	6.72	19.98	2.21	194.31	1 094	12.40

第 5 章　从 PAYGO 到普通投资组合积累的转变：美国的实践

续前表

2037	17.76	12.40	0.85	0.00	13.25	6.80	20.05	2.29	196.60	1 107	12.40
2038	17.77	12.40	0.86	0.00	13.26	6.88	20.14	2.37	198.97	1 120	12.40
2039	17.77	12.40	0.86	0.00	13.26	6.96	20.22	2.45	201.42	1 134	12.40
2040	17.77	12.40	0.86	0.00	13.26	7.05	20.31	2.54	203.96	1 148	12.40
2041	17.77	12.40	0.86	0.00	13.26	7.14	20.40	2.63	206.59	1 162	12.40
2042	17.77	12.40	0.86	0.00	13.26	7.27	20.54	2.76	209.36	1 178	12.40
2043	17.78	12.40	0.87	0.00	13.27	7.41	20.68	2.90	212.26	1 194	12.40
2044	17.78	12.40	0.87	0.00	13.27	7.56	20.82	3.05	215.30	1 211	12.40
2045	17.78	12.40	0.87	0.00	13.27	7.71	20.98	3.20	218.50	1 229	12.40
2046	17.81	12.40	0.87	0.00	13.27	7.87	21.14	3.33	221.83	1 246	12.40
2047	17.84	12.40	0.88	0.00	13.28	7.99	21.26	3.43	225.26	1 263	12.40
2048	17.86	12.40	0.88	0.00	13.28	8.11	21.39	3.53	228.79	1 281	12.40
2049	17.89	12.40	0.89	0.00	13.29	8.24	21.52	3.63	232.42	1 299	12.40
2050	17.92	12.40	0.89	0.00	13.29	8.37	21.66	3.74	236.16	1 318	12.40
2051	17.98	12.40	0.89	0.00	13.29	8.50	21.80	3.81	239.97	1 334	12.40
2052	18.05	12.40	0.90	0.00	13.30	8.69	21.98	3.94	243.90	1 351	12.40
2053	18.11	12.40	0.90	0.00	13.30	8.88	22.18	4.07	247.97	1 369	12.40
2054	18.18	12.40	0.91	0.00	13.31	9.08	22.38	4.21	252.18	1 387	12.40
2055	18.24	12.40	0.91	0.00	13.31	9.28	22.59	4.35	256.53	1 406	12.40
2056	18.31	12.40	0.92	0.00	13.32	9.49	22.81	4.50	261.02	1 425	18.31
2057	18.38	12.40	0.92	0.00	13.32	9.66	22.98	4.60	265.62	1 445	18.38
2058	18.46	12.40	0.93	0.00	13.33	9.83	23.16	4.70	270.32	1 465	18.46

— 147

续前表

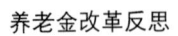

2059	18.53	12.40	0.93	0.00	13.33	10.00	23.34	4.81	275.13	1 485	18.53
2060	18.60	12.40	0.94	0.00	13.34	10.18	23.52	4.92	280.05	1 506	18.60
2061	18.68	12.40	0.94	0.00	13.34	10.36	23.71	5.03	285.08	1 526	18.68
2062	18.75	12.40	0.95	0.00	13.35	10.55	23.90	5.14	290.22	1 548	18.75
2063	18.83	12.40	0.95	0.00	13.35	10.74	24.09	5.26	295.48	1 569	18.83
2064	18.90	12.40	0.96	0.00	13.36	10.93	24.29	5.38	300.87	1 592	18.90
2065	18.98	12.40	0.96	0.00	13.36	11.13	24.49	5.51	306.38	1 614	18.98
2066	19.06	12.40	0.97	0.00	19.36	11.34	24.70	5.64	312.02	1 637	19.06
2067	19.14	12.40	0.97	0.00	13.37	11.54	24.91	5.77	317.79	1 660	19.14
2068	19.22	12.40	0.98	0.00	13.37	11.76	25.13	5.91	323.70	1 684	19.22
2069	19.30	12.39	0.98	0.00	13.38	11.98	25.35	6.05	329.76	1 709	19.30
2070	19.38	12.39	0.99	0.00	13.38	12.20	25.58	6.20	335.96	1 734	19.38
2071	19.46	12.39	0.99	0.00	13.39	12.43	25.82	6.36	342.32	1 759	19.46
2072	19.53	6.19	1.00	0.00	7.19	12.67	19.86	0.33	342.64	1 754	19.53
2073	19.61	6.19	1.00	0.20	7.20	12.68	19.88	0.27	342.91	1 749	19.61
2074	19.68	6.20	1.01	0.00	7.20	12.69	19.89	0.21	343.12	1 743	19.68
2075	19.76	6.20	1.01	0.00	7.21	12.70	19.91	0.15	343.26	1 737	19.76
2076	19.83	6.20	1.01	0.00	7.21	12.70	19.91	0.08	343.35	1 731	19.76
2077	19.90	6.20	1.02	0.00	7.22	12.70	19.92	0.02	343.37	1 725	19.76
2078	19.97	6.20	1.02	0.00	7.22	12.70	19.93	(0.04)	343.33	1 719	19.76
2079	20.04	6.20	1.03	0.00	7.23	12.70	19.93	(0.11)	343.22	1 713	19.76
2080	20.11	6.20	1.03	0.00	7.23	12.70	19.93	(0.18)	343.03	1 706	19.76

第5章 从PAYGO到普通投资组合积累的转变：美国的实践

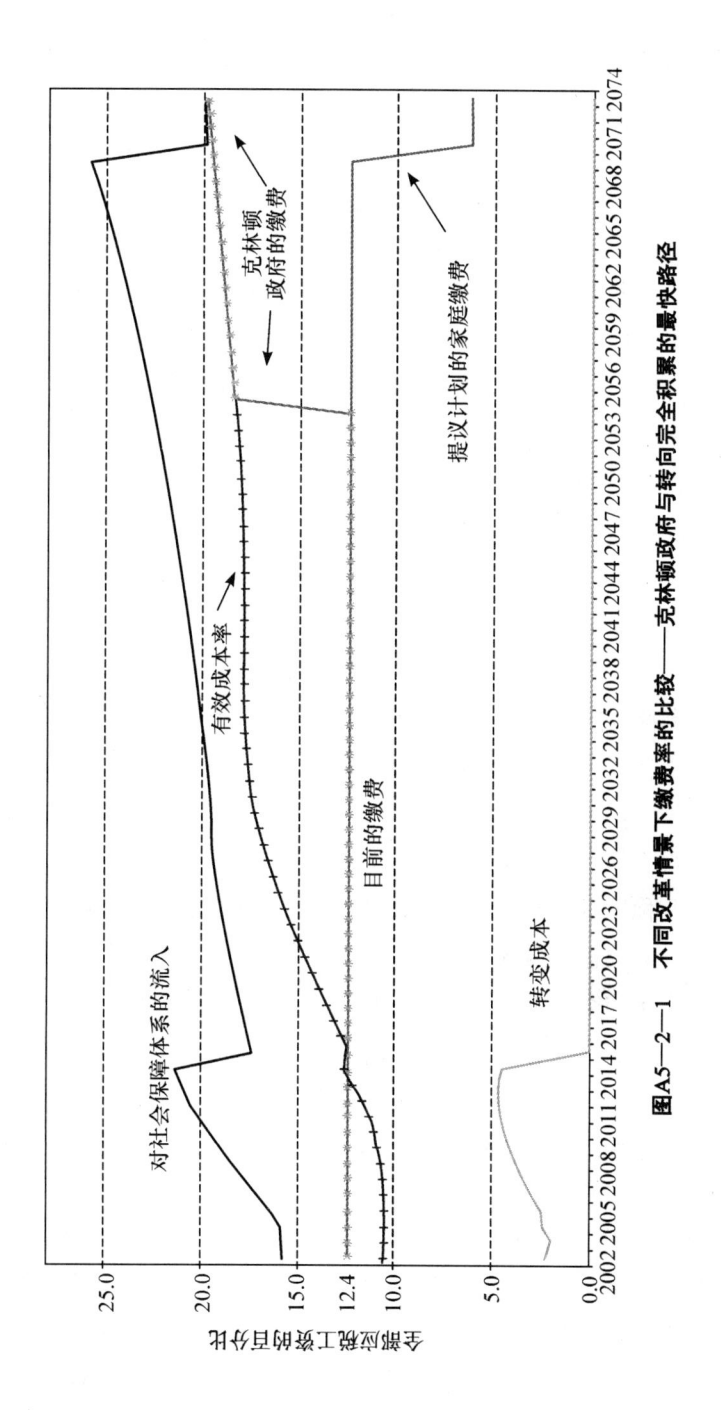

图A5—2—1 不同改革情景下缴费率的比较——克林顿政府与转向完全积累的最快路径

大幅上调到 18.5%，并逐渐达到 19.5%。这种情况在图 A5—2—1 中由标为"克林顿政府的缴费"的线所表示。作为另一种可选方案，我们将不得不对给付下调三分之一（违背了以往的承诺），或者进行这两种不受欢迎措施的结合。进一步的，即使这种大幅的补偿能够避免今后更多的问题，也不会存在任何保证了。简言之，政府计划没有对社会保障危机提供长期的解决方案。但是，通过把预算盈余转移到社会保障体系，人们一度努力尝试积累更多的储蓄。

图 A5—2—1 验证了能够确保最快实现均衡、缴费稳态水平以及剩余盈余部分资产的缴费路径，后者缴费应当永远受到不能超过目前水平 12.4% 的约束。并不令人惊讶的是，我们发现最快实现完全积累的可能路径是一个保持最高可能缴费（确保最快的资本积累）的路径，但最高缴费明显就是目前的缴费。该缴费应当保持到积累至资产的均衡数量那一天。对于这一点，缴费自身突然被削减到均衡水平，稳定状态就实现了（如果成本率从那以后保持稳定）。这就证明了在对美国预测的成本率和假定 5.5% 有保证的回报率时，资产－工资比的均衡值仅仅超过 3 倍，且相应均衡缴费率为大约 6.2%。如果我们将我们的改革在 2000 年之前早些年实施，那么低于 5.2% 的回报率将会实现。简言之，拖延已经影响到了向一个更加稳定系统转变的成本。达到稳定状态的（最短）必要时间取决于最初的路径以及其他影响社会保障收益的因素。

在美国的案例中，给定初始的 TF，最初缴费率为 12.4%，以及假定缴费来源于政府盈余，我们最短的时间为 60 年。这条"最短路径"在图 A5—2—1 中由两条水平线的组合表示，一条从目前 12.4% 的缴费率开始到 2072 年结束，另一条以 6.2% 从同一年开始并且也达到相应稳定状态。

但是上面提到的"最快轨迹"看起来并不像一个令人满意的方案，因为它产生了"无法承受"的代际公平问题。作为劳动力参与的流线型形式，我们发现那些从现在到 2020 年参加工作的人们——将在 2072 年退休——将会维持目前的缴费率，并且为资本的扩容做出

第5章 从PAYGO到普通投资组合积累的转变：美国的实践

贡献。但是，他们不会从50%的迅速缴费削减中获得好处，获得好处的只是那些2072年后参加工作的人们！但是我们已经说明我们的方案与可选缴费路径的主线相一致。容易发现代际公平问题可以通过任何在最快路径的末端降低缴费的途径进行缓解，其代价是降低了积累的速度，并因此推迟稳定状态的到达。这种延长使得较老的一代分享了即将获得的改进，其代价是减少了后代的有利条件，也就降低了主题中提案的优势。

附录5.3 我们的计划中有关转变的细节

见表A5—3—1。

附录5.4 回报率的选择

我们的提案的一条基本原则是通过对社会保障体系进行强制缴费积累资产而承诺的回报率应当大约——尽可能地接近（边际风险）——对资本调整后的回报——也就是说，每年的实际美元数量，即每100美元的投资经一段合适的时间和风险调整后对实际GNP税前平均增加数量。这些相关的回报为税前的，因为公司的利得税对于财政部是一笔收入，必须计入税后回报。

假定长期托宾q为1，在历史上的股权回报数据平均值帮助下我们可以获得这个数值的估计。我们从美国可以获得的近两个世纪的股票市场回报开始估计（Siegel，1994 and 1999）。这意味着，在几十年间，股票的平均回报可以是显著稳定的——大约为7%。但是，必须考虑两个重要的调整。第一，股票的回报符合收益，当企业部分地由债券融资时，收益不是一个衡量资本回报的令人满意的手段（例如，当其具有一个"杠杆式"资本结构时）。资本的回报为包含

表 A5—3—1

假定：
寿命期望=18年
利率=5.5%
在年 TF 的滞后利息

	养老金成本率	对养老金的家庭缴费	退税	政府津贴	全部缴费=(2)+(3)+(4)	信托基金应计利息=(9)t-1×(int Rate-ρ)	对社保体系的流入=(6)+(5)	社会保障盈余=(7)-(1)	信托基金=(9)t-1+(8)	全部资产/给付=(9)/(1)	克林顿政府缴费
2002	10.85	12.40	0.33	1.12	13.85	0.68	14.53	3.68	30.03	277	12.40
2003	10.51	12.40	0.32	1.12	13.84	0.90	14.74	4.23	34.26	326	12.40
2004	10.47	11.40	0.32	1.12	13.84	0.55	14.39	3.92	38.18	365	12.49
2005	10.46	12.39	0.33	1.12	13.84	0.80	14.64	4.18	42.36	405	12.49
2006	10.49	12.39	0.33	1.12	13.84	0.97	14.81	4.32	46.68	445	12.39
2007	10.57	12.41	0.33	1.12	13.86	1.12	14.98	4.41	51.09	483	12.41
2008	10.67	12.40	0.35	1.12	13.87	1.28	15.15	4.48	55.57	521	12.40
2009	10.84	12.40	0.36	1.12	13.88	1.50	15.38	4.54	60.11	555	12.40
2010	11.03	12.40	0.38	1.12	13.90	1.68	15.58	4.55	64.67	586	12.40
2011	11.25	12.40	0.43	1.12	13.95	1.88	15.83	4.58	69.24	615	12.40
2012	11.69	12.40	0.45	1.12	13.98	2.08	16.05	4.36	73.60	629	12.40
2013	12.14	12.41	0.48	1.12	14.00	2.26	16.26	4.12	77.73	640	12.41
2014	12.58	12.41	0.50	1.12	14.03	2.44	16.47	3.89	81.61	649	12.41
2015	12.36	12.40	0.50	1.12	14.02	2.61	16.63	4.27	85.88	695	12.40

第5章 从PAYGO到普通投资组合积累的转变：美国的实践

续前表

2016	12.74	12.40	0.52	1.12	14.04	2.75	16.79	4.05	89.94	706	12.40
2017	13.11	12.40	0.54	1.12	14.06	2.90	16.96	3.85	93.78	715	12.40
2018	13.49	12.40	0.57	1.12	14.09	3.04	17.12	3.64	97.42	722	12.40
2019	13.86	12.40	0.59	1.12	14.11	3.18	17.28	3.42	100.84	727	12.40
2020	14.24	12.40	0.61	1.12	14.13	3.31	17.44	3.20	104.04	731	12.40
2021	14.59	12.40	0.63	1.12	14.15	3.43	17.59	2.99	107.03	733	12.40
2022	14.95	12.40	0.65	1.12	14.17	3.53	17.71	2.76	109.79	734	12.40
2023	15.30	12.40	0.68	1.12	14.20	3.62	17.82	2.52	112.30	734	12.40
2024	15.66	12.40	0.70	1.12	14.22	3.71	17.92	2.27	114.57	732	12.40
2025	16.01	12.40	0.72	1.12	14.24	3.78	18.02	2.01	116.58	728	12.40
2026	16.26	12.40	0.74	1.12	14.26	3.85	18.11	1.85	118.43	729	12.40
2027	16.50	12.40	0.75	1.12	14.28	3.88	18.16	1.66	120.09	728	12.40
2028	16.75	12.41	0.77	1.12	14.29	3.91	18.21	1.46	121.55	726	12.41
2029	16.99	12.41	0.78	1.12	14.31	3.94	18.25	1.26	122.81	723	12.41
2030	17.24	12.41	0.80	1.12	14.33	3.95	18.28	1.04	123.85	718	12.41
2031	17.34	12.41	0.81	1.12	14.34	3.96	18.30	0.96	124.81	720	12.41
2032	17.45	12.41	0.82	1.12	14.35	3.99	18.34	0.89	125.70	720	12.41
2033	17.55	12.40	0.83	1.12	14.35	4.02	18.38	0.82	126.53	721	12.40
2034	17.66	12.40	0.84	1.12	14.36	4.05	18.41	0.75	127.28	721	12.40
2035	17.76	12.40	0.85	1.12	14.37	4.07	18.44	0.68	127.96	721	12.40
2036	17.76	12.40	0.85	1.12	14.37	4.09	18.47	0.70	128.67	724	12.40
2037	17.76	12.40	0.85	1.12	14.37	4.12	18.49	0.73	129.40	728	12.40

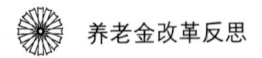

续前表

2038	17.77	12.40	0.86	1.12	14.38	4.14	18.52	0.75	130.15	733	12.40
2039	17.77	12.40	0.86	1.12	14.38	4.16	18.54	0.77	130.92	737	12.40
2040	17.77	12.40	0.86	1.12	14.38	4.19	18.57	0.80	131.72	741	12.40
2041	17.77	12.40	0.86	1.12	14.38	4.22	18.60	0.83	132.55	746	12.40
2042	17.77	12.40	0.86	1.12	14.38	4.27	18.65	0.88	133.43	751	12.40
2043	17.78	12.40	0.87	1.12	14.39	4.32	18.71	0.93	134.36	756	12.40
2044	17.78	12.40	0.87	1.12	14.39	4.38	18.77	0.99	135.35	761	12.40
2045	17.78	12.40	0.87	1.12	14.39	4.44	18.83	1.05	136.40	767	12.40
2046	17.81	12.40	0.87	1.12	14.39	4.50	18.90	1.09	137.48	772	12.40
2047	17.84	12.40	0.88	1.12	14.40	4.54	18.93	1.10	138.58	777	12.40
2048	17.86	12.40	0.88	1.12	14.40	4.57	18.98	1.11	139.69	782	12.40
2049	17.89	12.40	0.89	1.12	14.41	4.61	19.02	1.12	140.82	787	12.40
2050	17.92	12.40	0.89	1.12	14.41	4.65	19.06	1.14	141.96	792	12.40
2051	17.98	12.40	0.89	1.12	14.41	4.68	19.10	1.11	143.07	796	12.40
2052	18.05	12.40	0.90	1.12	14.42	4.75	19.17	1.12	144.19	799	12.40
2053	18.11	12.40	0.90	1.12	14.42	4.82	19.24	1.11	145.32	802	12.40
2054	18.18	12.40	0.91	1.12	14.43	4.88	19.31	1.13	146.45	806	12.40
2055	18.24	12.40	0.91	1.12	14.43	4.95	19.38	1.14	147.59	809	12.40
2056	18.31	12.40	0.92	1.12	14.44	5.02	19.45	1.14	148.73	812	17.40
2057	18.38	12.40	0.92	1.12	14.44	5.06	19.50	1.11	149.85	815	17.46
2058	18.46	12.40	0.93	1.12	14.45	5.09	19.54	1.09	150.93	818	17.53
2059	18.53	12.40	0.93	1.12	14.45	5.13	19.59	1.06	151.99	820	17.59

第5章 从PAYGO到普通投资组合积累的转变：美国的实践

续前表

2060	18.60	12.40	0.94	1.12	14.46	5.17	19.63	1.03	153.02	823	17.66
2061	18.68	12.40	0.94	1.12	14.46	5.20	19.67	0.99	154.01	825	17.73
2062	18.75	12.40	0.95	1.12	14.47	5.24	19.70	0.95	154.96	826	17.80
2063	18.83	12.40	0.95	1.12	14.47	5.27	19.74	0.91	155.87	828	17.88
2064	18.90	12.40	0.96	1.12	14.48	5.30	19.78	0.87	156.75	829	17.95
2065	18.98	12.40	0.96	1.12	14.48	5.33	19.81	0.83	157.57	830	18.02
2066	19.06	12.40	0.97	1.12	14.48	5.36	19.84	0.78	158.36	831	18.09
2067	19.14	12.40	0.97	1.12	14.49	5.38	19.87	0.73	159.09	831	18.17
2068	19.22	12.39	0.98	1.12	14.49	5.41	19.90	0.68	159.77	831	18.24
2069	19.30	12.39	0.98	1.12	14.50	5.43	19.93	0.63	160.40	831	18.32
2070	19.38	12.39	0.99	1.12	14.50	5.45	19.95	0.57	160.97	830	18.39
2071	19.46	12.39	0.99	1.12	14.51	5.47	19.98	0.52	161.49	829	18.46
2072	19.53	12.39	1.00	1.12	14.51	5.49	20.00	0.47	161.96	829	18.53
2073	19.61	12.40	1.00	1.12	14.52	5.51	20.02	0.42	162.38	828	18.61
2074	19.68	12.40	1.01	1.12	14.52	5.52	20.04	0.36	162.74	827	18.68
2075	19.76	12.40	1.01	1.12	14.53	5.53	20.06	0.30	163.05	825	18.75
2076	19.83	12.40	1.01	1.11	14.53	5.54	20.08	0.25	163.29	823	18.75
2077	19.90	12.40	1.02	1.12	14.54	5.55	20.09	0.19	163.48	822	18.74
2078	19.97	12.40	1.02	1.12	14.54	5.56	20.10	0.13	163.61	819	18.74
2079	20.04	12.40	1.03	1.12	14.55	5.56	20.11	0.07	163.68	817	18.73
2080	20.11	12.40	1.03	1.12	14.55	5.57	20.12	0.01	163.69	814	18.73

相同比例全部未清偿可市场化债务的投资组合的回报——股份和债券（或者，同样的，股票和债券回报的加权平均）——由企业"市场资本化"中的每项工具的份额进行加权。这是我们认同的精确过程：投资于一个指数化的投资组合，该组合包含股票和债券的市场投资组合的合适比例。现在，一个使用可得数据的快速检验（例如美国基金账户的联储流量）表明全部资本化股权份额为——平均的——70%。结合约3%的实际利率的估计，会导致约6%的资本回报估计。Bosworth（1996）对于美国经济中资本实际回报获得了6.2%的估计。

但是，这是一个全部公司资本在企业所得税后得到的回报估计。作用于杠杆收益的大约30%的企业所得税，加上大约3.3%的实际利率下30%的债务，产生了全部资本税前回报8%的估计，包括：利息为1%；税前股权收益为7%，其中的2%可归因于税收的作用。对于无举债市场投资组合，该税前回报的估计接近众所周知的Poterba（1998）估计，该估计断言"在企业的非融资部门资本的税前回报在1959—1996年期间平均为8.5%（p.1）"[①]。基于这些考虑，我们得出了8%~8.5%的税前、无举债回报估计。

但是，我们必须认识到，2%的额外收益估计对于财政部来自于增值税的收入而言可能是有偏差的。其成立的假设为所有在企业非杠杆股权中的TF投资伴随平等的必要股权扩张，或者同等的，所有其他市场证券的持有者没有减少其期望持仓量。如果这种情况发生了，我们就高估了税收收入。另一方面，增加的资本使收益及其他收入一同增长，例如劳动力，在这种程度上我们的估计是向下偏离的。例如，Feldstein and Samwick（1999）遵循了这个路线，并且以一个非常相似的税收效应估计结束。可以推测，只有经验才能建立这种真实效应。如果缴费率可以合理地修正——向上或向下，那么这种经验就可以起到支配作用。

---

① 见 Poterba（1998）。

第5章　从PAYGO到普通投资组合积累的转变：美国的实践

附录5.5　转变的一般分析方法——最优缴费和资产－工资比的确定

对于美国我们主张对缴费率实行适度的一步到位式的永久性提高，这样将会导致在一个部分积累、部分PAYGO的结构中能够保证目前给付的"永久性"积累。我们在这里表明这种方法在合适的条件下可以在任何地方采用，并且说明如何对其进行操作性估计。这种合适的条件本质上是成本率 p_t 应当逐渐集中于一个长期稳态值 p^*。该条件在美国社会保障管理局为美国制定的长期计划中得到了恰当满足。

我们已经在第3章对下面进行了定义：
- a_t 为时间 t 积累性体系中的资产；
- w_t 为时间 t 的工资；
- r 为资本的长期回报，ρ 为实际工资的增长（为了简化表达，此处假定为固定值）；
- A_t 为时间 t 的资产－工资比。

我们假定 c 为加速的、新的、既定供款率（缴费除以工资），那么基金积累性体系的盈余 s_t，由以下公式表示：

$$s_t = A_{t-1}(r-\rho) + c - p_t = A_t - A_{t-1} \tag{A5.5.1}$$

令 T 为达到稳定状态的时间，那么，从等式A5.5.1可以得到，

$$s_T = A_{T-1}(r-\rho) + c - p^* = 0 \tag{A5.5.2}$$

从系统中资产积累的途径我们也知道，A_{T-1} 将会由初始资产中的增长，加上缴费，减去养老金所决定（全部以复合利率积累至最后时刻）。如果我们定义 $\sum$ 作为从时刻0到 t 的求和算子，$\prod$ 作为从时刻0到 t 的乘积算子，令 ρ 等于0，那么我们可以把 A_{T-1} 重新写成：

_157

$$A_{T-1} = A_0 \prod\nolimits_{T-1}(1+r)^t + c\{(\prod\nolimits_{T-1}(1+r)^t - 1)/r\}$$
$$- \sum\nolimits_{T-1}\{p_t \prod\nolimits_{T-1-t}(1+r)^t\} \quad (A5.5.3)$$

对于等式 A5.5.2 和 A5.5.3，有两个等式和两个未知数（c 和 A_{T-1}），可以联立解出新稳定缴费 c 的值。特别的，我们所计划的改革和由此产生的模拟中，对 c 和 A_{T-1} 的选择成为表 A5-3-1 中所示的与美国有关的变量值（A5.5.2）和（A5.5.3）的（唯一）解。

$$(T=80, p^* = 20.1\%, r-\rho = 4\%, A(0) = 0.3)$$

如果我们注意到最后的 1.636 9 的 A_{T-1} 的最终参数，以及 14.55% 的 c（12.40% 的基本缴费，加上 1.03% 的退税，再加上 1.13% 的额外缴费），那么等式 A5.5.2 与 A5.5.3 非常接近（可能存在的不同之处在于 ρ 是非静态的，也就影响了组合的结果）。最后，我们注意到政府可能希望对 A 的值加以限制，这是一个对更加一般化的结果的额外限制。我们将在第 8 章中对其进行深入讨论。

第6章 西班牙的社会保障改革

（与 Pedro Sainz de Baranda 合著）

西班牙的社会保障体系改革

由社会保障管理局（Instituto Nacional de la Seguridad Social，INSS）管理的西班牙公共养老金体系是社会保护系统的一大支柱。该体系目前为 PAYGO 体系，且由于影响不少国家——尤其是欧洲——的趋势而面临日益增长的三种财务压力：

1. 越来越慷慨——政客们为那些社会上狮子大开口的群体提高了实际养老金。此外，养老金体系时常作为一种竞选工具。

2. 劳动力市场的恶化——20世纪80年代和20世纪90年代失业的增加在低于其理论潜能下侵蚀了工资税的基础。

3. 人口变化——寿命预期的增长与1975年之后生育率的显著下降一起提高了老年人的赡养率。有关研究表明，这个比率还会进一步上升。为了维持养老金的承诺，在所有其他条件不变的情况下，现存工资基础将会有更大的财政压力。

西班牙公共养老金体系的未来引发了很多争论，并且近些年也有很多针对改革的建议。引导走向一些积极的系统改革的 Pacto de Toledo（1995）安排已经显得特别重要。20世纪90年代后期及2000—

2003年的经济迅速扩张为西班牙的公共养老金体系创造了少量盈余，并且在一些周期中，产生了对金融波动安全的潜在错觉。由于目击到邻近的法国因推动改革而引发的紧张和罢工，政府已经将改革一直推迟到2004年大选后。尽管几家机构——包括经济合作与发展组织（OECD）——给出了建议，改革还是推迟了，而该改革对于养老金体系的维系异常重要（Garrido，2003）。

本章利用以往章节中描述的部分或全部积累的要素对西班牙体系的最近一次改革进行评论。我们首先对西班牙公共养老金体系进行简要描述，包括其最近20年的财务状况。接着我们通过检验其对主要人口和宏观经济变量的敏感性对体系的未来进行评估，这些变量就可以或者将能够对公共养老金体系未来积累的前景产生影响。之后，我们对潜在改革对体系的影响进行评估，包括已经由雇主、政策制定者和工会讨论的两个具体问题：（1）64岁之后弹性退休的实行；（2）从退休前最后的15年到最后的35年用于计算退休养老金的年数延伸。接着，我们详细地检验了我们改革计划的适用性，以及向西班牙基金积累性（与第5章类似）社会保障体系的转变。有关模拟表明其自身积累以及与附加改革进行组合后对给付的影响。我们证实了成功的改革应当在没有提高对目前或者未来职工工资税的情况下，容许社保体系满足对当前以及未来退休人员的债务。而且，对经过改革的体系的模拟表明工资税能实现实质性的降低，尤其是在2045年之后。

西班牙的社会保障体系

根植于西班牙社会保护政策的西班牙社会保障体系雏形始于20世纪初。[1] 目前体系的任务是代表政府为所有的公民提供一个公共社会保障体系，以此确保一定的服务并在必要时提供货币缴费。在20世纪90年代早期体系周围的政治环境产生了所谓的Pacto de Toledo，

---

[1] Boletin Oficial de la Cortes Generales（1995）。

第 6 章 西班牙的社会保障改革

也就导致一些改革的引入，并且形成了该体系的一些现有特征。

社会保障体系的描述

西班牙的社会保障体系提供了三种主要的保护和服务形式：

1. 货币支付

缴费性支付——缴费性养老金、暂时残疾以及生育给付都是因职工在职期间对社会保障体系进行缴费而获得的，取决于个人缴费历史。

非缴费性支付——包括对低于一定水平及其他货币性支付的养老金的补充，目的在于为所有居民保持最低的必要生活水平。

2. 普遍健康护理保障

3. 社会服务——为弱势群体（例如残疾或老年群体）提供社会救助计划

该体系可以被提炼成两个主要的部分：(a) 缴费性部分（由缴费性养老金代表），(b) 与每个公民缴费历史无关的普遍部分。图 6—1 显示了不同保障形式名义费用的演变，货币性支付处于支配地位。

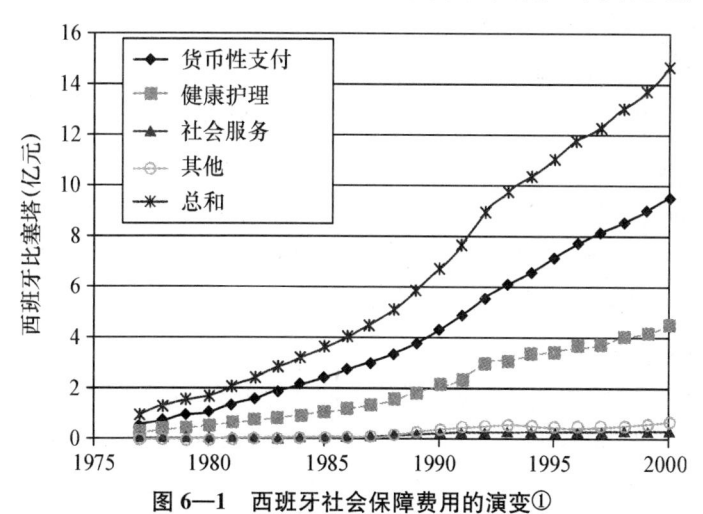

图 6—1 西班牙社会保障费用的演变[①]

资料来源：Sainz de Baranda（2001）。

类似的，存在两种基金的重要来源：

[①] Ministerio de Trabajo y Auuntos Sociales（2000）。

1. 计划内职工的缴费。
2. 政府从一般预算中（课税）中的转移。

图 6—2 表示了名义资金来源的演变，显然缴费处于支配地位。

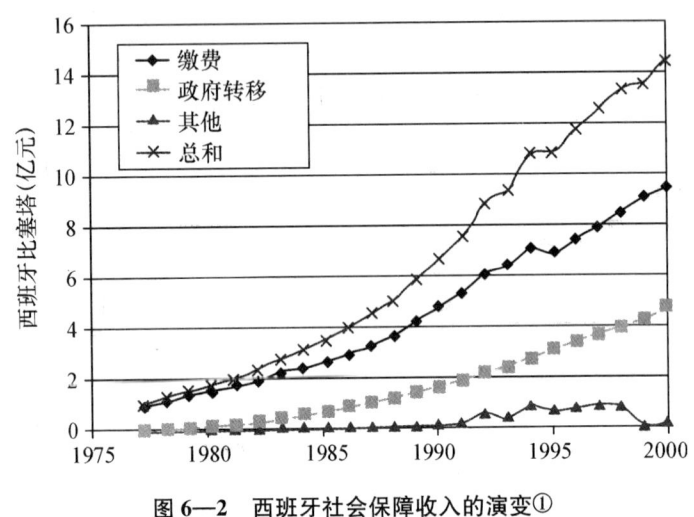

图 6—2　西班牙社会保障收入的演变①

资料来源：Sainz de Baranda（2001）。

缴费性及非缴费性养老金由 INSS 进行管理，健康服务由国家卫生局（Instituto Nacional de la Salud）进行管理，社会服务由国家社会服务局（Instituto Nacional de Servicios Sociales）进行管理。为了实现他们之间的"团结一致"，其融资由社会保障总署（Tesorería General de la Seguridad Social）对所有服务进行联合管理。很多年来，这种团结产生了将缴费性养老金体系的盈余用于对非缴费性（普遍）计划的积累。

自 1997 年的改革以来，政府已经向着积累资源的方向进行转化。健康护理及非缴费性养老金倾向于由政府转移进行支持（一般课税），然而缴费性给付——包括养老金——由缴费进行积累。但是这种变革直到 2000 年才被完全实施，并且在 20 世纪 90 年代养老金体系盈余的一部分被用于弥补健康护理成本。只有在 2000 年来自养老金体系的盈

---

① Ministerio de Trabajo y Auuntos Sociales（2000）。

余被分配到一只"养老金基金"。为了便于说明,我们仅关注缴费性保护体系,对于更广泛体系的细节已在 Sainz de Baranda (2001) 中给出。

缴费

对社会保障体系的缴费通过缴费管理基数(contribution regulatory base,CRB)的一定百分比进行计算。CRB 等于雇员获得的薪水总额减去由雇主向社会保障体系支付的缴费。表 6—1 显示了必须向社会保障体系做出的支付。该表显示雇主缴费为大约 30%,且全部的缴费超过了 36%!一般意外缴费代表了超过缴费计划积累的 90%。

表 6—1　　向社会保障体系进行的支付(CRB 的百分比)

	一般体制		
	雇主	雇员	目的
一般意外	23.6	4.7	缴费性养老金
工伤	随工作的不同而变	0	暂时性残疾
失业	6.0	1.6	为失业工人积累补助
FOGASA	0.4	0	为破产支付薪水和补偿
培训	0.6	0.1	为工人必要的培训计划积累资金

资料来源:Sainz de Baranda (2001)。

在表 6—1 的各项中只有前两项由社会保障缴费性计划管理。表 6—1 中的其他三项由独立的实体进行管理,他们致力于减少失业与救济失业职工。INEM——一个独立的实体——为那些拥有领取缴费性失业津贴权利的失业工人缴纳一般意外缴费。

退休养老金

先决条件。参与者必须已经对法定社会保障缴费满 15 年;必须达到 65 岁;必须不具备任何专业技能。

支付金额。有 14 年每年的缴费作为养老金管理基数(PRB)的某个百分比进行计算。PRB(始于 2002 年 1 月 1 日)的计算为:

$$PRB = \frac{\sum_{i=1}^{24} CRB_i^n + \sum_{i=24}^{180} CRB_i^r}{210} \tag{6.1}$$

其中,CRB_i^n 为退休前第 i 个月的名义(未经通货膨胀调整)缴费管理基数，CRB_i 为相同的项但是经消费价格指数（CPI）调整直至退休前的第 24 个月。由于 CRB 为月度工资的粗略总和，从年度的角度看，假如该项在最后的 180 个月保持不变，且在之前的 2 年不存在通货膨胀，$14 \times PRB$ 可能为总薪水的 100%。在过去 15 年中实际薪水的增加（减少），以及最后两年的通货膨胀（通货紧缩），将会使 PRB 对最后工资的比率低于（高于）100%。养老金将会成为具有 35 年缴费历史的人们的 PRB 的 100% 或者更高。它将以年缴费 2% 的速度下降到具有 25 年缴费历史的人们的 PRB 的 80%，以及以年缴费 3% 的速度下降到具有 15 年缴费历史的人们的 PRB 的 50%。①

其他特征。 养老金收益者的遗属，或者有过一定缴费经历的健在职工可以获得养老金。除此以外，所有现有的养老金均根据 CPI 进行指数化。② 该体系也同样提供最高和最低养老金，对于那些以最高水平进行缴费的人们，替代率将下降到 87%。

当养老金的领取者获得的养老金低于法律规定的最低水平时，社会保障体系将会通过缴费系统使收入提高到一个合理生活水平的方式进行补充。这种情况最早是一种非缴费性给付，且获得了诸如 Pacto de Toledo 的认同。尽管如此，该给付始终由缴费进行积累，而非政府从一般预算中进行转移。

至 2000 年社保体系经济的演化

表 6—2 显示了从整个社会保障体系中分离的西班牙缴费性计划的财务状况演化，该计划（在延伸的可能性上）与社会保障的总体财务状况相隔离。③ 近 20 年来，从职工的缴费中获得的收入已经稳定

---

① 目前，在 1967 年 1 月 1 日前参加特别计划缴费的职工可以在 60 岁之后选择提前退休。选择这样做的人将在 65 岁后削减其养老金的 8%。

② 值得注意的是，对 CPI 的指数化是与对其的预期相联系的，且应在年末进行调整以反映其实际 CPI。但是，只有当 CPI 高于预期时养老金才会被修正。当 CPI 低于预期时政府缺乏向下调整的政治动力。

③ 社会保障管理费用的一部分已经被分配给缴费性计划。缴费性体系的管理费用大约为整个缴费的 3.7%，其中的一半涉及暂时性残疾给付的管理。该趋势已经用于弥补养老金支付数量 2.1% 的管理成本，支付数量的 27% 用于对暂时性残疾的支付。

第6章 西班牙的社会保障改革

在国内生产总值的 9.5%～10%,然而,由于覆盖面更广以及人口状况的恶化,缴费性计划的成本却从约 GDP 的 7% 稳步上升至 9%～10%。

表 6—2　　对西班牙缴费性计划的财务分析（1980—2000 年）

	1980	1981	1982	1983	1984	1985	1986	1987	1988
养老金的数量[a] (×1 000)	4 631	4 728	4 902	5 074	5 249	5 411	5 547	5 697	5 828
养老金支付 (b Pts)	875	1 107	1 318	1 591	1 870	2 120	2 408	2 647	2 951
对所有计划的支付[b] (b Pts)	1 031	1 280	1 522	1 812	2 094	2 354	2 658	2 917	3 254
缴费性费用总额[c] (b Pts)	1 069	1 327	1 578	1 879	2 171	2 441	2 756	3 025	3 375
缴费性费用总额（占 GDP 的百分比）	7.1	7.8	8.0	8.3	8.5	8.7	8.5	8.4	8.4
平均养老金 (kPts/year)	189	234	269	314	356	392	434	465	506
缴费者[a,d] (×1 000)	10 543	10 485	10 384	10 472	10 657	10 979	11 307	11 286	11 388
缴费支付 (b Pts)	1 598	1 769	1 972	2 284	2 459	2 683	3 001	3 370	3 731
缴费支付（占 GDP 的百分比）	10.5	10.4	10.0	10.1	9.6	9.5	9.3	9.3	9.3
平均缴费 (kPts/year)	152	169	190	218	231	244	265	299	328
计划的余额 (b Pts)	529	442	393	406	288	242	245	345	356
计划的余额（占 GDP 的百分比）	3.5	2.6	2.0	1.8	1.1	0.9	0.8	1.0	0.9
w/o 最低补充余额 (b Pts)[e]									
w/o 最低补充余额占 GDP 的百分比									

1989	1990	1991	1992	1993	1994	1995	1996	1997	1998	1999	2000
5 956	6 110	6 268	6 429	6 640	6 836	6 971	7 131	7 294	7 420	7 516	7 560

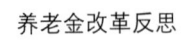

续前表

1989	1990	1991	1992	1993	1994	1995	1996	1997	1998	1999	2000
3 329	3 781	4 223	4 721	5 249	5 688	6 190	6 717	7 078	7 453	7 796	8 357
3 688	4 213	4 746	5 310	5 832	6 274	6 822	7 397	7 738	8 092	8 367	9 116
3 824	4 369	4 922	5 507	6 048	6 506	7 074	7 671	8 024	8 392	8 780	9 453
8.5	8.7	9.0	9.3	9.9	10.0	9.7	9.9	9.8	9.6	9.4	9.4
559	619	674	734	791	832	888	942	970	1 004	1 037	1 105
11 904	12 428	12 802	12 953	12 934	12 784	12 934	13 098	13 463	14 053	14 786	15 508
4 279	4 861	5 422	6 142	6 524	7 147	6 980	7 513	7 993	8 540	9 156	9 900
9.5	9.7	9.9	10.4	10.7	11.0	9.6	9.7	9.7	9.8	9.8	9.8
361	391	423	474	504	559	540	574	594	608	619	638
473	493	500	636	476	641	−94	−158	−31	148	375	453
1.1	1.0	0.9	1.1	0.8	1.0	−0.1	−0.2	0.0	0.2	0.4	0.4
827	905	964	1 155	1 017	1 200	474	447	578	761	991	1 068
1.8	1.8	1.8	2.0	1.7	1.9	0.7	0.6	0.7	0.9	1.1	1.1

注：a. 平均。
b. 包括暂时残疾和生育假期。
c. 加入管理成本的估计。
d. 包括由 INEM 进行缴费的失业职工。
e. 假定对最低养老金进行补充的非缴费性给付没有从缴费中进行积累。
资料来源：Sainz de Baranda（2001）。

需要注意的是，缴费性社会保障体系总是产生盈余（除了工资税下降1个百分点后，1995—1996年的一个很短的时间内不是这样）。但是，这些盈余总是被用来对其他非缴费性计划进行积累。当部分盈余被分配于养老金储备基金时，从2000年起这种趋势开始发生变化。当积累被用于对这个假定——最低养老金对非缴费性补充是来自于一般预算而非缴费——的分析时，这种情况更加受到欢迎。在这种情况下，该盈余大概为过去几年GDP的1%。

近年来西班牙的人口趋势概况

西班牙人口统计数据的关键来源是 INE（Instituto Nacional de Estadística）。表6—3归纳了自20世纪70年代以来西班牙人口的一些关键数据。

第6章 西班牙的社会保障改革

表 6—3　西班牙的人口：一些关键的历史性数据

	1971	1981	1991	1996 年 5 月	1998 年 1 月
全部人口	34 216 274	37 741 460	38 919 910	39 669 385	39 852 652
0～15 岁	10 076 820	10 271 646	8 103 708	6 930 284	6 570 530
15～64 岁	20 799 873	23 196 732	25 387 404	26 542 607	26 778 356
＞64 岁	3 339 581	4 273 082	5 428 798	6 196 494	6 503 766
年轻人口扶养比*	48.4	44.3	31.9	26.1	24.5
＞64 岁扶养比**	16.1	18.4	21.4	23.3	24.3
总扶养比	64.5	62.7	53.3	49.5	48.8

注：*　小于 16 岁的人数与 16～64 岁人数的比值。
　　**　大于 64 岁的人数与 16～64 岁人数的比值。
资料来源：Sainz de Baranda（2001）。

这种趋势是清晰的，且与其他欧洲国家的观察是一致的。

1. 生育率的下降导致了更少的出生和 20 世纪 80 年代和 20 世纪 90 年代年轻人口扶养比的显著下降。

2. 寿命期望的显著上升导致了老龄人口扶养比率的上升。

相互联系的这两个因素导致了西班牙在过去几十年中人口结构迅速老龄化。Sainz de Baranda（2001）进行了两项令人感兴趣的观察：

1. 欧盟（EU）南部国家的生育率虽然下降较晚，但下降的速度更快，达到了欧盟迄今为止的最低水平。

2. 最近几年西班牙的平均生育年龄显著增加，并且成为欧盟最高的国家之一。

西班牙人口特征的详细模拟由 Sainz de Baranda（2001）提供。他们假定一系列不同的人口情景——所有这些都表明现收现付制将日益面临的问题。

近来宏观经济和劳动力市场的形势以及有关预测

近年来西班牙经济获得了迅速增长。预算约束被应用于作为欧洲货币联盟第 3 阶段的一部分。这使得预算赤字与平衡的差距在 20 世纪 90 年代前期接近 GDP 的 7%。拥有货币联盟的资格，同时具有更好的财政前景、受更快产出的刺激，这些因素导致利率和通货膨胀率的大幅下降及进一步强化了财政展望（IMF2000）。[1] 图 6—3 展示了 GDP 的增长趋势以及过去年份 CPI 与短期展望的变化。[2]

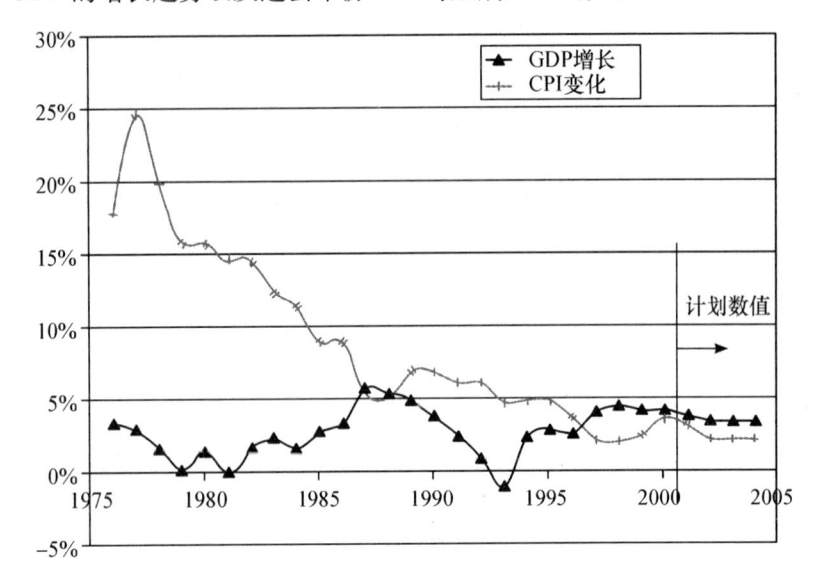

图 6—3　1977—2004 年 GDP 增长和 CPI

资料来源：Sainz de Baranda（2001）。

中央政府的展望包括预期在每 4 年中存在一个小的社会保障盈余（2001—2004 年）。最近经济中易膨胀的周期主要由就业机会的创造而引发。生产力的增长（由 GDP 增长和就业创造间的差距衡量）自 1995 年以来保持在约 0.5%～1.2% 的适度水平。政府计划要求到 2004 年生产力的增长保持在 1.1% 的水平。

西班牙实际职工人数低于适龄就业人数的原因在于：(1) 高失业率；(2) 低劳动参与。

20 世纪 70 年代以来西班牙劳动力市场的恶化是众所周知的，且在过去的 20 年间大多数时期成为欧盟中失业率最高的国家。但是，

---

[1] Ministerio de Economía（2001）包括对西班牙经济的短期（2000—2004 年）预测，由西班牙经济部出版。

[2] 2001 年和 2002 年 GDP 已经超过 6%（高于 2001 年的计划），因此造就了一个更受欢迎的改革环境。2000—2003 年 CPI 在 3%～4% 之间波动。

失业率在最近几年开始递减。

图6—4展示了近年来的数据以及对未来短期的预期。失业率从1999年的15.32%下降到2001年的约10.5%，以及2002年的11.5%。然而，进一步下降到4%~5%还有很大的空间，虽然达到这个目标需要另外的结构性改革。失业率的下降对于考虑以较低的缴费向更加稳健的体系转型时起到了重要作用。

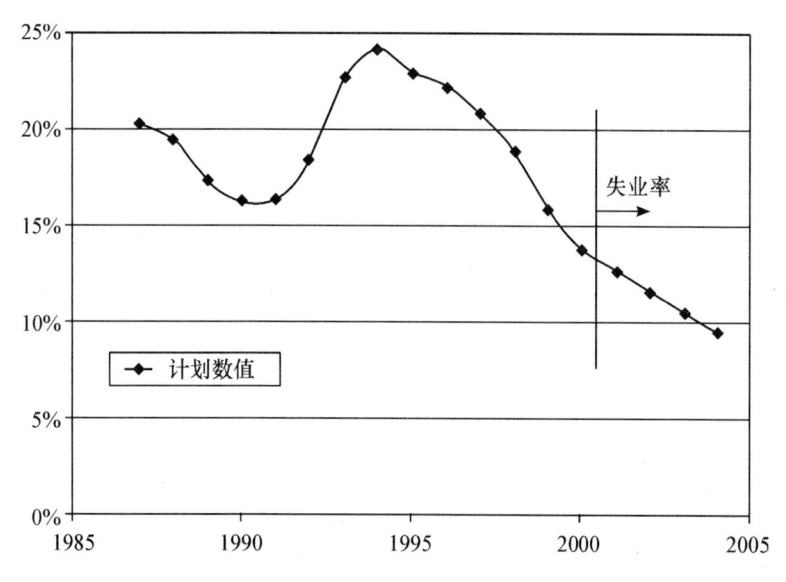

图6—4 西班牙的失业率：近年来的趋势及短期展望

资料来源：Sainz de Baranda (2001)。

对50年的时间里经济的演化提供精确的预测是不可能的。为了估计在社会保障体系积累的演化中能够被预期的主要趋势，我们将对经济的潜在中间路径（无商业周期）进行模拟。

直至2004年，中间情景如下：

- 假定从2005年开始的产出增长率为更加稳健的2.5%。
- 通货膨胀率保持在2%。
- 在2003年之后政府在社会保障范围之外保持财政余额。
- 就业机会的数量在最初一段时间以每年1.4%增长，直到失业率达到最小（我们假定存在5%的结构性失业）。

- 生产力最初以1.1%增长，这个数字同时也用于短期展望。当劳动力供给出现紧张时（失业率下降），生产力将会增长到最高每年1.5%。GDP的增长与生产力和就业机会的新增长相适应。
- 最后，为了计算动态人口（以及失业率），根据目前的水平对未来劳动力参与率（labor force participation rates，LFPR）进行预测。

图6—5显示了根据以上基准人口及重要的宏观经济情景假定而获得的一些重要经济参数。

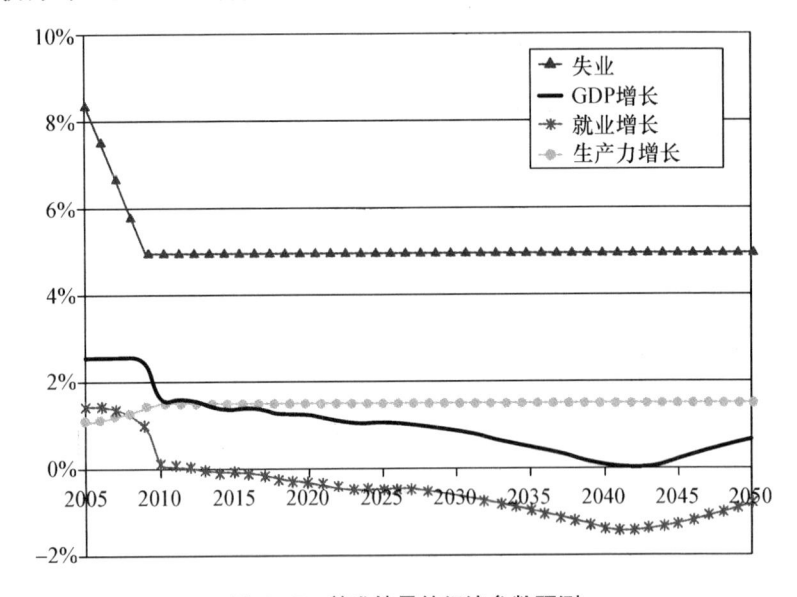

图6—5 基准情景的经济参数预测

资料来源：Sainz de Baranda（2001）。

缴费性社会保障体系的财务预测

到2050年社会保障体系缴费性计划的收入和费用预测细节在Sainz de Baranda（2001）中给出。

收入有两种来源，包括：

第6章 西班牙的社会保障改革

1. 工资税（一般意外与工伤缴费）。
2. 养老基金的回报。如果考虑到积累，该回报将成为全部资本积累和投资政策的函数。在目前 PAYGO 体系中这些问题将不成问题。

我们的假定是缴费对 GDP 的比率在整个预测期间固定地保持在 9.8%。基于 Sainz de Baranda（2001）的方法论，对西班牙社会保障体系的缴费性部分的财务预测被用于对基准情景几个可替换情景的计算。

基准情景和改革的要求

表 6—4 和图 6—6 显示了在 Sainz de Baranda（2001）中列出的对基准人口特征和宏观经济情景的预测。

该体系预计到 21 世纪 20 年代将获得盈余。大约在 2009 年该盈余将达到 GDP 的 1.7% 的峰值，主要是由于退休养老金计划的比重下降。扶养率的下降将会使该计划在预测期的末尾（2050 年）陷入严重的赤字——超过 GDP 的 7%。显然，我们需要做一些工作来纠正这种趋势，否则，缴费必须大幅提高，或者给付必须降低。

表 6—4　对基准人口情景的财务预测（占 GDP 的百分比）

年份	缴费	全部费用	余额
2000	9.8	8.8	1.1
2005	9.8	8.2	1.6
2010	9.8	8.1	1.7
2015	9.8	8.5	1.3
2020	9.8	9.2	0.6
2025	9.8	10.2	−0.4
2030	9.8	11.6	−1.7
2035	9.8	13.1	−3.3
2040	9.8	14.8	−5.0
2045	9.8	16.5	−6.6
2050	9.8	16.9	−7.1

资料来源：Sainz de Baranda（2001）。

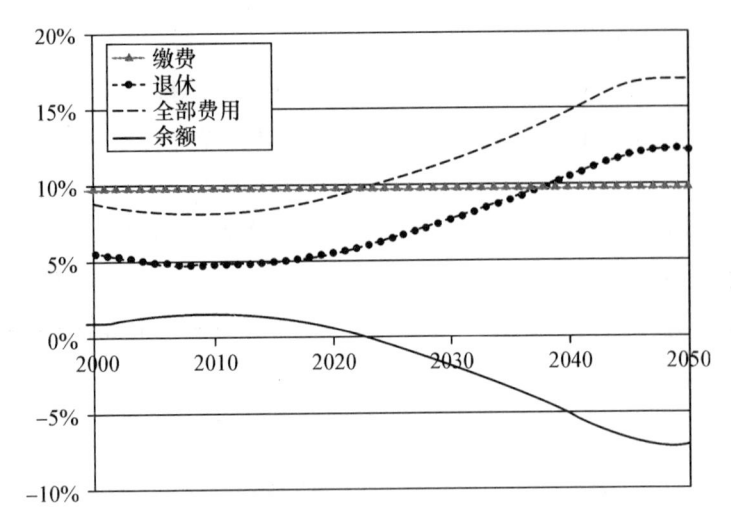

图 6—6 基准人口情景的财务预测

资料来源：Sainz de Baranda（2001）。

改革的建议

之前的那些预测跟随了近期一些研究中建议的某些类同的范式（Herce and Alonso Meseguer，2000；IMF，2000）。其微小的差异在于其他研究认为 21 世纪前几年有较低的预期盈余，可能起因于 2000 年西班牙经济情况较好。① 关于将在 2020 年出现的、由人口因素导致的这种令人担忧的恶化预期，已成为延伸争论的主题。对于欧洲货币联盟的国家，对于财政赤字的限制将会使对缴费性社会保障体系（约 GDP 的 7%）中的失衡进行积累变得非常困难。减少失衡的最有可能的选项为提高缴费或削减给付。

人们已经提出了很多针对西班牙社会保障体系改革的意见。它们可以被宽泛地分为两类：（1）保持现有 PAYGO 体系；（2）向混合

---

① 同样，我们的计算排除了作为缴费性费用对最低养老金的补充。

第6章 西班牙的社会保障改革

型积累性 PAYGO 体系转型。我们对这些建议进行简要的检验。

保持现有的 PAYGO 体系

确保财务状况生存能力的最简单方法是提高缴费或者削减费用，这也是目前西班牙政府所选择的路径。在那些提高缴费收入的潜在方法中，以下经常被提及：

- 降低失业率。
- 提高参加工作的比例，尤其是妇女。
- 提高工资税。

前两项不能应对未来破产的问题，虽然它们能在一定程度上降低这种可能性。如果失业率或妇女参加工作的比例仍保持在现有水平，那么我们的预测可能会更加糟糕。以提高缴费工资税对养老金进行积累将会增加劳动力的财政负担，使得这个国家对投资不再具有吸引力。

所引用的削减费用的建议通常使目前对给付的削减成为必须，在附录 6.1 中进行详细讨论。这些包括：

- 增加用于计算养老金缴费的年数。
- 提高对提前退休或缩短缴费期限的惩罚。
- 推迟退休年龄。
- 鼓励在 65 岁以后实行部分退休。

增加用于计算养老金的年数能够削减费用并消除一些潜在的由提前退休引发的扭曲。提高退休年龄，或者使之更富有弹性，貌似是一个合理的方法——尤其是如果考虑到人们倾向于更晚参加工作并且会长时间地保持健康。其中的一些措施可以结合其他的改革，例如转向积累性 DB 以确保养老金体系的生存能力等。在 2001 年，西班牙政府与工会和雇主达成了初步的协议，允许职工在 65 岁后继续工作。政府能够从社会保障缴费中免除该就业，使职工获得与其离职时间成比例的养老金（假如他们为兼职职工）。政府同样建议将用于计算养老金的年数从 15 年增加到 35 年。工会强烈反对这项措施（Sainz de

Baranda，2001）。作为对我们改革建议进行评估的一部分，本书讨论了这些改革对社会保障缴费性计划财务前景的潜在影响。

以部分私有化形式向混合 PAYGO 积累转换

一些经济学家已经在应用经济学研究基金会（Fundacion de Estudios de Economia Aplicada，FEDEA）很有说服力地坚持这个观点——尤其是在 Jimeno（2000）、Herce（2001）和 Herce & Alonso Meseguer（2000）中。西班牙混合体系的赞同者认为养老金体制的 PAYGO 部分可以作为向基金积累性实物资本部分投资的人力资本的补充。我们将在第 8 章回到这些建议的有关类型，并且证明混合性体系的情况同样可以根据其他问题进行预测。

我们对西班牙改革建议的实用性

我们建议的改革对于西班牙具有吸引力是由于以下几个因素的结合：

- 防止社会保障体系在 21 世纪中叶陷入严重财务危机的重要改革要求。虽然这项言论自身缺乏争议（García，2000）——例如在美国——我们的预测完全支持这个观点。
- 西班牙经济的资本水平事实上低于"黄金法则"，通过实施基金积累性养老金体系能提升经济福利。西班牙的总国民储蓄率为 22%，且边际资本产品高于增长率的平均观测值。
- 目前"既定给付"体系的高满意度。这使得对养老金体系的私有化成为困难的政治努力。
- （暂时性）目前和未来的社会保障盈余可以被用作西班牙养老基金（Spanish pension fund，SPF）促进转变的"胚胎"。政府的目标是在本时期实现财政平衡。因此，从一般预算中积累特殊缴费具有范围的限制。如果需要，可以动用其他资源——例如来自 INEM 的盈余。
- 西班牙的资本市场相对落后。在股票市场和公司债券市场中好

第 6 章 西班牙的社会保障改革

像存在充足的发展机会以方便企业将银行作为融资来源。养老基金能够促进西班牙金融市场的发展。

一个关键性的问题是是否预期的社会保障盈余——如果如此处的建议一样投资——能足以弥补所预期的 21 世纪中叶的赤字。为了研究这个问题，一些模拟运用了之前描述的基准情景。在这些模拟中，最初的社会保障盈余通过对市场的投资及 INSS 和财政部的掉期在一个有利息的基金中进行积累。由资产获得的利息构成社会保障收入的第二项来源。当体系出现赤字时，基金中的资产积累被用于平衡体系，直到基金耗尽。假定工资税在整个期间保持在一个固定的水平，除非另作说明。

该建议的表现在 Sainz de Baranda（2001）中使用三种实际回报情景（3%、5% 和 7%）进行了评论。图 6—7 显示了使用 5% 的基金资产实际回报率的模拟结果。以下三条曲线分别在每个图表中画出：

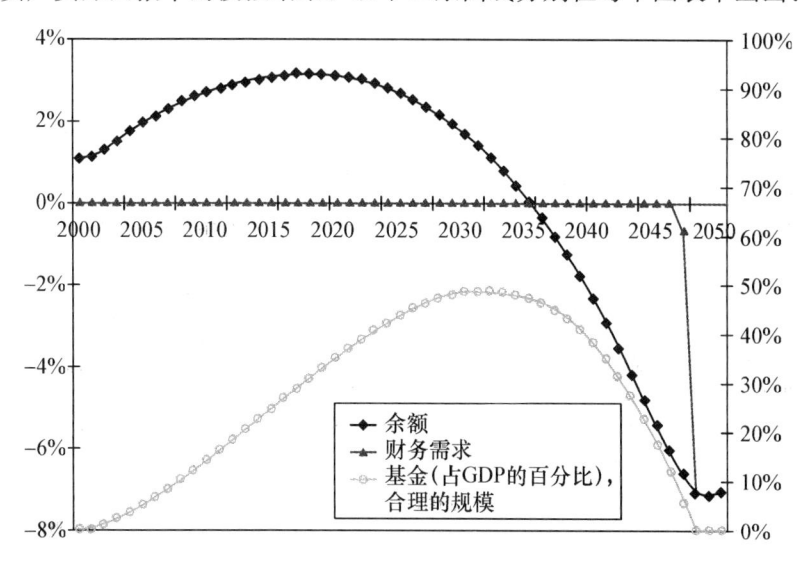

图 6—7 5% 的基金资产实际回报率的效果

资料来源：Sainz de Baranda（2001）。

- 养老基金的全部资产作为 GDP（合适的规模）的百分比。
- 当基金资产的利息作为收入的第二项来源加入缴费中时社会保

障的余额。

● 重建均衡所需要的积累。只要系统产生盈余或者在基金中有足够的资产弥补赤字，外部积累的需求将为零。

在基金资产的实际回报率为5%时，系统的财务状况开始改善，盈余将会持续到约2035年。在2050年之前，基金规模达到最大——约为GDP的50%。从2036年起，基金的资产被用于弥补当时的社会保障体系赤字。到了2048年，基金就会被耗尽。

附录6.4包含了西班牙一些股票和固定收益证券的历史性回报。与美国的情况相比，5%的实际回报并不被认为不合理。在这个回报率下，体系的财务状况改善，但是长期生存能力却得不到保证。Sainz de Baranda (2001) 证明了7%的实际回报能够完成转变，但是这种回报假定未免太极端。需要将附加的改革与SPF的创造及资本市场的投资结合起来。

以下的部分考虑了三个关键的选择：（1）64岁后的弹性退休；（2）将用于计算养老金的缴费年限从15年延长到35年；（3）将期望盈余通过工资税从INEM对养老基金进行缴费。在假定缴费处于高水平时，我们没有像第5章那样考虑一次性增加缴费。

将投资基金与附加的改革相联系

引入弹性退休年龄。一个可能的选项是将SPF的创造与弹性退休的补充相联系。弹性退休年龄对体系（不存在基金的创造）财务状况的影响由附录6.1给出。图6—8显示了与5%的实际收益的基金创造相联系的预测模拟结果。

这两种改革的结合改善了社保体系的财务前景。盈余将会持续到2042年。到2040年左右，基金的资产将积累到GDP的最大规模，约为GDP的65%。从2042年开始，基金的资产将用于弥补当时社会保障体系的赤字，该赤字将在约2050年达到GDP的4%强，该基金将在约2055年耗尽。因此，虽然该方案是朝着解决养老金危机的方向迈了正确一步，但在长期则不是可持续的。

将盈余从INEM缴费至养老基金。总体工资受到征税，不但为社

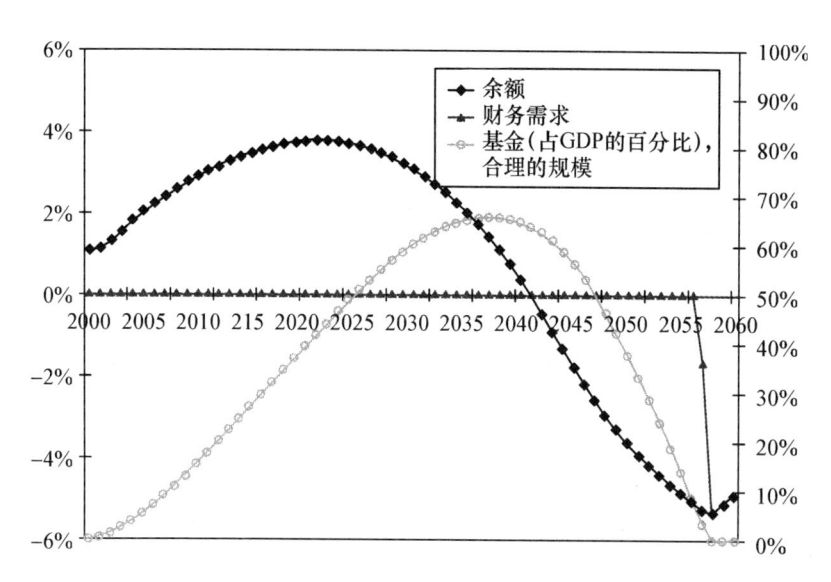

图 6—8　实行弹性退休年龄与基金创造的结合（假定 5% 的实际回报）

资料来源：Sainz de Baranda（2001）。

会保障的缴费性计划进行融资，也为反失业项目和资助失业职工融资。这些税收为 CRB（7% 由雇主支付，1.65% 由雇员支付）与独立实体管理的基金项目——主要由 INEM 管理，获得 8.25% 的工资税，以及由 Fondo de Garantia Salarial 或工资保证基金（FOGASA）承担剩余 0.4%～8.65% 的总和。

表 6—5 归纳了过去几年 INEM 的积累情况。主要的积累来源是工资税，代表大约 2% 的 GDP，只要税法没有变化，工资税作为社会保障缴费的一部分应当占 GDP 的一个固定比例。除此以外，来自于一般预算的转移应当用于失业率很高时，以补充工资税。这些转移渐近下降，且从 2001 年起期望为零。同样有一小笔来自欧盟的转移，如表 6—5 所示。

表 6—5　　　　作为 GDP 百分比的 INEM 积累

	1997	1998	1999	2000e	2001e
政府转移	0.33	0.25	0.16	0.05	0.00
外部转移	N/A	N/A	0.12	0.11	0.10

续前表

	1997	1998	1999	2000e	2001e
工资税	1.87	1.88	2.09	1.97	1.95
全部收入	2.32	2.25	2.37	2.13	2.05
补贴	1.83	1.71	1.44	1.33	1.28
就业政策	0.49	0.54	0.82	0.80	0.77
全部费用	2.32	2.25	2.26	2.13	2.04

注：N/A 表示数据无法获得。
资料来源：Sainz de Baranda (2001)。

主要的费用在于向失业职工支付津贴。但是，该项作为 GDP 的比例已经开始稳步下降，因为失业率在近年来已经下降。第二项与积极促进就业计划的项目有关——例如培训。该项目提高的原因是失业下降节省下的资源被用于该类计划的投资。

2002 年之后，只要工资税不变，积累的资源将可以大约保持在 GDP 的 2%。但是，当失业率从目前的约 11% 下降到稳态的 5% 的水平时，这些费用才能被实质性地降低。我们对这些下降的估计如下：

● 我们将过去的津贴费用作为失业率的函数绘制了一条直线（GDP 的百分比）。该线被用于估计作为未来失业率函数的津贴。

● 在整个期间为每个失业职工促进就业的项目费用都固定地保持在 2001 年的水平（实际值）。

在这些简单的假定下，我们能够估计 INEM 的盈余。图 6—9 显示了这个结果。大概在 2009 年——当"充分就业"实现的时候——该盈余迅速增长，可以达到 GDP 的 1%。该盈余从此处开始缓慢增长，一直到 2050 年前几乎达到 GDP 的 1.2%。

当经济达到完全就业时，失业救助计划的费用应当急剧下降。另外一个可选的方法是削减工资税，显然这种做法是令人满意的。但是，下一次模拟假定工资税没有初始削减，而是 INEM 的盈余向养老基金缴费。

我们进行了两次模拟。在第一次模拟中，将 INEM 的盈余加入到养老基金直至 2015 年。INEM 随后的盈余将通过削减工资税以进行平滑。在第二次模拟中，盈余持续加入到基金中，直至 2060 年，之

第6章　西班牙的社会保障改革

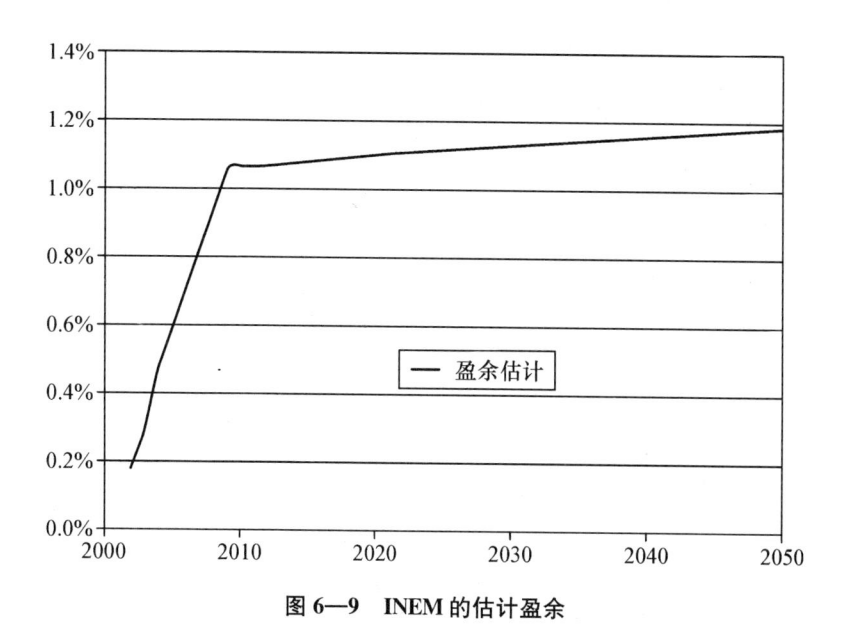

图6—9　INEM的估计盈余

资料来源：Sainz de Baranda (2001)。

后就削减工资税。图6—10和图6—11分别展示了这两次模拟。当来源于INEM盈余的缴费在2015年停止时，社会保障体系就会在大约2040年开始出现赤字，到2055年达到GDP的6%。大约与此同时，基金就耗尽了。如果INEM的盈余缴费持续到如图6—11的2060年，那么这个时期就存在盈余，并且基金将增长到GDP的120%。在这个环境下，体系是可变积累的。

将INEM盈余延期加入养老基金貌似能够阻止预计发生的社会保障体系的财务危机。这也同时意味着可以将处于高位的工资税削减推迟几十年。这项改革的有效性明显取决于失业下降后在INEM产生显著盈余的程度。但是，研究表明居民愿意使用现存的税收对这类计划进行积累，而不是使用之后的税收进行再积累（Modigliani and Modigliani，1987）。

同样需要指出的是，在这次以及其他所有模拟中，最大的基金—GDP比没有出现在流动性盈余（现金流）等于零的那一年。它出现在流动性盈余-现存股票比等于名义经济增长的时候。

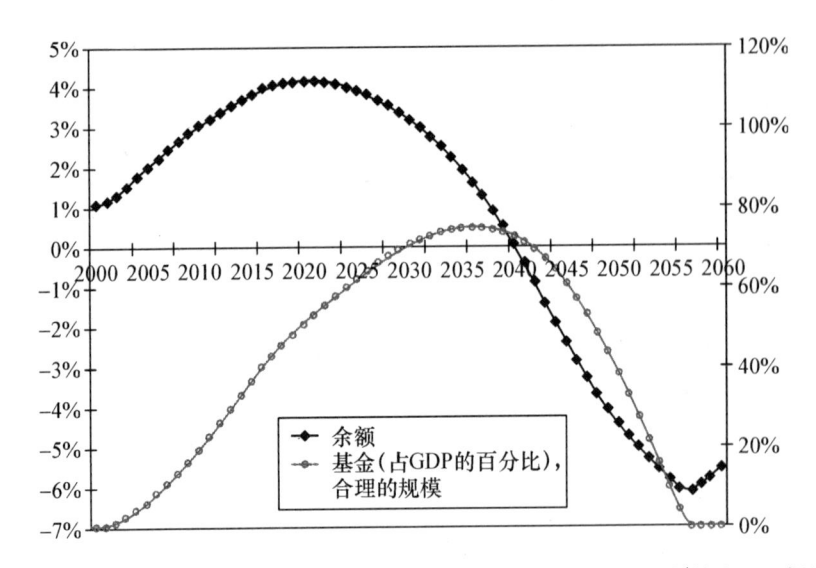

图 6—10 将 INEM 的盈余缴费至养老基金直到 2015 年（假定 5%的实际回报）

资料来源：Sainz de Baranda（2001）。

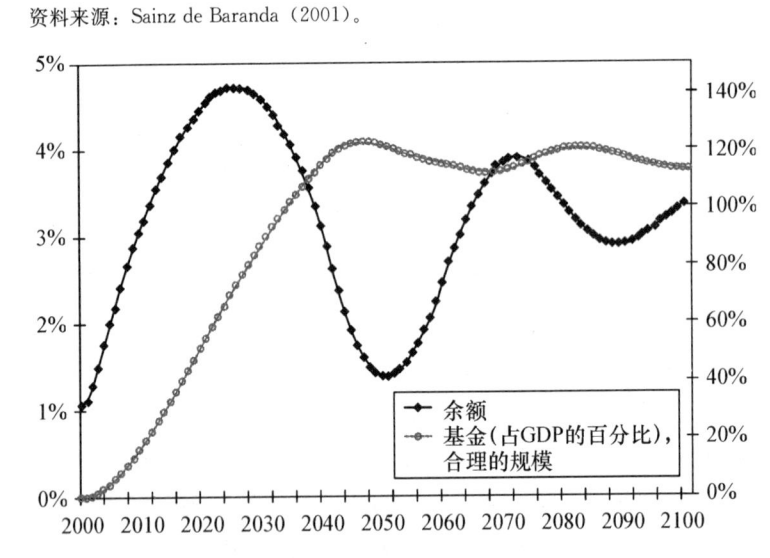

图 6—11 将 INEM 的盈余缴费至养老基金直到 2060 年（假定 5%的实际回报）

资料来源：Sainz de Baranda（2001）。

弹性退休年龄和将 INEM 盈余缴费至养老基金。 通过引入弹性退休政策和向基金缴纳的 INEM 盈余相结合，就获得了一个更加可靠的结论。

第6章 西班牙的社会保障改革

图6—12显示了一个附加的模拟，在这个模拟中假定引入弹性退休政策，并且将INEM的盈余加入到基金中直至2021年。体系在预测期间出现流动盈余。当体系的财务生存能力得到保证时，该方法允许从大约2020年起削减工资税（因为余额是正的，并且保持为正）。

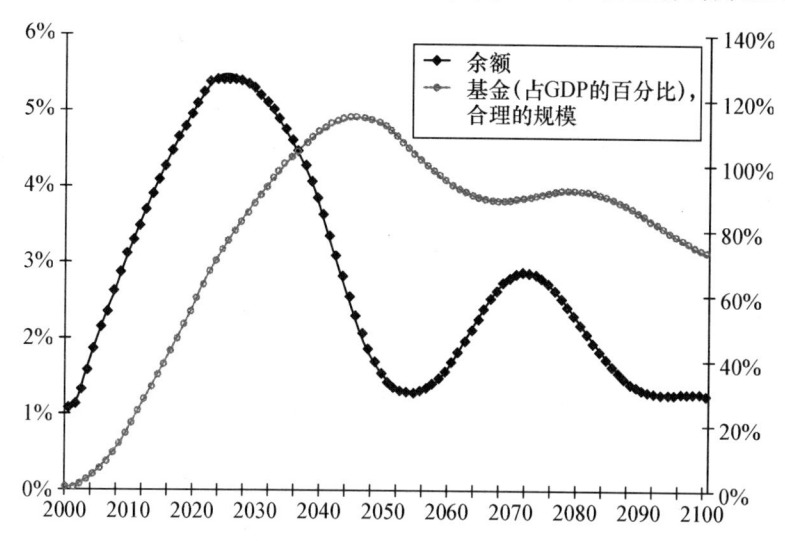

图6—12 将弹性退休年龄与增加INEM的盈余相结合
直到2021年（假定5%的实际回报）

资料来源：Sainz de Baranda（2001）。

第二条可能的路径为将INEM的盈余向基金持续缴费。这将会在社会保障体系中保持流动性盈余，并且将基金构建到一个重要的水平，这个水平将允许在以后的时间大幅削减工资税。图6—13表示了INEM的盈余加入基金直至2050年。到2050年基金将接近GDP的200%，此后将继续增加。在这种情况下，大幅削减工资税的实施将不会影响体系的财务状况。我们将在潜在工资税削减部分回到这一点。

延长用于计算养老金的缴费年限。另一项改革组合可以将养老基金创造与将用于计算养老金给付的缴费年数从15年延长到35年进行构建。这增加了削减整个养老金的风险。

图6—14显示了将这两项改革相联系的附加模拟。养老基金的实际回报率假定为5%，体系直到2045年实现流动性盈余。在这一年

养老金改革反思

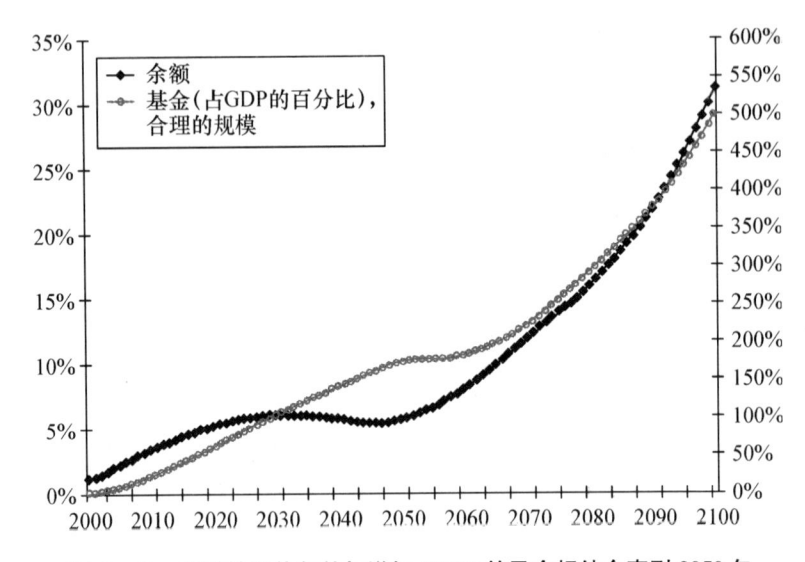

图 6—13　将弹性退休年龄与增加 INEM 的盈余相结合直到 2050 年（假定 5% 的实际回报）

资料来源：Sainz de Baranda（2001）。

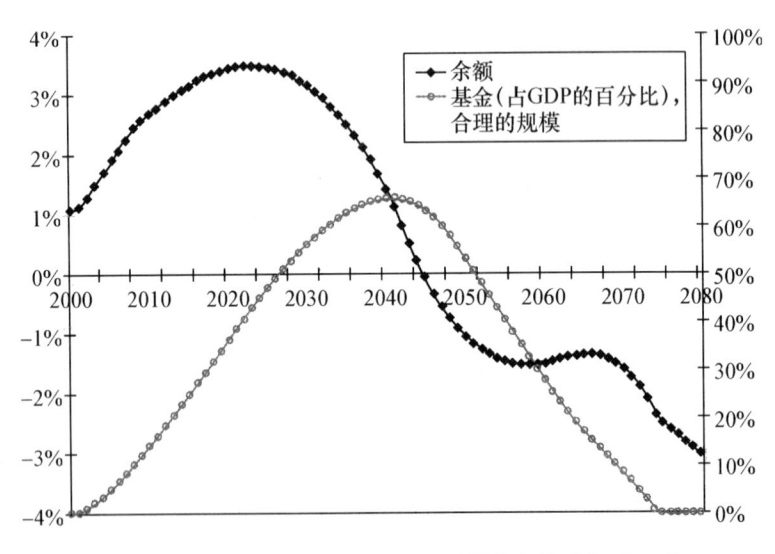

图 6—14　将用于计算养老金给付的缴费年数增加到 35 年（假定 5% 的实际回报）

资料来源：Sainz de Baranda（2001）。

第 6 章 西班牙的社会保障改革

之后，直到 2070 年左右，流动性赤字消耗尽整笔基金。尽管如此，这种做法在改善体系积累方面仍优于将基金创造与弹性退休年龄政策相结合（图 6—8）。在我们之前的模拟下，显然将 INEM 的盈余加入到基金一段时间可以确保体系的财务生存能力。但是，养老金的削减是意味深长的（图 A6—1—2）。

一次附加的模拟——如图 6—15 所示——包括以下改革的组合：

- 创造一只可以获得 5% 的实际回报的养老基金。
- 将社会保障盈余和 INEM 盈余缴费至基金，直至 2025 年。
- 弹性退休年龄。
- 延长 PRB 的计算期限至 35 年，但是改变养老金计算的方法，以便使有效替代率的降低得到部分缓和。

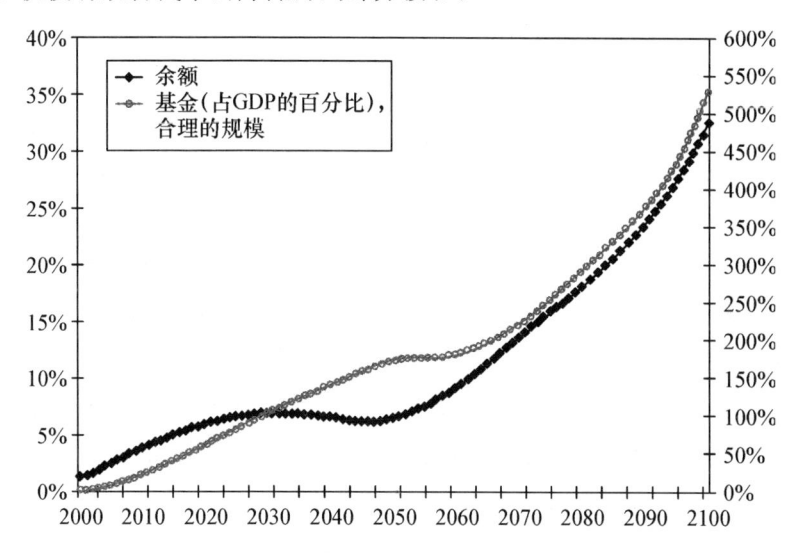

图 6—15 弹性退休年龄和长期必要参与下的基金积累体制
应用（包括 INEM 盈余），假定 5% 的实际回报

资料来源：Sainz de Baranda（2001）。

在这种组合下，不仅 2025 年工资税的下降将会平滑 INEM 的盈余，而且养老基金会继续增长，社保体系也会出现稳定的盈余，这种盈余将在 2050 年迅速增长。因此，可以附加实施削减的工资税。以下部分研究了在之前提出的一些情景下削减工资税的可能路径。

工资税削减的可能路径

对于前面部分研究的所有潜在改革,最有希望的是包含以下三个关键因素的组合:

● 创造一个与第5章介绍的投资政策类似的 SPF,将它和5%的有保证的实际回报率的掉期工具相结合。目前与未来的社会保障盈余将被转移到基金中。

● 未来 INEM 的盈余向基金进行缴费——至少在短期内。

● 养老金计算的改革,例如定位于促进延期退休和将用于计算基本养老金的年数从15年延长至35年的更加弹性的退休年龄政策的实施。后者将会导致养老金的显著下降,下降的养老金将会通过与 PRB 相关的养老金得到部分补充。

在图6—15中,工资税的削减被推迟(虽然通过在2025年之后降低失业保障税而实现),并且基金以能够实现大幅削减的方式增长。但是,工资税的削减是很少的,因为 INEM 缴费相对也小。正如前面章节所阐述的,这是对确定基金"合理规模"的权衡。早早地削减工资税将会导致基金规模较小(进一步限制工资税的削减),或者转变的时间较长,或者两者同时发生,然而推迟工资税的削减将会产生相反的长期效应。此外,假如资本市场受到冲击,规模较小的基金可能是有益的。

图6—16描绘出基准人口情景下工资税的潜在路径,并介绍了在本部分开始时描述的期望延长计算 PRB 年数的改革组合。这种削减的目的在于将基金的资产保持在 GDP 的150%。

图6—16中的"工资税水平"曲线显示了与目前水平有关的必要工资税的演化。不管是 INEM(失业)还是工资税的社会保障部分都被用于计算这个比率。也就是说,失业或者工资税社会保障部分的下降导致了"工资税水平"曲线的下降。

当第一次削减被用于反映较低的 INEM 费用时(换句话说,INEM 的盈余不再加入养老基金中),税收就一直保持到2040年不变。在实施后来的削减之前,基金将会增加到大约 GDP 的150%,随后的

第 6 章　西班牙的社会保障改革

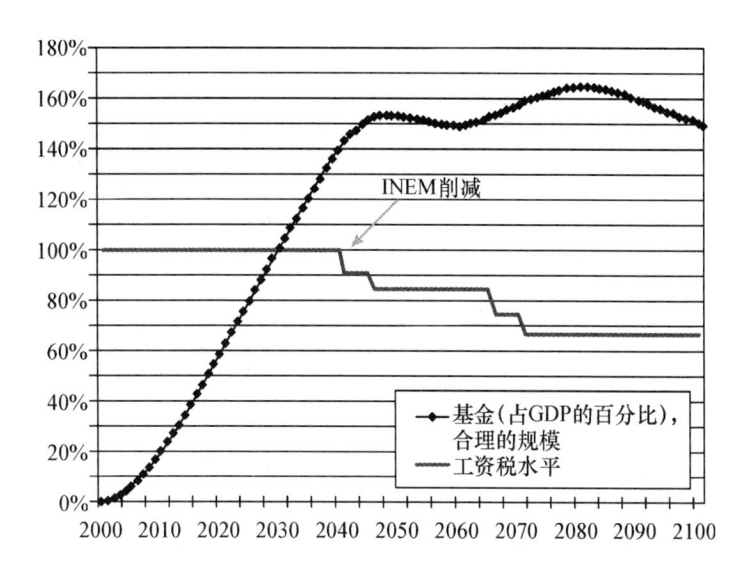

图 6—16　实施弹性退休年龄下工资税水平的潜在路径和将 INEM 盈余持续增加到 2040 年

资料来源：Sainz de Baranda（2001）。

削减也就变为可能。工资税水平可以被削减大约 33％。正如第 5 章所表明的，这会产生代际公平问题。

图 6—17 扩展了图 6—16，除此以外，用于计算 PRB 的年数由 15 年延长到 35 年，同时养老金—PRB 的比率上升以部分弥补替代率的实际下降。工资税的削减可以开始得比之前的情况要早，并且能够更进一步地得到较低的养老金体系的费用，这是因为延长了用于计算 PRB 的年数。工资税在预测期结束时大约削减了 40％，这对于西班牙的竞争力而言具有重要的意义。

最后，图 6—18 显示了对于相同改革措施——在这个措施中第一次工资税削减实施较早，且基金保持在一个较小规模——的一个可选路径。正如我们所预料的，这限制了之后进一步税收削减的可能性。

正如在第 5 章所解释的，每一个情景都产生了与代际公平有关的、需要改革家进行解决的问题。

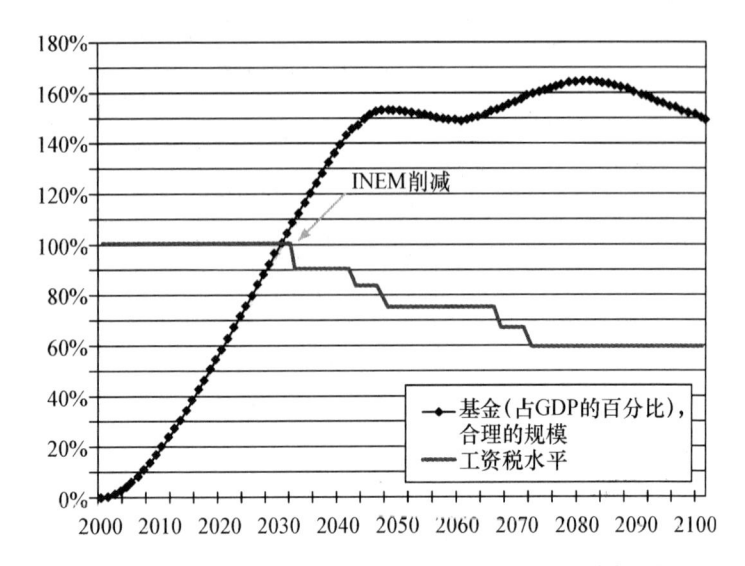

图 6—17 对于图 6—15 描述的情况工资税水平的潜在路径

资料来源：Sainz de Baranda（2001）。

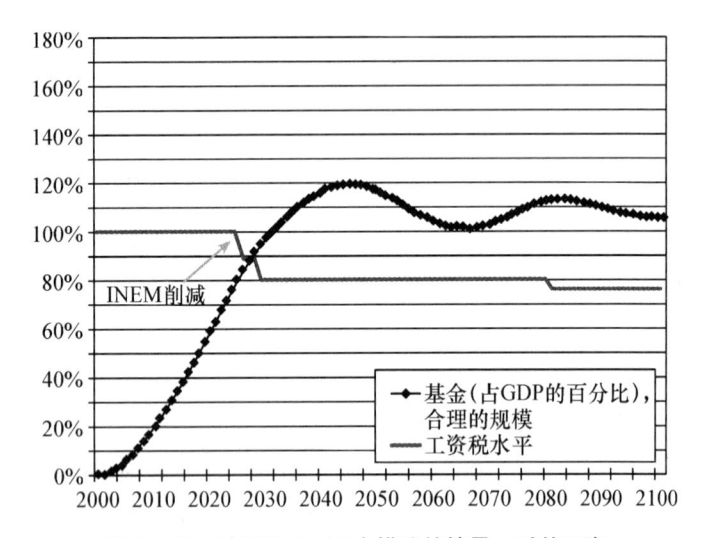

图 6—18 对于图 6—15 中描述的情景，对其工资税水平的另外一条可选路径

资料来源：Sainz de Baranda（2001）。

… 第6章 西班牙的社会保障改革

不同建议的结果

本部分描述的不同改革选项的财务影响经归纳强调了由职工承担的工资税的作用。该分析关注三个特别的年份：2001年和2050年——代表了在我们的模型中最差的预测期，2085年——长期稳定状态的更具代表性的年份。上面的数字代表工资的百分比，而不是GDP的百分比。在附加账户中，工资大约为GDP的50%。这个比率在我们的模型中保持不变，因为我们假定工资的增长为生产力的增长率。因此，与GDP有关的比率转换可以简单地通过将二者相乘而获得。

社会保障体系和INEM项目的收入及费用在本期合并，充分代表了社会保障缴费性计划中费用提高的潜在影响和失业救助计划中的下降期望。在社会保障计划中缴费性计划和INEM计划（失业补助和就业能力培训计划）的费用混合在一起。收入的来源主要为两项：缴费（工资税）和SPF的资产回报，后者仅对于包括养老基金创造的改革组合为非零。

有关改革的选择被分为六种可能的类别：

A. 没有实施任何改革的基准情景。人口和宏观经济变量遵循我们的基准路径。

B. 选项A加引入弹性退休年龄。

C. 选项B加将用于计算PRB的年数从15年延长到35年。该项改革改变养老金对PRB比率，以部分弥补替代率的有效下降。通过逐步降低有效替代率而实现。

D. 选项B加创造一只养老基金。目前和未来社会保障体系的盈余与INEM的盈余用于向SPF缴费，直至2040年。工资税削减的目标在于将基金资产大约保持在GDP的1.5倍（由图6—6证实）。

E. 选项C加创造一只养老基金。来自于社会保障体系目前和未

187

来的盈余与 INEM 的盈余一起被缴费至该基金，直至 2030 年。削减工资税的目标在于将基金的资产大约保持在 GDP 的 1.5 倍。

F. 选项 E 加引入提早削减工资税，这样会导致基金的规模较小，其资产大约为 GDP 的 100%（由图 6—18 证明）。

图 6—19 归纳了对选项 A 的预测（利率为 0）。在 2001 年大约工资的 2.2% 的少量盈余（需要注意的是，在我们的计算中，作为缴费性费用，它并不包括对最低养老金的补充）变成了 2050 年前工资的 11.8% 的巨大赤字。到了 2085 年赤字仍然很大（为工资的 8.4%）。正如前面所讨论的，考虑到在欧洲货币联盟中出现巨大财政赤字的难度，这些赤字可能通过降低养老金得到平滑，因为提高目前处于高位的工资税将会伤害这个国家的竞争力。

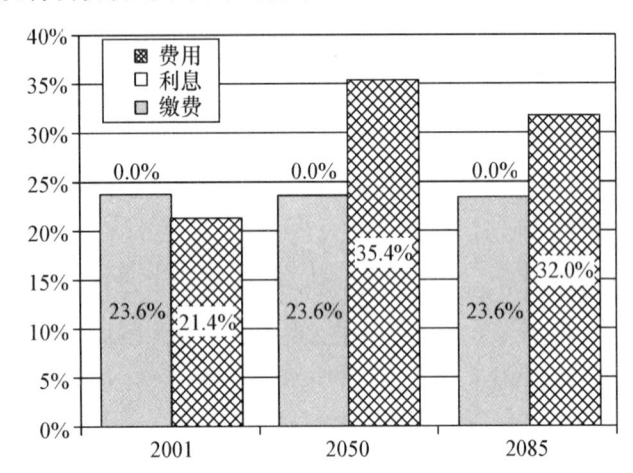

图 6—19 改革选项 A 的财务归纳（占工资的百分比）

资料来源：Sainz de Baranda（2001）。

图 6—20 为改革的选项 B 提供了类似的预测。弹性退休组合的引入稍微降低了缴费，因为年龄大于或等于 65 岁的职工——那些选择仍在工作的人们——就可以免除缴费。但是，对费用的影响会更大，因为养老金支付也同样被推迟了。总的来说，合理的改革稍微改善了体系的财务前景，但不能确保其生存能力。到 2050 年预计仍会有巨额的赤字（大约为工资的 10%）。

第6章 西班牙的社会保障改革

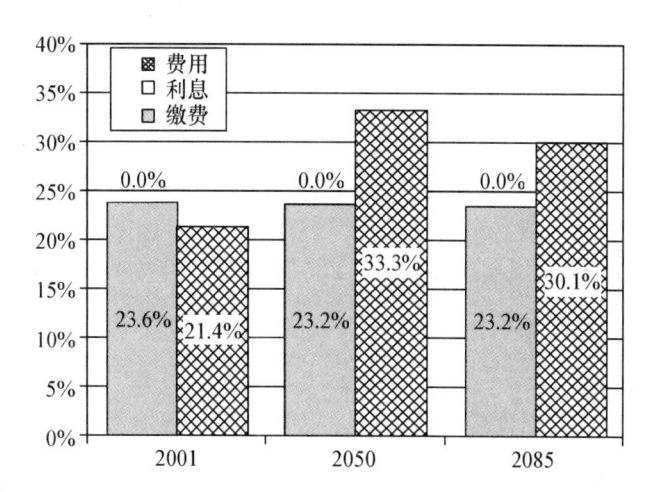

图 6—20 改革选项 B 的财务归纳（占工资的百分比）

资料来源：Sainz de Baranda（2001）。

图 6—21 揭示了改革选项 C 的状况，延长用于计算 PRB 时间（从 15 年到 35 年）的效果在于与选项 B 的缴费相同，然而费用的下降更多。但是，这两项相连的改革甚至没能确保体系的生存能力。2050 年预计仍将出现相当大的赤字（工资的 8%）。需要注意的是，实施该项改革的政治性难度较大，因为它可以当作养老金给付的一次实质性削减。

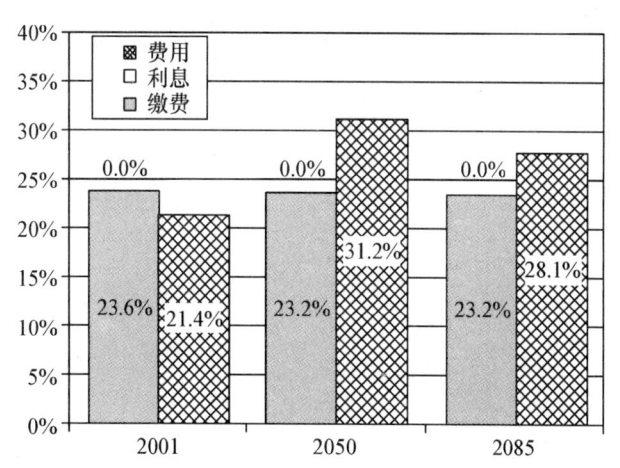

图 6—21 改革选项 C 的财务归纳（占工资的百分比）

资料来源：Sainz de Baranda（2001）。

图 6—22 和图 6—23 各自显示了对改革选项 D 和 E 的预测。其中都包括了养老基金的引入（5%的实际回报）——将增长到约 GDP 的 150%，或者工资的 3 倍数量。这种状态变化剧烈。由 SPF 获得的利息成为总收入的更大来源，并且容许工资税的激进削减，正如由正在下降的缴费收入所反映的一样。社保体系保持了这样的盈余水平——使养老金与名义 GDP（和工资）同步增长。同样需要注意的是，这种情况是通过没有降低与选项 B 和 C 相关的各自费用而获得的。改革选项 E——包括延长用于计算 PRB 的年数，以及因此带来的费用削减——允许较早地实施，以及与改革选项 D 有关的大幅工资税削减。

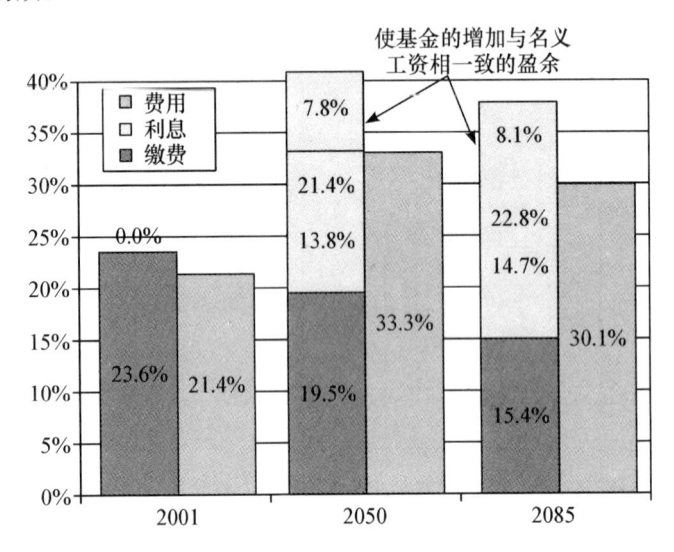

图 6—22 改革选项 D 的财务归纳（占工资的百分比）

资料来源：Sainz de Baranda（2001）。

最后，图 6—24 提供了对改革组合 F 类似的预测，没有发生与组合 E 相关的费用变化。但是，这个组合较早地实施了工资税削减以便将基金保持在较低水平（GDP 的 100%~120%）。因此，利息收入较少，后来能够实现的工资税削减幅度并不很大，正如将缴费收入的较大比重作为工资的一部分一样。盈余需要使基金的增加与名义 GDP 和工资大约保持一致。

第6章 西班牙的社会保障改革

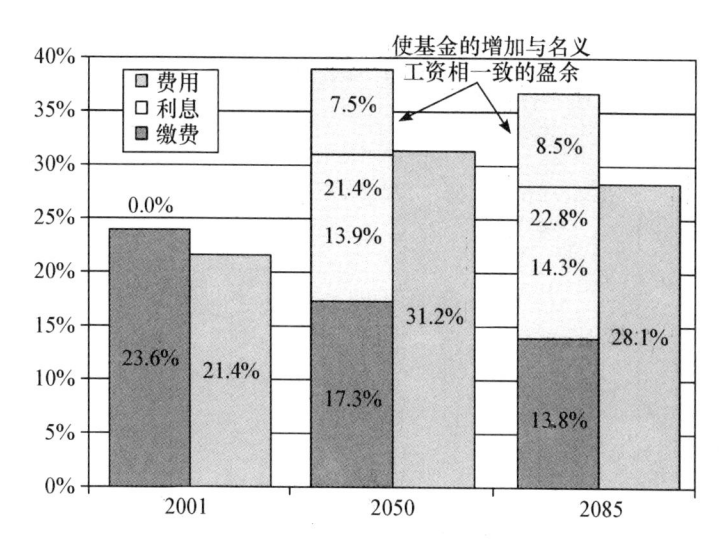

图6—23 改革选项 E 的财务归纳（占工资的百分比）
资料来源：Sainz de Baranda（2001）。

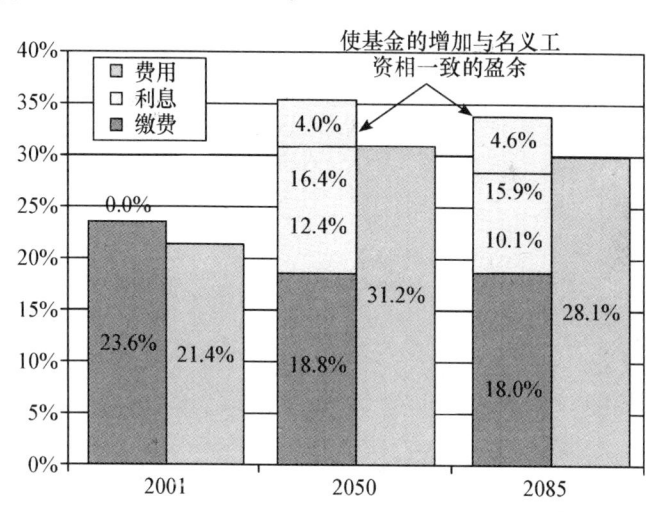

图6—24 改革选项 F 的财务归纳（占工资的百分比）
资料来源：Sainz de Baranda（2001）。

表6—6归纳了在2050年和2085年需要在不同改革情景下保持体系平衡的工资税（作为工资的比例）。需要注意的是，目前的工资税征收大约为工资的23.6%。如果没有改革，需要保持现有缴费水平的工资税将在2050年必须提高12%。另一个选项将被用于削减养

老金以降低费用。表6—6中改革选项的下两个组合为目前 PAYGO 体系的修正，并且能在2050年将必要缴费以削减支出的方式降低工资2~4个百分点。表6—6最后三项改革包括养老基金创造——可以将社会保障体系和 INEM 目前和未来盈余加入进去或进行投资。对于组合 D 和 E，基金规模大约增长到 GDP 的 150%（或者工资的3倍）。从基金获得的收益容许工资税水平的大幅下降。在2050年前，该降幅大约为工资的14%（超过源自 PAYGO 改革的削减），并且长期来看（2085年）这些组合能够将工资税水平降到低于未改革时必要体系平衡的一半。

表6—6　不同改革对工资税的影响（作为工资的百分比）

改革组合	2050年	2085年	评价
A. 无改革	35.4%	32.0%	基准
B. 弹性退休	33.3%	30.1%	以推迟一部分养老金的支付来削减费用
C. 选项 B 加用于计算养老金的35年（加养老金调整）	31.2%	28.1%	通过对一些养老金降低替代率进一步削减费用
D. 选项 B 加基金创造	19.5%	15.4%	基金的利息容许改革组合 B 出现更大的附加降幅
E. 选项 C 加基金创造	17.3%	13.8%	基金的利息容许改革组合 C 出现更大的附加降幅
F. 选项 E 并且削减得更早、基金规模更小	18.8%	18.0%	基金的利息容许改革组合 C 出现更大的降幅，但是没有以往那么大，因为基金的规模较小

资料来源：Sainz de Baranda (2001)。

正如在第5章所阐述的，我们验证了提早削减工资税的影响。它限制了基金增长到大约工资的两倍。因此，利息收入较低，并且当与选项 E 相比时，能够较晚实现的工资税削减受到了限制。到2050年和2085年这种削减可能分别为工资的16.6%和14%。在这些削减中，4%可以被归功于 PAYGO 法则的改革，其余的则归功于由基金提供的基金收入。

第6章 西班牙的社会保障改革

小 结

　　除了 20 世纪 90 年代中期有 3 年的例外，西班牙社会保障体系的缴费性部分已经享有了不断增加的盈余——20 世纪 90 年代后半期扩张性经济周期以及 Pacto de Toledo 之后实施一些改革的结果。

　　根据我们的基准预测，目前的 PAYGO 体系将会在未来 20 年中产生少量流动性盈余，并且将会产生不断增加的流动性赤字，该赤字将在 2045 年达到 GDP 的 7% 的峰值。这种变化主要由人口因素造成。特别的，由于 1975 年以来西班牙寿命期望的增加及生育率大幅下降，老年扶养率将在 2045 年之前翻两番还多。

　　如果这种情况不改变，人口因素将会导致在 2020 年之后社会保障体系的缴费性部分出现财务恶化预警。由欧洲货币联盟施加的财政赤字限制将会使弥补约 GDP 7% 的财务赤字变得非常困难，如果在 2020 年之前不采取任何措施，最有可能的结果将是缴费的削减或者工资税的提高。假定已经存在高工资税，最有可能的调整机制是对领取养老金的人的给付进行削减——这显然不是一个令人满意的情景——尤其是对目前年龄低于 40 岁的西班牙人来说。

　　尽管这样的前景有些灰暗，与其他西欧国家相比西班牙已经处于一个相对有利的位置了，原因在于其后来大量人口的出生。因此，其老龄人口扶养率的恶化也会较晚出现。这对于以后 20 年在社会保障体系中的期望盈余是关键的，将陆续为社会保障改革打开机遇之窗。推迟的时间越长，改革的成本越大。

　　对西班牙社会保障体系未来财务问题的永久性解决方案在于实施一项或以下三项建议的某个组合：

　　● 具有正式投资政策和掉期合约的西班牙养老基金（SPF）的创造。目前和未来社会保障的盈余——包括对目前由缴费支付的最低养老金的补充——将会转移至基金。基金的回报将会作为社会保障收入的第二项主要来源补充工资税。

● 来自INEM的未来盈余对基金进行缴费——至少需要一个转变时期。对于这些需要明确的是，失业将从目前大约15％的水平下降到5％的更加合理的水平。劳动力市场改革和即将到来的适龄工作人口的短缺期望将使失业率下降。

● 养老金计算程序的改革将促进劳动的参与、降低养老金成本并消除一些由目前体系导致的扭曲。可能实施的两项措施：更加弹性的退休年龄政策——目的在于更晚，而不是更早退休；将用于计算基本养老金的年数由15年延长到35年。后者将会导致养老金费用的大幅减少，但是会将退休养老金给付实质性降低超过20％。我们的模拟认为假如其他三项已经实施，最后一项改革是不必要的。另一方面，假如改变给付计算年数已经实施，给付的削减能够部分地由改变计算养老金法则进行弥补。假如引入延长计算年数，那么随之而来的是工资税的进一步削减。

这项改革将西班牙的公共养老金体系有效地转变为混合PAYGO积累的DB体系，该体系将结合PAYGO体系和基金积累性体系的若干优点。

● 相同的给付，较低的工资税。我们的估计建议对工资税实施与目前水平有关的30％～40％的长期削减。预计将进一步减少由高工资税引发的劳动力市场的扭曲。

● 储蓄比率上升，将会导致人均产出和经济福利的提高（人均消费）。

● 在PAYGO DB体制下现有再分配机制的延续。

● "既定给付"特征的保留，因而限制个人风险。

● 与基于个人账户的体系相比拥有较低的管理成本。

● 本地金融市场的加强。

改革的成本将由目前的职工承担，且该成本被限定用于对工资税的削减，这样可以立即或在不久的将来加以实施，以平衡社会保障和INEM的预算。职工也将同样以不削减职工退休给付的保证增加转变

第6章 西班牙的社会保障改革

的收益。如果没有采取改革措施，退休给付削减的可能性将是很大的。后代将从改革中获益，因为他们将以较低的工资税获得相同的给付增长。

需要确定的一个重要参数是基金的最优规模。规模过大的基金将降低资本的收益，并增加劳动——进而是工资的边际产品。接着将降低来自基金积累性体系的福利增幅，并偏好PAYGO体制。我们的建议是创造一只基金，当其成长时，评估其对西班牙经济、资本回报、金融市场、工资和公司治理的影响，从而可以基于这种影响对基金"合理规模"进行更加明智的决策。两个主要的选项如下：

- 目标为大规模基金，大约为GDP的150%，以便容许工资税的大幅削减。以推迟潜在削减为代价，由失业率的可能下降使之实现。这意味着以较大规模的积累性成分创造了一个混合性体系。

- 在没有提高工资税或降低给付的情况下，限制基金达到GDP的100%或者更低，主要作为获得在养老金费用中以往最大值的手段（预计在大约2045年成为西班牙特殊人口状况结果）。这意味着以较大规模的PAYGO成分创造了一个混合性体系。

如果西班牙的大规模基金创造明显减少了资本市场的收益，应当选择向海外市场对SPF进行投资。投资组合的多样化提倡向海外进行投资，其原因在于储蓄应当获得全球的资本回报。通过从地理的角度对资产主张回报，让潜在劳动力见证比西班牙——这里劳动力的短缺可能限制今后10年的产出——更高的增长率方式以确保未来养老金安全，这样也是讲得通的。最后，值得注意的是，在本章中提出的预测没有对今后20年社会保障的财务问题给出预计，实施这些最终方案的机遇之窗也即将关闭。目前的盈余，以及不久的将来的预测值，需要成为养老基金的基础，以便创造收入的第二来源（除了缴费以外）——将会使社保体系在没有提高工资税或削减给付的情况下生存下去。而且，推迟的时间越长，成本越大。

附录 6.1 PAYGO 法则的修正

实施更具弹性的退休年龄政策

在雇主、职工和政府中广泛存在对实施更加弹性的退休年龄政策的一致性满意。我们没能获得政策的细节，但是有关出版社出版了一系列指引。为了估计该政策对社会保障体系财务状况的影响，我们做出如下假定：

- 缴费根据基准情景保持不变，但是那些选择在65岁后继续工作的人们将会被免除缴费。
- 65~69岁的参与率为64岁观测值的一半（64岁时仍在工作的人们有50%选择退休）。
- 那些选择继续工作的人们基本从事兼职工作，仅使用其50%的时间去工作（50%的占有率）。
- 向65~69岁仍在工作的职工支付的养老金与其假定65岁退休时获得的养老金与1和占有率之差的乘积成正比。在70岁及以后获得的养老金不受影响。

其结果是整体可用劳动力的上升，这样对GDP具有积极的作用，并且减少了对那些仍在工作的65~69岁职工的养老金支付。表A6—1—1归纳了这个结论。

表A6—1—1　弹性退休年龄估计的财务预测（占GDP的百分比）

年份	缴费	永久性残疾	退休	配偶	子女	暂时性残疾	产假	管理成本	最低补充	全部费用	余额
2000	9.8	1.00	5.6	1.5	0.12	0.61	0.12	0.34	0.62	8.8	1.1
2005	9.8	1.07	4.9	1.5	0.09	0.58	0.14	0.32	0.48	8.1	1.7
2010	9.8	1.11	4.6	1.5	0.08	0.55	0.14	0.30	0.36	7.9	1.9
2015	9.7	1.13	4.7	1.5	0.07	0.53	0.13	0.30	0.27	8.2	1.6
2020	9.7	1.14	5.1	1.6	0.08	0.52	0.11	0.31	0.18	8.7	1.0

第6章 西班牙的社会保障改革

续前表

年份	缴费	永久性残疾	退休	配偶	子女	暂时性残疾	产假	管理成本	最低补充	全部费用	余额
2025	9.7	1.10	5.9	1.6	0.08	0.51	0.10	0.32	0.11	9.6	0.1
2030	9.6	1.02	7.0	1.8	0.07	0.50	0.10	0.34	0.07	10.7	−1.1
2035	9.6	0.97	8.2	2.0	0.07	0.49	0.10	0.37	0.04	12.1	−2.5
2040	9.6	0.91	9.5	2.2	0.06	0.48	0.10	0.40	0.02	13.7	−4.1
2045	9.6	0.82	10.9	2.4	0.07	0.48	0.10	0.43	0.01	15.2	−5.7
2050	9.6	0.78	11.4	2.6	0.07	0.47	0.09	0.44	0.00	15.9	−6.3

资料来源：Sainz de Baranda（2001）。

该估计认为这种政策将对社会保障体系的财务产生积极效应。这种效应在预测期内增长——从2010年GDP的0.2%到2045年左右GDP的几乎1%——但是朝着大规模赤字发展的总体趋势在接近预测期末时并没有保持下来。这项政策——虽然显然是迈向正确方向的一步——但其自身保证社会保障体系的财务生存能力是不足的。

值得注意的是，在本部分这样或其他模拟的预测期被延长到2050年之后——并且仍使用与2050年之前相同的人口和宏观经济准则。2050年之后的预测可信度要比2050年之前的更低。但是，延长的预测对于讨论也是有用的。

延长用于计算养老金的年数

另一项目前处于争论的建议就是将用于计算养老金的年数从现在的15年延长到35年。这项改革的支持者主要认为将养老金领取者全部的缴费历史进行养老金指数化是一件更公平和更加符合逻辑的事情，这样可以消除早年低报工资和接近退休时高报工资的动机。它隐含在完美模型（第2章）的介绍中。但是，如果我们的介绍被采纳了，我们就应当确保全部缴费的收益，然而附加的既定供款规则却使职工处于不利地位。

该项措施的反对意见可能来自这样的事实——该政策意味着平均给付的显著下降。

养老金改革反思

为了估计本次改革对社会保障体系的财务冲击，我们进行如下的分析：

• 我们使用由 INE（www.ine.es）发布的人口应用数据对工资水平进行估计。这些变化由图 A6—1—1 绘出。

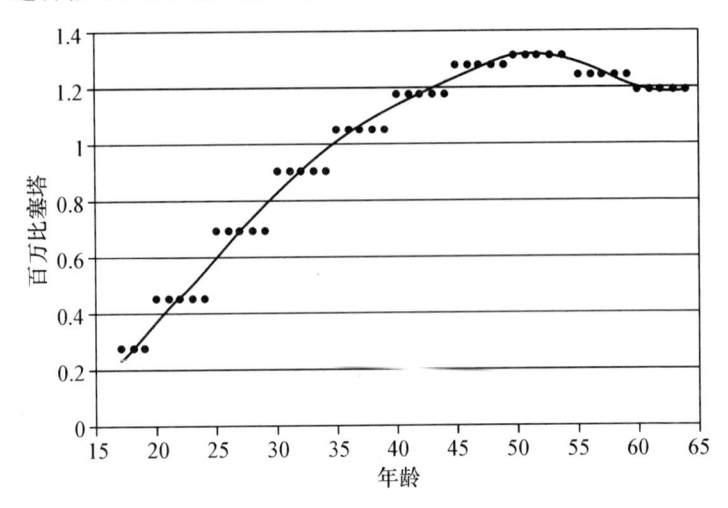

图 A6—1—1 西班牙工资的年龄剖面

资料来源：Sainz de Baranda (2001)。

• 我们假定该分布的形态是固定的。也就是说，实际工资在整个年龄谱以生产力增长的速度增加。

• 对于 2006—2025 年的 35 年①，我们将用于计算基本养老金缴费的年数增加 1 年。在那一时点之后保持不变。

• 我们将最后一次工资与第一笔养老金之间的比率定义为替代率。该比率通过以下公式确定：

$$R_r^i = \frac{S^i + S^{i-1} + \sum_{j=i-2}^{n} S^j \frac{CPI^{i-2}}{CPI^j}}{nS^i} \quad (A6.1.1)$$

其中 R_r^i 为那些在第 i 年退休的人的替代率，S^i 为第 i 年的工资，n 为

---

① 疑误。——译者注

用于计算养老金的年数。工资从第 3 年及更早时期开始,并经通货膨胀指数调整。替代率的结果,在目前保持的 15 年以及从 2006 年开始逐渐增加到 35 年的政策下,由图 A6—1—2 所反映。通货膨胀和工资增长的历史数据到 2000 年用完,源于我们基准情景的预测就从那个时候开始。

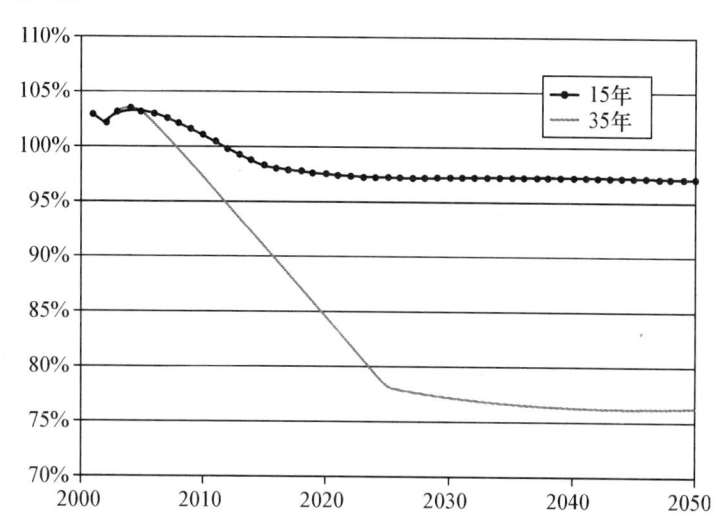

图 A6—1—2　替代率随时间的变化(使用 15 年计算养老金给付,并且在 2006 年更改为 35 年)

资料来源:Sainz de Baranda(2001)。

● 退休养老金的削减触发了遗属养老金的下降——该养老金实际来自于领取者,我们的模型经调整阻止了这种情况的发生。实际上,这相当于在 2035 年之前将遗属养老金的替代率从现在的 45% 提高到大约 60%,为鳏寡保持相同的用 15 年的基准计算养老金可以获得的补偿。

图 A6—1—3 显示了在预测期内该改革对社会保障财务的影响。

提高用于退休金计算的缴费年数的影响是实质性的——尤其是在 2025 年之后——当转变将要结束的时候。虽然这项改革自身对于确保养老金体系的财务生存能力并不是最有效的,但是它在 2045 年之后将预期使赤字显著削减 GDP 的约 2 个百分点。

但是这项改革使大约 20% 的实质性给付削减——与目前的计算方法相比——成为必须。因此,实施可能存在政治性困难——尤其是

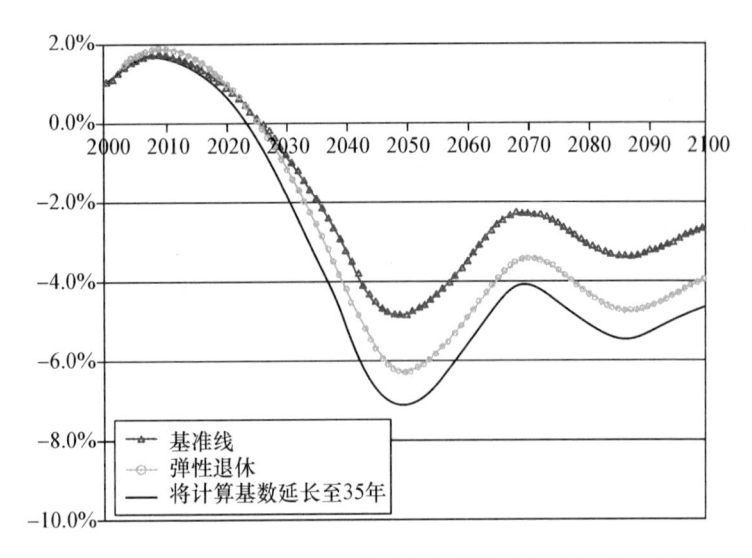

图 A6—1—3 两种 PAYGO 改革的财务预期（占 GDP 的百分比）

资料来源：Sainz de Baranda（2001）。

当体系运营存在盈余的时候。

对于积极的方面，提高用于计算 PRB 的年数将会提高系统的公正性。在即将退休时失业的职工将发现对其养老金产生的影响较小，因为他们工作的年数在 PRB 中占了较大的比重。同样，高学历（及高薪水）的职工根据上涨的经验，倾向于希望其工资与其他低技能的同事相比出现陡峭的上涨。因此，计算期的延长将对高薪水的职工影响最大。另一个可选的方法是延长用于计算 PRB 的年数，以此使体系更加公平，并提高替代率以部分弥补这种延长导致的下降。

附录 6.2　由 SPF 获得的回报率

酝酿中的改革成功的关键因素在于实现基金资产投资的"良好"回报率。我们已经在本章的模拟中使用了 5% 的实际回报率。这稍低于在第 5 章对美国使用的 5.2% 的回报率。本附录部分提供了西班牙股票市场历史业绩，及政府和公司债券回报的一些数据。

股票市场

图 A6—2—1 显示了西班牙主板市场——Indice General de la Bolsa de Madrid（IGBM）的月度变化，并经过相同月份 CPI 指数的调整。最后 14 个月的平均实际回报为每月 0.62%——将被合成为 7.71% 的年度实际回报。

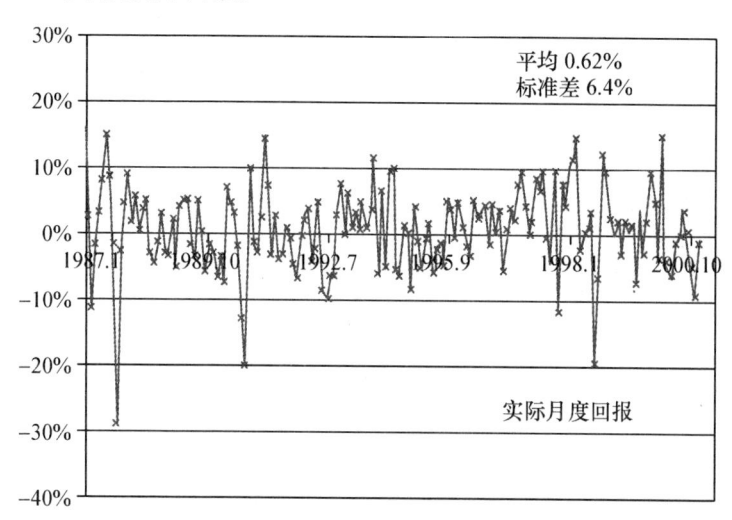

图 A6—2—1　经 CPI 调整的西班牙证券市场的月度回报

资料来源：Sainz de Baranda（2001）。

政府债券

图 A6—2—2 显示了 10 年期"无风险"政府债券的回报。实际回报从 1997 年之前的典型的 4%～6% 的水平下降到 2000 年的低于 2%。本图中最后一年的低回报可能是 2000 年通货膨胀升高的结果，该比率不可能在欧洲货币联盟中具有持续性。图 A6—2—3 将 10 年期西班牙债券的实际回报与德国长期公债进行比较。德国债券的实际回报较高（大约 3%）。这就支持了 2000 年西班牙债券实际回报异常低的假说，因为政府债券的发行已经极大地取悦了德国。在"无风险"政府债券市场上期望大约 2.5%～3% 的实际回报率是合理的。

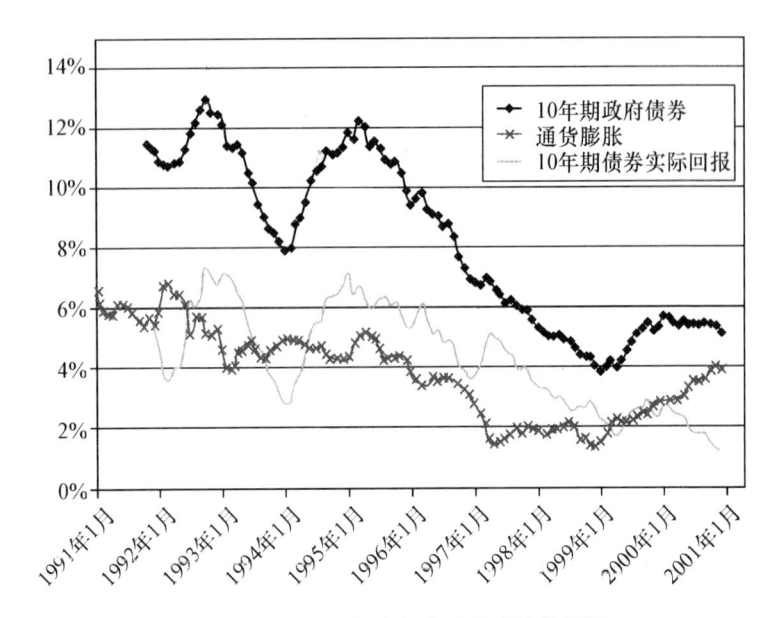

图 A6—2—2　二级市场上政府债券的回报

资料来源：Sainz de Baranda（2001）。

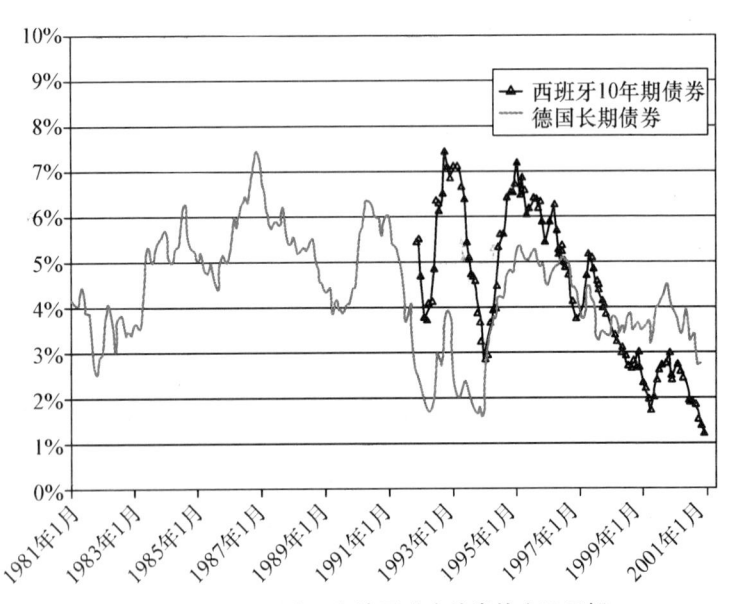

图 A6—2—3　西班牙和德国政府债券的实际回报

资料来源：Sainz de Baranda（2001）。

公司债券

西班牙的公司固定收益市场非常落后。在 1999 年,西班牙低于 10% 的企业融资采取公司债券的形式——而与之相对应的美国为 30%。图 A6—2—4 显示了西班牙公司债券回报的有关数据。实际回报的模式有些类似于公债,并且在近些年下降显著。很难从图 A6—2—4 的数据中很好地读出公司债券回报的趋势,但是,期望广泛分布于"无风险"政府债券中是合理的。因此,3% 的固定收益证券实际回报并不是不合理的。

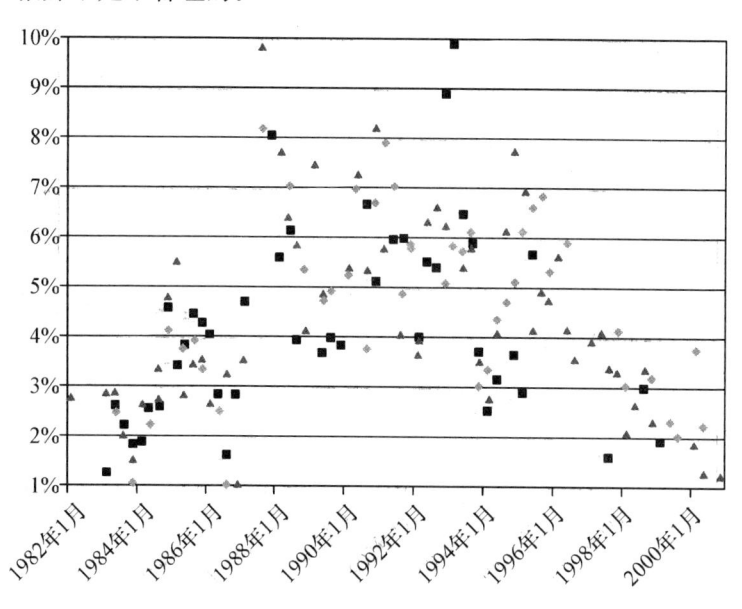

图 A6—2—4　西班牙公司债券的实际回报

资料来源:Sainz de Baranda (2001)。

7% 的股票回报和 7% 的债券回报准确地被用于第 5 章以得出美国资本的税前回报为 8%~8.5% 的结论。这将会为 5% 的实际回报的担保者留下 3%~3.5% 的空间。

第7章 "两养老金"定理

帮助退休人员实现退休目标

整个养老金改革的争论和以往章节聚焦于转向基金积累性养老金体系的国家是否应当采用既定给付（DB）或既定供款（DC）计划，这些安排是否应当基于个人账户或集合安排，资产是否应当公共或私营管理，以及资产管理费用是否合适或过高。除此以外，我们已经在以往章节讨论和争论了养老金体系是否应当完全积累或部分积累，以及转变成本是否值得承担，如果值得，由谁来承担。但是，在 DC 计划中没有什么对个人的帮助，或者实施 DB 计划的政府将资金（从宏观意义上）进行投资实现退休目标。[1]

专家们敦促投资者考虑这样的投资组合：（1）良好的多元化；（2）遵循资产风险配置的某种范式以反映个人的年龄（所谓的生命周

---

[1] 例如，Leibowitz et al. （2002）已经证实假如资产－工资比低于最优路径，参与者应如何度量其进步。但是，本章不能从动态的角度向个人提供应如何改变其缴费或投资政策的建议。见 Usuki（2002）对日本的一个好的总体建议。

期基金);(3)选择基于资产－负债分析(Muralidhar,2001)的资产风险配置。那些养老金改革依靠私营管理 DC 账户的发展中国家的监管,已经面临赞同股权投资(国内或海外)的压力,以允许投资者对他们的投资组合进行多元化。即使在日本,监管者已经对如何投资基金施加了约束(例如对政府债券的投资最低不少于 50%)。这些约束现在已经成为日本企业养老金计划严重积累不足的众矢之的。这些建议后面的目标是允许多样化的个人群体以可能性最小的风险实现其不同的退休目标。

在经典的投资组合管理中,个人被告知应当将其财富按照比例购买无风险(具有或不具有杠杆)及风险资产以获得各自的投资目标。这个简单的范式与这些产品是否通过外部基金管理人提供无关,并称为两基金分离定理(two-fund separation theorem)。不幸的是,养老金改革的争论已经对那些与外部基金管理有关的话题非常感兴趣,以至于没有多少措施被用于检验是否类似的无风险和风险"资产"在养老金中是可用的。相反地,争论的焦点已经变为是 PAYGO 还是积累;或者 DB 还是 DC,而不是在个人需要实现的不同养老金退休目标上。例如,具有相同工资和缴费历史的两个人可能对于年金或者愿意承担的风险具有完全不同的目标。如何实现这些目标?显然,在这种情况下生命周期基金是无用的。

本章寻求在理论与实际之间的鸿沟上架起桥梁,并且为帮助个人实现退休保障提供一个基本的方向。我们尝试提供一个高水平的框架以实现这个目标,并且证明哪个养老金体系是必须的,必须开发什么样的投资产品以方便这个过程。

我们认为在发达或发展中国家养老金改革成功的可能性可以通过以下几个方面得以提高:(a)个人具有选择 DB 和 DC 计划的途径,(b)即使 DB 计划未被提供,可以提供实际回报率有保证的产品(GRRPs)以允许 DC 计划模仿 DB 的结果。这些保证的时间范围是一个关键性问题,但是我们使用了一个简单的模型验证了一些有趣的结果。将个人参与者养老金年金暴露于"多元化投资组合"的奇想之中是合适的。因此，需要开发新的产品。① 有人认为需要引入国际养老金掉期（例如 Bodie and Merton，2002；Reisen and Williamson，1997）以允许投资者获得全球性的多样化；尽管如此，很多可选方法在理论上都是吸引人的，却不能轻易地实施。② 最终，需要首先了解参与者的最终目标，以及那个视角所必须遵循的产品设计。因为养老金改革的目标是确保退休财富风险最小化，直接而不是间接实现这个目标的产品（例如，通过多样化的创造或生命周期的投资组合）可能会更加有效，参与者也会更加满意。

在有关养老金的上下文中，以及在第 3、4、5 章简要的阐述中，一个有保证的实际回报率产品或 GRRP（在我们的改革建议中通过掉期合约实现，在这个合约中财政部在一个有限期内保证一个回报率，进一步确保替代率）在整个参与期间提供了一笔无风险的退休财富积累。换句话说，为保证一个确定的养老金给付（或使低于目标养老金的概率最小化），一个有保证的既定供款回报被用于实现这个目标。Merton（1983）和 Bodie and Merton（1992）可能认为确保实际收益率是不够的，因为不是根据生活成本而是根据人均消费指数调整给付以保持对国民生活水平合理的挂钩是重要的。但是，同一个主题还存在变数：社会保障体系的目的是保证退休人员的相对生活质量。

我们简短地回顾了为何 DB 计划——其担保收益通过有保证的既定供款回报（或 GRRP）得到保护——对于社会保障计划是最优的。虽然我们将这种情况从宏观经济的角度进行研究，但是我们从帮助个人实现与其个人资源和风险承受能力相一致的最优养老金的视角验证了这个结论。然而，社会保障计划仅仅是退休体系多个支柱中的一个

---

① 见 Solnik（1973）和 Olienyk，Schwebach and Zumwalt（2000）。
② 养老金掉期的主要问题有：（1）它们倾向于场外交易，因此是程式化和非流动性的；（2）假如投资者打算进行战术性资产配置转换，它们将难以使用；（3）同一市场两个投资者的参考基准可能是完全不同的（例如，美国投资者将标准普尔 500 指数或者罗素 3000 指数作为他们的基准，然而外国投资者通常将 MSCI 美国股票指数作为他们的基准）。在第三种状况存在的地方，并且这也是全球非常普遍存在的情况，那么寻找两个相互补偿的客户，在他们没有为交易进行不合理支付的情况下签订合约，将是极度困难的。

支柱。我们认为具有两大支柱的体系是合适的（强制性 DB 和自愿的 DC 基金组合对任何一只基金都是受欢迎的），然而像世界银行这样的机构赞同三大支柱的体系，这种观点基于不同的体系可以将风险分散化。我们检验了这两种体制如何容许个人实现最优养老金业绩的可行性。我们证明了即使对于那些仅存在（个人）DC 体制的国家，在完美模型中也描绘了结构类型的作用，并且审视了其是如何通过资本市场工具而实现的。

我们提供了不确定性情况下最优资产选择理论的简短回顾，并且将该理论移植到养老金积累的应用中。因此，我们可以验证 GRRP 对于纯粹 DC 计划成功的重要程度。该分析同样被应用于复合 DB 和 DC 养老金计划，创造这类产品的资本市场问题同样受到了讨论。总之，我们在养老金领域验证了两基金分离定理及其逻辑延伸——两养老金定理。

社会保障体系的 GRRP DB 计划的最优化

第 3 章认为，在稳定状态和一定条件下，完全积累体制对于社会保障而言要比 PAYGO 更受欢迎，因为：(a) 长期缴费较低——由于通过积累性资产创造利息（和本金）流，这种积累性资产可以与养老金一起得到偿还；(b) 较少受到人口或者生产力增长的影响；(c) 增加储蓄。但是，当社会保障计划是强制性时，政府资助的 DB 计划使国家确保退休者不会因老致贫的成本最小化——由于资本市场发展的原因。该结果成立的原因在于 DB 体制是保险体制，代内和代际风险集合使政府的成本最小化。[①] 第 4 章验证了如果他们忽视了这种使用程式化 DB 计划——在这种计划中既定给付通过以既定供款率保证的实际回报实现——分摊引人注意的风险时对国家的成本。

---

① 一个类比——当企业的所有雇员面临参加健康保险时，其保险费用是最低的；当个人期望获得最低的服务水平，但是却有供给者提供时，费用是较高的。

传统的 DB 计划由于对社会保障过于复杂已经遭到抛弃。[①] 人们越来越希望将缴费与给付相联系并使得养老金体系透明化。我们认为一个完全积累的、缴费的、积累的、既定给付（CFDB）计划将会实现这些设计目标。在一个纯粹的 CFDB 计划中——例如我们的完美模型——个人向其个人账户进行缴费，但是通过缴费基础上有保证的回报实现既定给付，这种回报可以通过一个掉期（政府提供的 GRRP）或基于市场的 GRRP 实现对资产的积累。当确保个人获得与实现的工资增长路径相一致的目标年金或替代率时，将会具备所有 DC 计划的正的外部性（个人账户、潜在借款、更少的回避、更少的政治风险、对人口增长更少的依赖）。该计划照顾到了 DC 计划的社会保障体系的基本缺陷，也就是（a）个人暴露于投资回报的波动，因此退休时替代率低于目标 50% 的事前概率（假定该投资组合以正态分布具有合适的期望回报）；（b）DC 计划是不公平的，因为两个具有相同工资历史的人可能养老金完全不同，这样就使得这些体制对于发展中国家及贫穷或朴实的参与者而言是不合适的。Bateman et al.（2001）认为运用看涨、看跌和利率上下限期权减轻业绩差的资产风险，但是期权的运用仅仅是通过一个设计良好的 DB 计划直接实现这些结果的次优选择。购买期权是昂贵的，需要专业的知识才能使用，并且可能暗示着对未预期的资产市场波动性的观点。

除此以外，一个公共养老金计划考虑了最优风险分担和风险承担问题，因为最好的定位于提供对代际回报平滑的机构——例如政府——就是提供该项计划的机构。第 4 章验证了如何将提供有保证养老金的成本通过 CFDB 计划进行最小化。实际上，该计划的一个变化已经越来越多地被采用到美国的公司养老金计划中——例如"现金平衡计划"，参与者在其个人账户中获得财富积累的定期报表。

这个体制是透明的，资产的投资也是非常简单化的，因为一个清晰的回报目标得以建立（例如，有保证的实际回报）。进一步的，该

[①] 在一个养老金计划中，缴费、投资和缴费年数以及退休寿命决定了退休财富。传统的 DB 公式非常复杂：养老年金＝工作年数×应付因子×最终或平均工资。

计划涉及较低的投资管理成本——在拉丁美洲未能实现（第3章），因为资产应当被聚集。作为另一种可选的方法，个人可以从社会保障体制中，例如在英国（或许甚至是德国），寻求一只可以提供平等或更高保证的私人基金。CFDB计划的最终优势在于其对于地区性计划——例如在欧元区、太平洋地区和加勒比群岛国——是完美的。这些地区将会受益于规模经济和资产的国际多元化；更重要的是，将不同群体的人们聚集在同一个保险计划中（例如CFDB计划）会使债务风险最小化，因此降低这些显性或隐性保证的成本。这些优势不能在任何迄今为止提出的DC计划下显现。

不确定金融条件下的选择理论

一些基本金融原理的一个简单回顾——也就是两基金分离定理——在我们讨论DC计划中GRRP的应用之前进行了提供。

让我们假定（a）偏好期望获得更多的财富，厌恶波动（例如均方差偏好）；（b）无回报变化的无风险资产；（c）具有很多风险资产的市场是完整的；（d）市场投资组合存在，由所有风险资产的资本加权指数组合刻画；（e）资产回报是正态分布的。那么，在给定投资期限的情况下，所有投资者持有无风险资产和市场组合的结合是最优选择，即使不同的投资者持有这两种资产的比例不同。这就是所谓的两基金分离定理（Tobin，1958；Sharp，1964）。在实践中，我们假定无风险利率对于给定投资期间政府证券不存在违约，市场投资组合为潜在股票指数。最优投资组合的选择（无风险资产与风险资产的组合）由对图7—1中资本市场线上点的选择确定——相当于客户的合意风险配置。每个点相当于两种资产的不同组合，接近于无风险资产的点表明投资者是风险厌恶的，远离市场投资组合的点表明投资者希望以更高的风险容忍度利用对市场投资组合的配置。

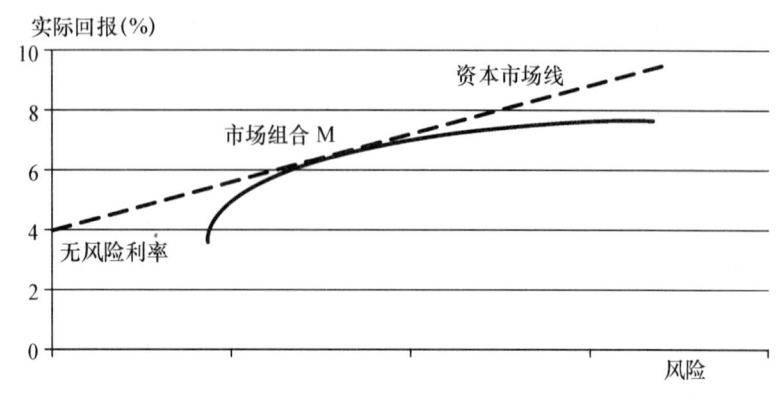

图 7—1 资本市场线

对养老金金融的应用

养老金的问题可能会稍稍复杂，因为这是一个跨期问题——其中个人需要每月或每年向养老基金缴费。当考虑以往投资及未来意外时，这些新的缴费将被继续投资。进一步的，在退休时，积累财富被转换为年金；因此，其存在的风险是财富过于贫乏或者不确定性太大。两基金定理将如何在这个跨期框架中起到良好的作用呢？

只要概率分布在整个期间保持静态，市场投资组合就不会发生改变。在参与者的工作期间无风险利率将是静态的，因此目前发行的单个财政部债券将不能形成无风险养老金（虽然财政部债券的投资组合理论上可以实现这一结果）。除此以外，一只养老金更大的风险在于实际财富的损失。因此，将这个范式应用于养老金中，我们必须使无风险利率等于一个跨期、有保证的实际回报中的投资。但是，在给定缴费可能在整个时期变化等复杂条件下，它适合潜在退休金领取者的效用函数吗？

我们假定，在养老金的环境中，个人可以被描述为具有均方差偏好的个体，因为他们期望在退休时获得更大的财富，但是厌恶在这种退休财富中的不确定性（或者退休致贫的可能性）。实现无风险、实

第 7 章 "两养老金"定理

际替代率的一个途径是将所有缴费投资于一项以零波动率提供实际的、固定的、年化的回报，直至退休。通过定义，在 GRRP 中投资就能获得。另一种可选的方法，接近经通货膨胀指数调整的 DB 养老基金（要么是积累性，要么是 PAYGO）是同样可接受的，因为养老金计划的出资者保证了实际年金。[①] 我们可以获得较高的期望替代率，但是不确定性更大，通过 DC 计划投资于风险资产的市场组合。这种情况在图 7—2 中得到反映。

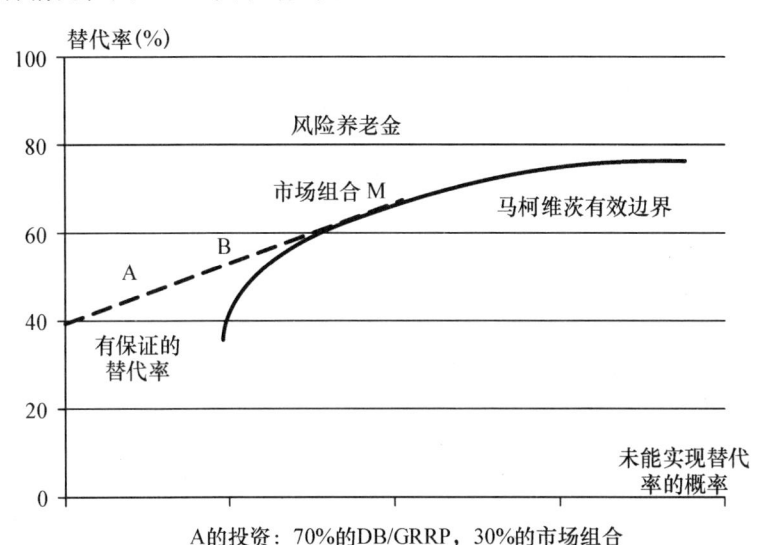

A 的投资：70%的 DB/GRRP，30%的市场组合
B 的投资：50%的 DB/GRRP，50%的市场组合

图 7—2 两养老金定理

为了将本部分进行简化，我们首先假定缴费率在整个期间是固定的，并已经在第 8 章中对此进行说明。因此，给定（1）个人偏好；（2）回报在多个时期是正态分布的；（3）市场组合和 DB-GRRP 的存在，两养老金定理就会成立。所有的投资者，如果给定完备的选择，将会决定将其全部储蓄的一部分进行投资——用于退休——其中一部

[①] 欧洲的养老金计划提供指数基金，但是在美国，养老金计划不提供强制性养老金通货膨胀调整。同样，如果 DB 计划没有得到充分积累，一旦当出资者破产时该计划没有充分的保险，实际年金未被保证的风险很小。对于国家，我们可以忽略这种可能性。

分投向市场投资组合（或者一个多样化的、基于自愿缴费的既定供款基金），另一部分投向 DB-GRRP，他们的决策反映了个人的风险厌恶程度，将决定资本市场线的位置。某个偏好确定的、较低替代率的个人将会把他或她的所有基金投入 DB-GRRP（如图 7—2 所示，资本市场线交于 y 轴的地方）；希望承担更大不确定性的最终结果的个人已经知晓较大的不能实现期望的更高替代率的概率，将会选择市场组合（M 点）。其他人将会选择这两种投资组合的不同混合，例如图 7—2 所示的投资者 A（更大风险厌恶）和 B（较低风险厌恶）。因此，这些可行选择代表了由资本市场线描绘的较大养老金财富期望和较高期望养老金不确定性之间的权衡。Dutta，Kapur and Orszag（1999）使用投资组合最优技术对最优社会保障体制中积累的比例，以及投资于部分积累体系的股票比例进行了类似的估计。但是，他们将低风险资产作为政府债券，然而我们认为真正的零风险资产是 DB 或者——如果是基于市场的——GRRP——由 Merton（1983）阐述的产品类型。

纯粹 DC 计划的应用

那些已经抛弃了所有现存 DB 基金并彻底转向 DC 系统的国家体现了不确定条件下投资选择的最清晰形式。如果没有 DB 计划，就好像没有风险资产。在很多市场中，向投资者提供的产品为债券和股票基金的组合。已经存在一些包含防通货膨胀债券而创造投资基金的讨论，但是这些做法甚至可能在整个期间动摇实际回报率——正如瑞士和德国一样。进一步的，在很多新兴市场中，基金经理们要求提供股票和国际投资的自由，但是监管当局却保持谨慎。

实施 DC 计划的国家面临三个基本问题：(1) GRRP 的缺失；(2) 市场投资组合的选择（国内或海外的）；(3) 缺乏有效的工具帮助投资者对其基金进行投资（例如，帮助其决定储蓄数量及如何将这些储蓄分配到不同产品中)。

创造由私营机构提供的有担保的回报（privately offered guaranteed returns，POGR）的挑战在于：在资产市场波动给定的情况下，提供者必须能够在长期提供相同的利率。GRRP的一些案例为5%的实际有保证识别债券，智利在获得这种债券之后补偿了旧的PAYGO体系下应付的给付，这些债券也由以色列政府提供给以色列。越来越多的国家开始发现这类产品的给付，比利时要求很多养老基金提供这种保险。在比利时的案例中，有保证的回报率是名义的。但是，比利时（和瑞士）面临降低未来有保证缴费率的压力，因为利率已经下降，股票市场经历了下跌的行情。在智利，未来的缴费不能用于投资这类产品，然而在以色列对这些债券的投资仍在继续。世界银行的养老基金是少数提供3%的实际回报保证投资（以美元计）或其他风险资产（标准普尔500指数基金、债券基金及非美国股票基金）的养老基金。但是，世界银行养老金管理部门管理向参与者提供的和通过市场工具获得的回报之间的风险（或者有效的，他们提供掉期）。

以下工作需要在仅存在DC计划的国家开展：(a) 提供POGR的私营机构；(b) 识别风险资产的市场投资组合；(c) 向参与者提供他们能够选择最优替代率的机制，进一步的，向他们提供配置投资选择的权利。POGR的缺失意味着个人在资本市场线下选择投资组合，这显然未实现最优状态，因为更高的替代率可以通过相同风险水平的POGR进行实现。缺乏清晰指定的市场组合也产生了类似的问题，因为它导致非最优组合的投资风险。第3项要求对于允许投资者获取其理想的替代率是必要的，如果缺乏这个条件将会导致投资者不能选择到与其风险偏好一致的投资组合。

以下部分讨论POGR和市场组合，以及提供一个简单的帮助个人实现其退休目标的模型。

最优投资组合选择模型

假定缴费率在整个工作期间是固定的，退休时的财富等于整个工作期间的缴费聚集到投资收益中直到退休。进一步的，我们假定人口特征（寿命期望、退休日期等）、初始财富和工资、工资增长及通货膨胀都是给定的。那么，对于一个给定的缴费率和目标实际替代率（或退休财富）而言，存在唯一的投资者必须以其为目标的期望实际回报率。这是一个简单的识别，已经开发的一些模型对其进行了验证（我们在第 1 章的附录就提供了一个）。进一步假定 POGR 是可行的，市场组合 M 是可以唯一确定的，那么对于个人的相关投资组合为由对应目标"期望回报"或关于证券市场线的期望替代率确定的投资组合（图 7—3）。① POGR 和 M 的份额是唯一确定的，所有的缴费必须投资到这个比例中去。但是，伴随这个实际回报或年金的是这种投资组合及其养老金业绩的波动，以及这个人必须确定风险水平是可以接受的。如果风险太高，这个人必须降低目标年金的期望（例如，对 M 的投资），并重复前述过程。这个过程一直重复到该人对资本市场线上某个特殊点代表的期望财富风险的权衡满意为止。如果当风

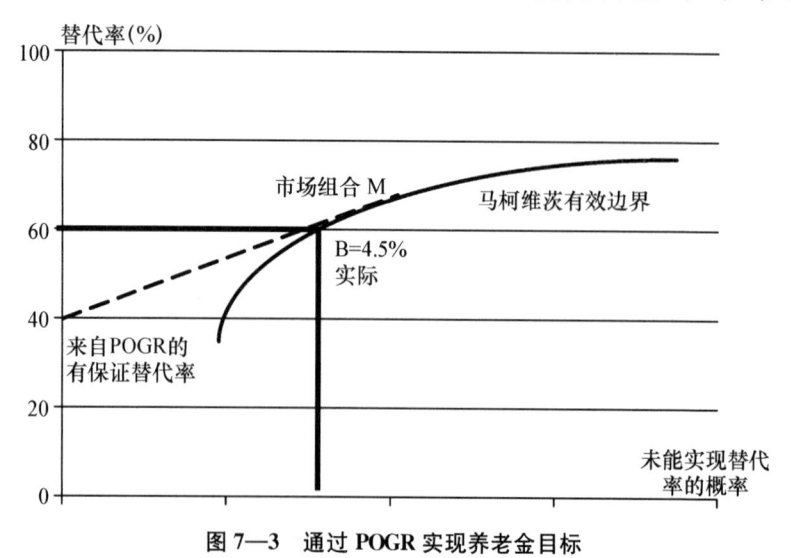

图 7—3　通过 POGR 实现养老金目标

① 假定 GRRP 产生 3% 的实际回报，且股票的实际回报为 6%；那么，投资组合 B——二者各占 50% 的组合——产生的收益为 4.5%。对于一个工作 40 年，退休后生存 20 年，工资以每年 3% 的幅度增长，60% 的平均终生工资替代率可以通过 8.8% 的年缴费实现——如果这些缴费获得 4.5% 的年实际回报率。

险厌恶变化时，目标随时间变化，那么投资组合将需要对 POGR 和 M 新的最优比例进行重新分配。①

有关混合养老金体制的案例

三大支柱养老金体制的主张形成于世界银行的一个报告中（World Bank，1994）。该报告建议各国（a）提供强制性的 PAYGO 体制（第一支柱），（b）强制个人参加积累性的和私营管理的 DC 体制（第二支柱），（c）鼓励自愿储蓄（第三支柱）。我们对于各国的建议是提供一个强制的 CFDB 计划——因为 PAYGO 和强制性 DC（第一和第二支柱）能够被一个更好的 CFDB 所替代，并且鼓励个人自愿进行储蓄，这实际上就是两支柱体系。DB 部分提供了无风险的替代率，要么是部分积累的要么是完全积累的。因为第一支柱的参与是强制的，并且缴费是固定的，个人可能在获得最优组合方面受到限制（例如，投资于 GRRP 和 M 的各自比例）。因此，参与者应当具有进入其他 POGR 或者向其 CFDB 账户进行更多缴费的权利。有可能建议允许个人增加比其向国家养老金体系进行的强制缴费高 5%（一个可以变化的随机选出的数值）的额外缴费。② 这样对那些贫穷或缺乏经验的参与者——他们的储蓄可能更多，却不敢在金融机构建立新的账户或者选择错误的方式，例如在澳大利亚和挪威——会特别有帮助。CFDB 的缺乏或者在养老金设计中未能加入强制性缴费将会导致非最优的资产配置及财富风险权衡。实际上，如果自愿缴费和向有保证实际回报产品缴费确保了附属途径实现满意的替代率，且这个满意的替代率所对应的不确定性是他或她所能承受的，在这样一种范式下两养老金分离定理成立。

---

① 这种实践方法是一种选择正确方法的极端简化：（a）在目前和退休消费之间，（b）在无风险和风险养老金业绩之间。

② 自愿缴费的税收作用被忽略。如果该体制是公平的，且 GRRP 被设定在一个合适的水平，那么给国家 CFDB 体制带来的问题会更少。

养老金改革反思

资本市场与投资管理问题

我们现在检验（a）如何确定一个市场组合，（b）分别为 DB 和 DC 提供与 GRRP 和 POGR 有关问题的答案。（c）对冲退休后年金指数化风险所应当做的（通货膨胀或实际生活水平的下降）。

根据市场组合，并不缺乏尝试对估计市场组合的研究以获取一个国际资本资产定价模型。为了简便起见，世界银行养老基金提供给参与者以下风险资产的选择：标准普尔 500 指数型基金、非美国股票基金、债券基金。在风险资产领域，债券与股票混合的问题在于，在市场组合中各自的比例应如何确定？我们建议使用资本化－加权投资组合（第 5 章），除非——在此处说明的范式——我们在整个时期对市场组合进行扩展以包括国际资产。但是，每个国家需要基于其自身的约束做出其允许投资的决策。海外投资需要额外的洞察力，因为很多国家（尤其是发展中国家）没有顺畅地输出其资本；此外，购买外国资产的行为倾向于削弱本地货币。同等重要的是，海外投资引起海外风险，因为货币流动能够引起本地货币的回报完全不同于外币的回报，这种风险必须得到管理（Muralidhar，2001，Chapter 5）。

给定有担保的实际回报产品目前不是由私营小机构提供的，我们必须知道这是否纯粹是一个整齐理论架构。GRRP 可以被用于公共的、强制的 DB 计划，只要计划的资助者（a）设定一个合理的、有保证的回报目标，（b）能够从稳定（或偿债）基金弥补年内赤字。在这些条件下，我们可以运用资产－负债管理原则保持这只基金，因为强制性参与聚集了债务，并最小化了（寿命期望和通货膨胀的）债务风险。①

---

① 有关 DB 和 DC 养老基金资产负债管理的文献越来越多地出现。例如，Dert (1995)。在一个养老金框架中，个人暴露于将要超过整个国家平均寿命期望的风险，或者将会侵蚀掉他们养老金的通货膨胀风险中。因为国有 DB 是具有大量参与者的强制性保险体制，它能够以最低的成本提供寿命、通货膨胀指数基金，因此为参与者提供了应对长寿命和通货膨胀的对冲。因为传统的逆向选择问题，转向 DC 计划的国家将向参与者转嫁显著的成本，以获取这些年金。

第7章 "两养老金"定理

第5章和第6章中的模拟验证了在美国和西班牙的社会保障环境中如何进行提供。

在 DC 养老金计划下,在一个特定基金中的参与不是强制的,这样就引发了诸多问题。参与者可以随意进入或退出一只基金,因为他们有绝对的自由。对于一个提供 POGR 的私营机构,提供者必须具有接触到不同久期的防通货膨胀证券的机会,这些证券可以一起提供超过有保证回报率的回报。该结论之所以成立的原因在于该机构必须对冲参与风险(例如防范逆向选择,这意味着当市场回报率低于有保证的回报率时,人们将参加社保体系,反之亦然)、久期风险(例如不同工具的久期从任何投资者的投资期限角度都是不同的)和通货膨胀风险(例如,当基金允许退出时,经通货膨胀调整过的支付将在同时进行)。在美国,财政部的防通货膨胀债券就是长期债券(10~30年),目前的收益为 2%~2.5% 的实际回报。这些机构有可能(在清算小的投资组合时对于上述风险和实际困难)愿意提供稍低于 TIP 的实际回报率,其条件为他们能够对未来缴费修改保证水平——假如回报率出现实质性的下降。[①] DC POGR 和 TIP 的收益将取决于前述风险的市场感知。我们可能期望,如果这些证券以不同的久期发行,久期风险或许将降低;相反地,较短的久期证券将——具有平均的——较低实际回报。实际上,私营市场可能不得不提供有规则的 POGR——因此,不同的久期具有不同回报率——因而增加了参与者进行分析的复杂程度。

但是,当强制参与且资助方存在时,在全国的水平上通过 CFDB 体系比其他私营体制提供具有显著优势的 GRRP 是可行的。DB 体制中有保证的回报率可能比任何 DC 体制都高很多。这是一个不重要的结论,因为当强制参与时,政府具有更强的管理代际风险的能力。因此,纯 DC 体制中资本市场线将更加陡峭,实现任何替代率的风险也将更大(图7—4)。DB—可持续性 GRRP 与纯 DC 可持续性 POGR

[①] 该结论基于与投资银行和保险公司关于其是否愿意提供这类产品的对话。

之间的差异为下降的替代率，个人必须对相同程度的风险（对于相同的替代率可能会更大）承受该替代率，以自由选择最优投资组合（以及进入或退出基金）。简言之，在风险或较低替代率（例如，选择的成本）和之前已经忽略的分析之间需要权衡。更大的风险如图7—4所示，因为在我们假设的例子中60%的替代率在CFDB计划下没有风险，但是在纯DC体制下具有意味深长的非零风险。[①] 在CFDB计划中，个人在给定的风险下获得了更高的期望回报率，并且具有一定借入和自愿缴费的选择权。

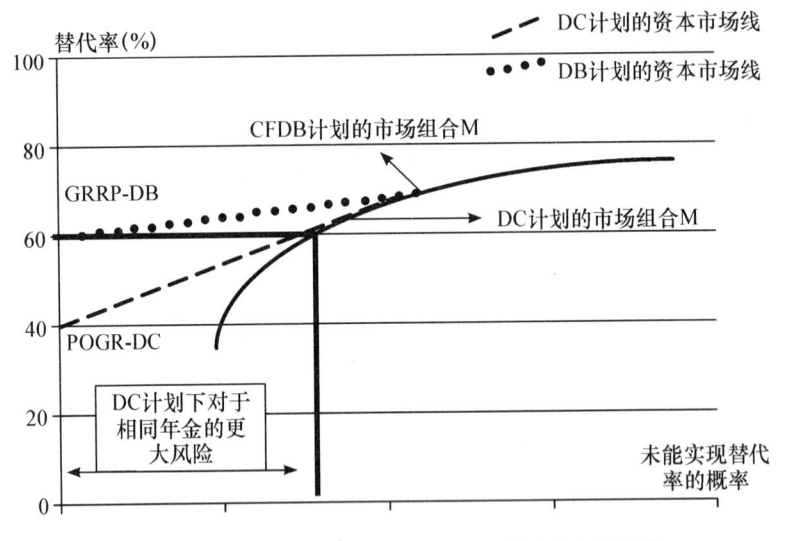

图7—4　当有保证的回报率通过DB计划或私营部门
（DC计划）得以提供时对替代率的影响

对于投资者而言，最后一项风险来源于将消费价格指数用于所有通货膨胀的调整是否合适，以及这些指数是否能防止退休者相对生活水平的下降（相对于在职人口）。简言之，目前投资产品的范围适合保护实际退休者的花费吗？不幸的是，TIP目前仅对CPI进行调整。假如受益者获得了盯住CPI指数的养老金，如果在职人口生活水平

---

① 需要注意的是，当我们基于从无风险资产到有效边界的切点应用选择市场投资组合的理论时，CFDB和纯DC计划下的市场投资组合是完全不同的。

上升，那么个人将仍然承担一定风险。因此，一些专家建议政府应提供生活水平调整债券（例如，实际组成对人均消费进行指数化），而不仅是物价指数调整债券（Merton，1983）。我们已经在第3章中显示了这种指数化可能需要较高的长期缴费。

小　结

本章从微观经济角度验证了养老金改革的成功对于个人获得以下机会是非常重要的：（a）DB和DC计划，（b）GRRP，不论计划的范围如何。这些有可能成为强制性DB社会保障账户的形式，或由市场提供。但是，前者的实际回报率可能高于后者。参与者同样具有提高其对这些GRRP配置的自由。这类产品的存在确保了个人将通过对"无风险"和风险资产间配置缴费以获得最优目标年金。因此，我们建议国家考虑养老金改革应当提供一个CFDB计划，在这个计划中给付采取有保证的替代率的形式（通过对既定供款实行有保证的实际回报率来确保），以及鼓励财政部和有关企业发行这种有保证的"实际"回报债券。除此以外，这种产品容许退休目标的有效实现——目标替代率和可接受的风险水平的目标——通过两养老基金定理的原理。

第8章 混合体系的案例及不定额供款：提升养老金体系的业绩

（与 Ronald van der Wouden 合著）

引 言

我们已经成功地证明了世界银行有关养老金改革应当整合三大支柱的理念是错误的，并且已经验证了世界银行的前两大支柱可以合并成一个设计良好的 DB 体系，连同"第三大支柱"成为自愿的 DC 计划。我们现在将这种方法扩展到用于证明第一支柱是如何得到最优设计的。

我们将验证至今仍被忽略的两个问题：（1）将 PAYGO 体系与基金积累体系混合，（2）不定额供款。我们（在第2章）验证了 DB 和 DC 体制的最优特征如何能在一个设计良好的 DB 体制——完美模型中获得。我们继续在本章证明将 PAYGO 和积累性 DB 体制结合的优势同样可以同化于一个体制。但是，从以往的研究出发，我们验证如何使其实现，而不仅仅是保障多样化给付（例如，资产回报没有与工资增长高度相关），也是限制基金积累性体系可能对资本市场效率造成的影响。

在我们的体制中，一个国家中的个人获得有保证的养老金，政府

第8章 混合体系的案例及不定额供款：提升养老金体系的业绩

有责任征收养老金并进行支付。我们同样讨论了掉期合约如何应用于保证既定供款的回报率，以及如何通过"偿债基金"管理将要偏离短期有保证的回报率的回报风险。但是，任何顽固的失衡都不得不最终由政府（实际上，最后由个人）进行补偿。我们验证了在企业养老金管理中的一项技术——不定额供款——能够被非常有效地用于管理保证人和政府的风险——这是一种积累少于债务的风险。我们基金积累性体系中的两项关键性风险为：（1）短期资产回报的变动，（2）长期有保证回报率高估的可能性。实际上，我们能够表明，在不定额供款情况下，有保证的替代率通过对长期已实现的平均资产回报征收合适的缴费而实现。这项技术同样可以导致平均缴费的降低，那么就可能存在最坏的少量暂时性转移（例如，如果早期回报低于有保证的回报率）。但是，如果有保证的回报率被过分高估，那么在传统的既定供款下，政府将需要承担大笔赤字以保证给付，因此在最后的分析中，将通过提高税负由目前人口承担，或通过政府赤字由后代承担。相反地，通过对不定额供款体系的管理可以将向后代转嫁的负担最小化。已实现回报的缴费率通过对不定额供款运用动态规则进行管理而实现，那么，平均缴费率就不必提早知道。但是，必须对有关调整机制进行说明，我们考虑了一些验证这些参数结果敏感性的模拟。

通过部分积累将PAYGO与基金积累性体系相连

若干评论员提醒我们，为了将第一支柱和第二支柱进行结合而建立纯PAYGO体系或者纯积累性体系对于参与者或整个经济来说可能有些风险。那些偏好DC体制的人们（第二支柱）认为PAYGO体制（第一支柱）的给付是DC体制下提供一定防范有害结果的保险（Feldstein and Ranguelova, 2001）。其他人认为由于资产的回报不是高度相关的，甚至收入和GDP增长是负相关的，那么将两种体制进行结合可能产生多样化的收益。该建议隐含在World Bank（1994

和 Boldrin et al.（1999）的建议中，并且同样反映在 Bodie et al.（1988）和 Dutta et al.（1999）的著作中。最后一篇论文强调了部分积累体系容许退休人员在退休人口收入中增加的部分的事实。Sinn（1999）认为向基金积累性体系的部分转变可能是解决导致社会保障危机的人口危机的途径。实际上，由于现代人未能通过生育足够的小孩"开始活动"，那么部分积累体系——通过强制储蓄而实现——被要求以实际资本替换缺失的人力资本。

但是，工资增长和资产回报间负的低相关未必能够充分证明某个结合是正确的，因为需要对期望回报率进行检验，以确保两种体系的融合将会为混合体系提供合适的回报率。例如，对工资增长率充分的低预期可以导致最优组合未能包含任何PAYGO成分（Dutta et al.，1999）的状况，或者这种组合可能隐含更高的长期缴费状况。更重要的是，虽然两个庞大的公共体制的产生可能导致不必要的管理成本和冗杂的体系，如果我们考虑 Baker and Kar（2002）中所指的管理机构监管这些支柱的成本（在年缴费中超过某个百分比的估计），那么体系越集中、结构越简单，成本也就越低。

虽然其他人认为与基金积累性体系结合的 PAYGO 具有优势——因为它将风险分散化——但是我们采取一条不同的道路。显然，如果凭借创造的投资组合，组合资产要么能够提供较高的单位风险回报，要么降低单位回报的风险。这不仅仅是一个简单的均方差最优化问题，因为存在对这个问题所涉及的需承受的机构性约束，仅关注工资增长对金融回报的相关性是不够的。由 Boldrin et al.（1999）提供的并且在附录8.1中归纳的有关数据表明在法国、德国、意大利和日本这类多样化的良好状况，但是在美国却未必如此。这些数据大都在1961—1996年，对于美国的情况，资产的回报超过了增长。在估计混合体系的政治风险一章中我们对美国采用一个较长时间的数据（1951—2000）进行模拟。Blake（1994）的数据表明多样化可能对澳大利亚、德国、荷兰和英国不起作用。因此，基于多样化的混合体系情况貌似在没有清晰模式出现的情况下对数据——以及时间——是敏

第8章 混合体系的案例及不定额供款：提升养老金体系的业绩

感的。

我们认为对于将两种体系混合的更宽泛的情况可以在基金积累性体系中对资产-工资比的可接受规模的限制中找到。我们使用这个比率作为基金积累性体系对金融市场影响的代表。该比率越高，由公共社会保障体系储备的未偿付证券的比例就越高。存在缴费和回报率的多重组合，这种组合可以提供合适的基金以应对某个目标缴费率，这个合适的组合基于对需要积累的养老金的承诺而决定。但是，回报率越高，缴费就越低，并且在潜在意义上，资产-工资比就越低，反之亦然。因此，通过PAYGO体系防止养老金体系的积累性部分对金融体系的沉重打击对该体系积累至平衡提供了一个好的调整。在第5章我们提出PAYGO和基金积累性体制组合的建议的一个关键理由是出于对在美国保持坚强、私营资本市场的考虑。

决定PAYGO和基金积累性体系的比例需要一次额外分析。正如在第5章和第6章所示，基金积累性体制可能引起最终支配整个经济的资产-工资比率改变。因此，在第5章，我们针对美国的情况验证了一次转变，凭借这次转变部分积累体系得以创造，资产-工资比为养老金储备不能支配整个资本市场的水平（1.6倍）。完全积累体系期望能够获得超过3的资产-工资比。即使向完全积累转变的资源是可以获得的，如此高的比率将会产生使资本市场扭曲的威胁。这种情况在欧洲的体系中将会更加严重——这里的给付是非常慷慨的。为了限制这个比率，我们已经建议——在美国——实施部分积累的DB体系，该体系能够分解成完全积累的成分和PAYGO成分。部分积累体系下和完全积累体系下缴费率的差别可以视为社会保障的PAYGO成分。

通过在部分积累的保护伞下创造该混合体系，两大支柱的组合可以轻易地在一个支柱下——我们从第1章以来已经研究的情况——获得。实际上，这样创造了一个部分积累体系，但是正如在Dutta et al.（1999）中所指出的，对由资产-工资比的约束所引起的能被投资于积累性体系的比例产生了约束。

在第 3 章，我们设计了黄金 SS 法则——以静态模式，养老金可以从缴费和资产的回报中得到支付（等式 3.4），也就是

$$p = c + A_{t-1}(r-\rho) \tag{8.1}$$

我们现在考虑分解成子类的缴费和养老金

$$p = p_f + p_{PG} \tag{8.2}$$

其中，p_f 为由基金积累性体系积累的养老金，p_{PG} 为由 PAYGO 积累的养老金。进一步的，同样对于缴费，

$$c = c_f + c_{PG} \tag{8.3}$$

其中，c_f 为对基金积累性体系的缴费，c_{PG} 为对 PAYGO 体系的缴费。在一个纯粹的 PAYGO 计划下，

$$c_{PG} = p_{PG} \tag{8.4}$$

因此，我们知道，在稳定状态下，对于有回报保证的完全积累的养老金体制，

$$p_f = c_{f+} + A'_{t-1}(r-\rho) \tag{8.5}$$

我们对这个分析进行应用，将一个部分积累体系分解成 PAYGO 体系和完全积累体系，以实现我们在第 5 章中对美国的情况所提的建议。美国的成本率期望达到 19%～20%，我们的稳态缴费为 13.5%。以 4% 的回报净增长对完全积累体系 1.65% 的缴费导致了 1.6 倍的资产－工资比以及 16% 的平均工资替代率。因此，基金积累性体系将为养老金体系产生 8%（1.65%＋1.6%×4）的资源，以来自于 PAYGO 的大约 11.9% 的余额满足 20% 的成本率。一致性得以确保，因为大约 13.5% 的总回报率等于 11.9% 的 PAYGO 加上用于积累的 1.6%。需要注意的是，对基金积累性体系 1.65% 的缴费接近于由私营支持者赞同的 2% 的转移。

通过将该体系分解成完全积累和 PAYGO 两部分，我们所知道的是缴费的波动是两种体系下缴费波动的函数。增长的变化影响到两

第8章 混合体系的案例及不定额供款：提升养老金体系的业绩

个体系。在PAYGO体制下，工资的迅速增长暗示了较低的长期缴费，然而在基金积累性体制中，更快的增长需要更高的长期缴费，如第3章表3—1所示。

动态缴费率的一个重要特征是其波动性——该波动为资产回报加权总和、（实际）工资增长及其方差和协方差的长期变化的函数。我们使用了几个模拟以验证不定额供款如何被整合到我们所建议的改革中，并显示其如何降低了政府的风险。所有这些在下一部分中进行了更详细的描述。

不定额供款的案例

在DB体制下，征收或积累的数量低于债务的风险由出资者承担。我们认为个人应当收到既定给付，政府应当提供一个DB的社会保障体系，因为政府最有能力承担糟糕的养老金业绩风险，并能确保代内或代际的积累风险。但是，即使具备风险的积累，仍然存在由出资者承受的显著风险。例如，个人应如何应对未来资产回报率、GDP和生产力增长以及人口增长估计的困难？除了预测这些变量的期望长期终值，随着时间的流逝其可能的波动已经受到了约束。为了应对短期的波动并确保稳健的养老金业绩，需要像缴费率这样的变量不被永远固定。另一个可能是可变给付，例如对挪威的案例研究（Werding，2003）。但是正如在完美模型中所显示的，我们偏好不定额供款（例如，从某个人的养老金社会保障组成中得到的可预期给付）而不是可变给付。

在完美模型中强调的关键战略适合养老金体系与财政部进行掉期交易，以对冲短期资产回报波动及继续提供既定给付。政府将与社会保障体系进行掉期交易，并建立偿债基金。唯一的问题——我们曾部分地讨论过——政府将如何应对资产回报中长期下降的风险；我们的对策是建立一支一流的团队以降低有保证的回报率，并且通过提高既定供款率弥补收入的损失。这种对策对避免向后代征税以支付现代人的给付是必须的——也就导致了成本的代际再分配。允许供款率可变将使代际间更加平等的分配负担成为可能——尤其是假如计算这些不定额供款的公式是透明的,并考虑到短期失衡的平滑时。

这种措施已经被广泛地用于公司养老基金领域。[①] 此处,我们尝试创造一个稳态均衡,借此均衡长期缴费——转变之后的——可以被设定在稳定水平。但是如果在生产力(工资增长)、人口增长或资产回报方面出现不可预测的长期变化,永久固定的假定就不能保持,以及降低或提高长期缴费率就成为必须(或者假如基本养老金参数的波动能够通过更好的设计分散)。正如之前所指出的,缴费应当仅根据趋势中察觉到的"永久"变化做出反应。很难分辨某些变化是暂时还是永久性的,但这应当是一流管理团队的决策;他们能够通过调整决定不定额供款的参数获得理想的政策。我们将在下一部分研究这些参数。

研究表明——对于企业养老金计划——缴费的变化,对资产回报短期波动的反应,允许基金承受更大的攻击性风险,这就导致了更高的期望回报率,也就进一步容许较低的平均缴费率(Muralidhar, 2001)。关于不定额供款更加令人惊讶的结果是公司基金能够降低资产负债比的波动性(或降低积累静态风险)。通过进一步的研究,该结论更加显而易见,因为弹性缴费是用来对冲糟糕的投资业绩的,因此导致了更加稳定和完整的养老金体系。Bodie, Merton and Samuelson (1992) 认为,适合 DC 计划的一个类似情况在于这样一个观点:那些在劳动供给中具有更大波动的人们能够承担更大的资产风险。劳动供给决策起到了对冲资产风险的作用(由于以闲暇代替劳动的弹性)。除此以外,有弹性的劳动供给容许更加积极的提前寿命积累(例如,弥补低于平均水平的业绩或与缴费一同的工资增长),因此获得了在整个周期积累的全部给付。Muralidhar (2001) 认为这种

[①] 具有代表性的是,在公司的养老金计划中,雇员部分是固定的,雇主的缴费可能是不定额的。在完美模型中,雇员是唯一的缴费者。

第8章 混合体系的案例及不定额供款：提升养老金体系的业绩

类比对于公司 DB 养老金领域能够带来直接的用途，在这个领域中劳动供给的波动能被轻易地转换成缴费的波动（因为劳动供给的变化能被暗中用于抵消或补充缴费的变化）。

在混合体系的情况下，有两个控制积累和退休目标的关键外生参数：工资的增长和资产的回报。更加模糊的是工资对体系和必要缴费的影响。当通过积累部分参与市场时，如果——通过 PAYGO 的成分——国家能够对冲高增长率（以及从中获得的潜在收益），那么整个体系在获得其确保可接受养老金业绩目标时，其波动可能较小（比分离的完全积累体系和 PAYGO 体系都低）。另一方面，可以显示对于确保这类业绩的出资者的成本——即我们案例中的政府——在不定额供款的体系中得以降低。

假如政府的风险在于偿债基金可能经历一次明显的赤字，那么偿债基金对政府财政的影响能够被最小化吗？在下一部分的模拟中，我们验证了动态的缴费政策是如何降低对政府的风险的。我们验证了较低风险、较高缴费和较多"有害因素"（例如，周期性不便、缴费的大幅变化）之间的权衡。实际上，我们能够表明在不定额供款下，有保证的替代率现在通过对长期已实现平均资产回报征收合适的缴费而实现。

不定额供款体系的模拟

对模拟技术的说明

某个人一生中所有的变量都被模拟成一条路径，那么1 000 次模拟就形成1 000 条路径。路径的数量越多，结果就越稳健，这个人可以被视为 DB 计划中的一个群体。从第4章我们知道人数增加将会降低出资者的风险。这个人或群体的养老金给付由政府所保证，由基于初始的不同参数（实际工资增长、通货膨胀等）的事前期望所决定的路径进行评估。

在每一年的年末，体系的积累率（在我们的模拟中一个人或一个群体）针对目标积累率进行评估。目标积累率是目标积累（缴费加利息）与目标负债之间的比率，并且被设定为每年100%。① 下一步是计算年末已实现的体系积累率，需要计算的是直到那一点的积累资产。另一方面，一个特定退休日期的目标负债为允许该人或群体在一条预先设定的路径（他或她开始工作时指定和计算出的）实现退休目标的那一天的价值——在我们的案例中，为50%的平均工资替代率——当个人或群体退休时。该目标负债通过使用初始期望未来工资增长、期望投资回报和基本缴费率进行计算。这类似于 Leibowitz et al.（2002）的技术。

一流的管理团队对已实现的积累率设定了上限和下限。如果年底已实现的积累率（例如，年底积累对目标负债的比率）处于积累率的下限和上限之间，就不采取任何措施。下一年的缴费率将成为基本缴费。如果积累率低于下限，下一年的缴费将被提高（考虑从一年到下一年的最大升幅，以及最大允许缴费率），以确保积累率为100%。如果积累率高于上限，这个程序也是类似的。但是，在这种情况下缴费率将下降。在缴费率"填满"由糟糕的投资业绩或工资增长（两者均为随机的）引起的不足中存在一次性变化。

该方法意味着目标负债与养老金中等财富之间的差距在一年之内得以弥补（如果我们考虑对升高和下降以及缴费允许的最高和最低限制）。允许在很多年分期弥补这个差距会得到同样的结果，并将缴费率平滑。在这个模拟后使用的方法是一种最保守的方法，并且不允许政府或管理团队在建立弥补差距的时期时有任何模棱两可或者主观性行为。

需要注意的是，如果已实现的投资回报等于期望投资回报（这是

---

① 这种情况不必成立主要有两个原因：（1）公司计划倾向于以高于100%的比率作为目标，以确保他们能以一个较高的概率保持缴费的空间，（2）加入存在其他确保全额养老金得以支付的保证，该目标可以被设定低于100%。在我们的模拟中简单地保持这个假设。

第8章 混合体系的案例及不定额供款：提升养老金体系的业绩

资产配置将要给出的预期回报），那么缴费率不得不精确地采用基础缴费率（如果关于工资增长不存在不确定性），因为建立该缴费率是为了得到退休时的目标财富。

数据假定

我们在研究模拟和用于评估不定额供款优势的主要参数之前首先对数据做出假定。为了对美国进行研究，我们采集了 50 年（1951—2000）的标准普尔 500 股票指数的资产回报以及投资于 20 年财政部债券的投资组合回报历史数据（Ibbostson 协会）。除此以外，从经济分析局（Bureau of Economic Analysis）获得了 GDP 增长、CPI 和收入增长的数据。表 8—1 归纳了每个变量的历史数据（例如，假定工资是一项资产）以及这些序列的波动。此外，这张表提供了这些变量之间的相关程度的信息。为了展示方便，有关信息以名义值提供。

表 8—1　数据假定（名义资产回报率、GDP 和工资增长率）

	标准普尔 500	20 年期国库券	消费价格指数	国内生产总值	工资
	50 年（1951—2000），百分比				
回报波动	14.02%	6.50%	4.00%	7.31%	7.27%
	16.77%	11.01%	3.11%	2.96%	3.00%
	模拟中使用的				
回报波动	10.50%	7.50%	4.00%	7.50%	6.00%
	16.77%	11.01%	3.11%	2.96%	3.00%
	1951—2000 年的相关性				
标准普尔 500	1.00	0.18	−0.30	−0.31	−0.38
20 年期国库券		1.00	−0.17	−0.23	−0.24
消费价格指数			1.00	0.59	0.56
国内生产总值				1.00	0.90
工资					1.00

资料来源：Ibbostson 协会和经济分析局。

预测未来的模拟所使用的技术等同于第 4 章所使用的技术。我们对单个人或群体使用蒙特卡罗模拟（假定 1 000 条路径），假定不同的体系（都是以积累程度和缴费政策的形式），并且以获得的平均养老金以及不能实现目标养老金业绩的风险形式评估其退休时的业绩。[1] 为了使对未来预测的模拟更加合理，我们调整了"期望收益"，并假定 4％的通货膨胀、3.5％的 20 年期国库券投资实际债券收益、比国库券投资组合收益高 3％的股票升水，因此得到 7.5％的债券名义收益和 10.5％的名义股票回报。三分之二投资于股票和三分之一投资于债券的投资组合（大约为 70∶30）将会具有 5.5％的实际回报（Feldstein and Samwick，1997）。对于工资的实际增长或 PAYGO 内部收益率，我们假定实际回报率为 2％——该数值略高于《信托人报告》（SSA，2002）中的假定。我们对模拟使用历史相关数据。PAYGO 内部收益率的下降将会导致 PAYGO 体系的杂质，但是会带来既定供款和替代率下更多的积累。然而，本部分关注的是完全积累和部分积累体系的不定额供款的价值，而不是在 PAYGO 和积累体系之间进行配置的确定。

为了实施这个分析，我们做出极端简单化的假定——我们将工资增长作为资产的回报，并且假定投资于工资增长的缴费像投资于股票和债券的缴费一样真实地进行积累，这是不符合现实情况的。在工资增长中的"投资"是虚构的（仿佛通过 PAYGO 的成分而发生），但是其容许我们以相同的基础对所有模拟进行解释和比较（例如，将积累体制与部分积累进行比较）。

例如，在一个实际回报为 5.5％、缴费为 3.2％的完全积累体系中（平均工资替代率为 50％，并且假定实际工资增长为 2％，退休后的实际回报为 3.5％），资产—工资比为 2.7。如果模拟一个"50％积累"的系统——也就是说，体系中的回报来自于积累，PAYGO 的内部回报率为混合的 50∶50，那么全部的期望实际回报就从 5.5％下降

---

[1] 更多的模拟将会改变结果的数量，但是不能改变体系的顺序，因为我们在表 8—2 中对于养老金体系中的所有变化假定了相同的 1 000 条路径。

第 8 章 混合体系的案例及不定额供款：提升养老金体系的业绩

到 3.5%。因此，额外的缴费需要获得相同的事前目标回报（或者 12.1% 的成本率）。但是，来源于 50% 积累的实际 PAYGO 的缴费规模远大于（大约 6%）由这种将工资增长作为资产回报的极端假定（大约 3.1%）所获得的缴费。这意味着我们模拟中的结果需要被视为另一个的相对值（例如，整个模拟发生了偏离，但是对相同积累量之间不同变化的比较却没有发生偏离）。在这些模拟中，对这些参数进行了设定以确保我们获得有保证的平均替代率。

人口与养老金假定

我们忽略了人口增长，因为我们模拟单个人或群体的经历。一个拥有很多参与者的系统，其人口的工资增长依靠实际生产力增长和人口增长。我们以额外的参与者或群体（例如第 4 章）进行模拟，并且发现虽然精确的数值受到了影响，但是主要的结论不变。这些模拟没有在此处进行报告。对于个人来说，我们假定事前目标替代率为平均工资的 50%、40 年的职业生涯以及退休后 18 年的期望寿命。对于该计算，我们假定退休后的期望回报和通货膨胀率分别为 7.5% 和 4%（这是用于对年金的计算），该养老金将从 65 岁退休时的积累中进行支付。

我们假定个人的期望名义工资以 6% 的速度（或 2% 的实际值）增长。在静态缴费和 5.5% 的有保证期望实际回报（9.5% 的名义值），年缴费就是 3.23%。当容许每年改变缴费率时，平均缴费受到缴费变动的影响。个人获得有保证的回报，但是财政部通过掉期承担了参数波动的风险。但是，在长期这类成本被转嫁给居民，因此，当我们对每种战略的风险进行评估时，我们可以有效地检验潜在成本以及体系对参与者的（业绩范围）成本波动。

不定额供款——建立正式准则

在年末，在已实现积累率和目标积累率之间的比较将决定缴费是否需要保持不变或进行调整。尤其是存在支配行动的一些准则，他们需要三个关键的参数体现在决定动态缴费政策每年变化的"反应函数"中：(a) 引发提高和降低之前积累率各自的最小和最大范围，(b) 最低和最高年缴费，(c) 从一年到下一年允许的缴费最大升幅和降幅。通过执行这些参数对某个人工作生涯中诸多大的或小的变化进行缓和。在新的缴费率实施之前设定积累率的范围可以防止缴费政策的过快变化。我们已经做出简单的假定，所有的差额需要在一年内弥补，但是这些差额可以分期偿还以平滑缴费的波动。此外，由于人群的多元化可以在整个体系的层面上进行平滑，因为一些经历赤字的人群可以由那些具有盈余的人群抵消。这个范围可以被拓宽以防止每年不必要的小变化。年最小和最大缴费水平设定在参与者能够经历的极端水平上，并且是体系长期稳定的要求（例如，假如绝对最大值过高，体系的可信度就会减少，并且将会产生有担保的回报率被设定在过于乐观的水平上的信念）。与没有限定相比，对每年变化的限定允许参与者对其税后收入进行更加有效的预算。

所有这些合在一起的方法是，一旦这些参数设定后，对年底的积累率进行检验以发现任何行为是否为必须的。如果触及较低的积累率，那么精算师需要建立一个合理的新的缴费，该缴费能够在给定有保证回报率、目标替代率和目前积累状态的情况下随即确保完全积累。需要对这个"新"缴费率进行检验以知晓其是否突破了（b）或（c）中选择的参数。如果达到一定选择限制程度，合适的缴费将会低于满意的水平。显然，缴费政策的限制越少，对于基金就越好，但是在允许高水平和范围或者频繁变动时存在金融和经常性感情含义。

例如，在公司领域，具有严格预算限制的机构不可能希望在缴费中每年发生大规模变化，因为它们会影响到计划及组织的其他部分；因此，这些机构可能希望限制参数（b）和（c）除此以外，参与者可能偏好于能够防止低于一定水平的积累状态的下降。这样就不会威胁到其养老金的安全，他们可能坚持相对高的下限（例如，接近100%）；此外，一旦积累状态合理地高于完全积累（例如，110%），出资者可能选择退回的过剩基金（例如，在养老金领域为缴费空间）。

第8章 混合体系的案例及不定额供款：提升养老金体系的业绩

我们体系中的参与者和出资者是没有差别的，并且对相似的影响是敏感的。这些参数的最终选择需要对缴费者和出资者将要变化的敏感性及其在降低政府风险中的期望业绩完全了解。在这些模拟中，我们验证了改变参数对平均缴费、"有害因素"及糟糕的养老金业绩的下跌风险的含义。

关键参数

对于每次模拟，在表8—2中我们报告了投资政策（例如，在2、3、4列分别列出对股票、债券和工资增长的配置）、缴费政策（初始和基础缴费、低于所需补充缴费的较低积累率、高于缴费率中可以被削减的积累率的上限、最低年缴费、最高年缴费、与上年同期相比最大缴费增幅、与上年同期相比最大缴费减幅，以上在5～11列分别给出）、估计模拟成功与否的关键变量——平均缴费（第12列）、缴费的标准差或波动（第13列）、人群经历变化的平均数（第14列）、缴费的平均变化（第15列）、平均回报（第16列）、回报的标准差（第17列）以及模拟的风险度量（例如，低于目标水平的养老金下跌风险，第18列）。这种风险的度量类似于在第4章使用的方法，不同的是这里养老金是有保证的，并且政府承担了弥补差额的风险。"有害因素"被包含进缴费的标准差、缴费中变化的数量（或者变化的频率）以及年缴费中的平均变化（或者变化的规模），这些分别在第13～15列给出。显然，我们的目标是将所有三个参数降低到可能的程度。

在这些模拟下，如果政府不提供额外的基金，低于100%的静态积累表明参与者将获得低于50%平均工资目标的替代率。我们没有报告最终积累率是因为建立模拟是为了获取——平均——目标回报率。① 进一步的，如果唯一的可变参数为投资回报，给定概率分布假设，对于所有模拟低于目标替代率的概率可能为50%，因此，不仅

---

① 由于糟糕的工资增长存在养老金绝对水平极低的风险，因为在这样一个系统中，参与者承担了风险，而没有提供支付能力调查或最低养老金。

表 8—2 在基金积累和混合 DB 系统中假定静态和不定额供款的模拟

模拟编号	描述（积累和缴费政策）(1)	投资政策 股票(2)	投资政策 债券(3)	PAYGO(4)	基本缴费(5)	缴费政策 触及到积累率的下界(6)	缴费政策 触及到积累率的上界(7)	最低缴费限制(8)
1	100%基金积累体系－静态缴费	66.7%	33.3%	0.0%	3.23%	NA	NA	NA
2	100%基金积累体系＋动态缴费	66.7%	33.3%	0.0%	3.23%	90%	110%	－100%
3	100%基金积累体系＋动态缴费	66.7%	33.3%	0.0%	3.23%	90%	110%	－25%
4	60%基金积累体系－静态缴费	40.0%	20.0%	40.0%	4.40%	NA	NA	NA
5	60%基金积累体系＋动态缴费	40.0%	20.0%	40.0%	4.40%	90%	110%	－100%
6	50%基金积累体系－静态缴费	33.3%	16.7%	50.0%	4.74%	NA	NA	NA
7	50%基金积累体系＋动态缴费	33.3%	16.7%	50.0%	4.74%	90%	110%	－25%
8	50%基金积累体系＋动态缴费	33.3%	16.7%	50.0%	4.74%	90%	110%	－25%
9	50%基金积累体系＋动态缴费	33.3%	16.7%	50.0%	4.74%	90%	110%	0%
10	50%基金积累体系＋动态缴费	33.3%	16.7%	50.0%	4.74%	80%	120%	0%
11	50%基金积累体系＋动态缴费	33.3%	16.7%	50.0%	4.74%	75%	125%	0%
12	50%基金积累体系＋动态缴费	33.3%	16.7%	50.0%	4.74%	75%	125%	－25%
13	50%基金积累体系＋动态缴费	33.3%	16.7%	50.0%	4.74%	75%	125%	－10%

第8章 混合体系的案例及不定额供款：提升养老金体系的业绩

续前表

模拟编号	最高缴费限制(9)	与上年同期相比最大缴费增幅(10)	与上年同期相比最大缴费降幅(11)	平均缴费(工资的百分比)(12)	缴费的波动(%)(13)	每年的平均变化次数(在39年中)(14)	缴费平均变化(绝对值)(15)	模拟结果 平均回报(16)	投资回报波动(17)	未实现目标的下跌风险(DsD)(18)
1	NA	NA	NA	3.23%	0.00%	0	0	9.50%	12.37%	20.75%
2	100%	100%	100%	2.11%	44.18%	36	64.34%	9.50%	12.37%	9.94%
3	25%	10%	10%	3.17%	5.58%	33	7.99%	9.50%	12.37%	10.90%
4	NA	NA	NA	4.40%	0.00%	0	0.00%	8.10%	7.01%	13.13%
5	100%	100%	100%	3.75%	44.88%	35	65.60%	8.10%	7.01%	7.25%
6	NA	NA	NA	4.74%	0.00%	0	0.00%	7.75%	5.73%	11.26%
7	25%	10%	10%	4.68%	16.65%	28	7.74%	7.75%	5.73%	6.62%
8	25%	5%	5%	4.68%	2.58%	29	4.19%	7.75%	5.73%	7.05%
9	25%	3%	3%	4.70%	1.53%	27	2.26%	7.75%	5.73%	7.47%
10	25%	5%	5%	4.61%	1.85%	19	3.86%	7.75%	5.73%	9.26%
11	25%	5%	5%	4.56%	1.56%	14	3.74%	7.75%	5.73%	10.37%
12	25%	5%	5%	4.57%	1.54%	13	4.01%	7.75%	5.73%	10.34%
13	25%	5%	5%	4.57%	1.53%	13	4.01%	7.75%	5.73%	10.34%

仅是将一种模拟区别于下一种风险。在多重变量所容许的随机性下，混合了不同元素的不同体系（例如，完全积累和部分积累对增长中的变化具有不同的反应），最重要的风险参数是下跌风险。当由基金的资助者完成的积累低于目标水平时，糟糕的养老金业绩是如何度量的（例如，政府不得不从一般预算中提供给付的风险）。在国家层面的DB计划中，当对于某些人群的积累低于目标时，由政府发放给付，因为他们能够由其他高于目标的参与者抵消。体系的目标应当是以最低可能缴费、最低的缴费波动率（以很少的潜在变动）以及养老金短缺低风险为所有人群实现目标养老金。但是，不同的模拟验证了必须在平均缴费、缴费波动（及其他"有害因素"），以及养老金业绩风险之间做出权衡。

结　　果

我们考虑了一些研究将"工资增长"作为一项资产加入缴费的不同模拟，或者创造一个混合体系，以及不定额供款的影响。对该模拟的基本描述在表8—2的第1列中进行了归纳，从一项模拟的假定到另一项的变化以粗体字表示。

● 模拟1假定具有静态缴费的完全积累系统。这是完全积累体系的基本情况。66.7%的资产投资于股票，33.3%的资产投资于固定收益产品——（在之前做出的假设下）提供9.5%的期望回报或5.5%的实际回报；回报的波动为12.4%。平均缴费——假定为静态系统——为3.23%，下跌风险为20.8%。任何系统的目标——相对于体系——应当低于平均缴费（需要注意的是，这不是按照时间加权，而是一个简单的平均）以及下跌风险。

● 模拟2在这个基本状态下通过首先允许对完全积累体系的不定额供款检验了一个变化。当积累状态低于90%时增加缴费，当积累状态上升超过110%时削减缴费。这种增加和减少受到很大程度的限制。这样提供了一个较低的9.9%的下跌风险参数，因为任何在某一年或某些年的"低于平均回报"不会占到复合给付的便宜，因此降低

第8章 混合体系的案例及不定额供款：提升养老金体系的业绩

下跌风险［Bodie et al.（1992）提供了一个类似的结论］。换句话说，缴费率起到了为资产回报波动进行对冲的作用（例如，在一定时期不利的资产回报之后，对下个时期提高缴费以充实养老基金），并且因此改变了业绩的分布以降低风险。但是，即使资产组合波动保持不变，这种情况也会发生。同样，通过利用出现的良好积累和对冲效应，平均缴费被降低到 2.1%。但是，缴费波动非常高（44%），变动非常频繁（39 年中的 36 年），平均变化也很高（64%）。

● 因为模拟 2 具有很多大规模的缴费变化，模拟 3 通过降低最低和最高缴费，以及降低缴费中的最大升幅和降幅以容纳"有害"因素从而对模拟 2 进行扩展。虽然缴费波动下降到 5.6%（其他"有害"因素也是如此），但是平均缴费和下跌风险上升了。

从前三个模拟中获得的一个关键结论是，不定额供款降低了风险。但是，在其他条件不变的情况下，减少有害因素将会导致较高的平均缴费成本、对于政府较高的下跌风险，或者两者兼具。

● 模拟 4 是静态缴费下部分积累——体系中 40% 为 PAYGO，对债券（20%）和股票（40%）进行相应比例的削减——的结果，产生的名义回报为 8.1%。作为资产和工资增长之间多样化的结果，投资组合的波动下降到 7.01%。这种结果的出现是因为从工资增长的"投资"中存在多样化收益，但是必要缴费却上升到 4.4%（如第 5 章所示）。下跌风险的度量比模拟 2 和模拟 3 上升了 13%。

● 模拟 5 容许在模拟 4 的部分积累业绩中建立不定额供款。当积累状态低于 90% 时该模拟增加缴费，积累状态高于 110% 时降低缴费。这种提高和降低都受到很大程度的限制。该建议为了表明——在一些模拟中——在具有动态缴费的部分积累体制下，缴费可能接近完全积累情况的静态水平。现在的平均缴费为 3.75%，下跌风险为 7.25%。虽然对于面值来说，不定额供款的完全积累系统（模拟 3）

可能偏好静态混合体系，因为平均缴费较低（尤其是如果我们将工资增长作为PAYGO的内部收益率），混合体系具有较低的下跌风险，并且将会有较低的资产－工资比。因此，混合体系可能基于对资本市场或政府的风险的影响进行支配。该风险可能对于国家具有特殊性，每个国家需要在较低缴费、较低风险和潜在的较高资产－工资比之间针对该国的各个参数进行权衡——假如他们偏好完全积累。

● 模拟6报告了将PAYGO提升至50%、期望收益率下降到7.7%且波动率为5.7%时的影响。对股票的配置下降到33.3%，对债券的配置下降到16.7%。模拟6表明，当我们提高PAYGO的比重时，缴费率上升到4.74%而下跌风险参数下降到11.3%（相对于模拟1，下跌风险为20%；相对于模拟4，下跌风险为13%），其原因在于资产回报和工资增长之间的负相关性。

● 模拟7至模拟13考虑到了积累大约为50%、缴费政策存在变化的动态缴费，以显示"有害"因素是如何被最小化的。例如，模拟7具有一个−25%～+25%的缴费率区间。因为缴费的波动较高（16%），作为变化的数量，我们修改了缴费政策中的三个关键变量，模拟8将最大年缴费升幅或降幅限制在5%（模拟9将其缩小至3%）。模拟10至模拟13改变了积累率下限和上限以引发缴费的提高或降低（对其他参数也进行变化）。简言之，(a) 大幅降低缴费波动（正如模拟8至模拟13一样），(b) 降低缴费变动的次数（尤其是模拟10至模拟13），(c) 降低平均缴费的变化（模拟8至模拟13）都是有可能的。这些变化与相对于静态情况边际缴费下降及下跌风险的可能改善一同发生。

实际上，这些模拟验证了一些结论：

a. 设计一个好的社会保证体系——包含不定额供款——能够帮助政府容忍基金规模不足的风险而与负债相适应；

b. 不定额供款的积累性体系可以潜在地优于混合积累体系与基于平均缴费和下跌风险的具有既定供款的PAYGO体系（模拟2与模拟4）；

第8章 混合体系的案例及不定额供款：提升养老金体系的业绩

c. 但是，具有不定额供款的混合体系具备最吸引人的特质，然而这是根据两种积累方法均提供了合理期望回报的资产回报、增长和协方差因素进行预测的；

d. 不定额供款的给付取决于施加的规则——限制越大，"资产"风险的对冲越大，整个给付就越多；但是，任何来自于降低了有害因素的给付仅能达到潜在更高平均缴费的价格，或者较高的下跌风险，或者两者兼具。每个国家需要做出自己的对这些参数与其目标之间的权衡。此外，在多重人群的情况下，同样的结论适用，除非限制不同。

小　结

纵观整本书，我们已经通过有保证的替代率（起初通过在掉期协议中有保证的回报率）在研究DB体系的内容中讨论了混合体系和不定额供款的重要性。对于混合积累体系和PAYGO体系的传统情况使人们对其有了能够分散风险的观念。在本章中，我们验证了这类多元化的影响。显然，这些给付由几个关键变量起到决定性作用（未来期望增长及对资产回报的相关性）。分散化的潜在给付对于提供有保证回报的DB体系的政府来说可以降低成本。我们同样强调创造一个新体系的必要，这个新体系不会干扰资本市场的平滑功能。在很多情况中，在现有社会保障体制中极度慷慨的给付使这种混合或者部分积累体系的创造变得非常重要。因此，一些国家可能实实在在地获得了这种分散化的收益，而其他国家将不得不由于建立部分积累体系而应对高额的平均给付。

更加重要的一个结论是设计一个所有参数能在未来保持不变的系统是可能的，因为我们生活在一个动态的世界里。很多参数是变化的，包括资产市场、人口特征、未来经济和生产力的增长、通货膨胀。在之前的章节，我们认为一流的管理团队应当从很多年后开始（以降低政治风险）有权降低或提高有保证的回报率，并且由"偿债基金"和未来资产市场表现的情况所决定。

本章进一步验证了公司养老基金的监管者可以获得的一项关键政策工具：缴费率应当为可变的。保证缴费是不定额的有很多优势。在最基本的水平，这样做会容许一个完全积累的体制获得实现多样化的给付，这种多样化的给付会成长为一个混合体系（以较低下跌风险的形式），即使资产回报的波动未被降低。而且，我们以较低平均给付实现了这个目标。如果不是这些国家的资产市场波动可能特别高，这或许对正在实施完全积累体系的发展中国家颇具吸引力。在一个更加复杂的水平上，我们能够表明，在不定额供款的情况下目前通过向已实现的长期平均资产回报征收合适的缴费能够实现有保证的替代率。如果有保证的回报率未被设定在一个错误的水平，这样就会解决负担分摊的代际问题。

此外，不论主要系统是积累还是混合，不定额供款可以帮助降低风险以及政府实施这些体系的潜在成本。但是，每个国家需要在较低的平均缴费与较低的缴费波动之间做出最优权衡。政府、雇主和雇员对这种变化的承受程度应当得到评估，代际公平问题必须得到解决。但将它们分开是非常重要的，因为存在重要的福利收益，并且终止这些规则可以使这个过程非政治化。

结　论

为了确保退休后的财务安全，很多国家已经创立了或者正在考虑背离基本社会保障准则的多重体系。在很多案例中，强调三大支柱体系的改革（作为第二支柱，依托个人账户具有积累性质的强制 DC 体系）将会导致对资源的极大浪费，并且产生资产管理者暴富而 DC 体系账户的个人面临糟糕余额的风险。通常，不是通过必须积累的必要基金而是使用政府债券使向这些系统的转变受到影响，这样将预示着产生严重的问题。最后，虽然已经说服自己这些安排已经将政治风险最小化并向参与者提供了选择，但是未能识别真正的政治风险：政府

第8章 混合体系的案例及不定额供款：提升养老金体系的业绩

继续对退休安全构成威胁，因为没有充分地关注目标替代率和确保基本的费后投资回报。此外，当参与者还没有充分的金融经验或者对挪威或澳大利亚的选择感兴趣时，向参与者提供广泛的投资选择是不恰当的。

我们已经尝试验证一个更加令人感兴趣的结构，该结构偏好两支柱体系，体系中第一支柱为强制的DB体系（我们的完美模型），第二支柱为自愿的DC体系。DB体系要么是部分积累要么是完全积累的，但更重要的是，其通过资产的集合保证了既定的给付，政府通过创新的掉期合约保证了缴费的回报率。该合约极大地减小了政府操纵基金的政治风险。我们建议成立一支一流的管理团队根据清晰和透明的基准对这些资产的管理予以监督。进一步的，政府提供DB的风险可以通过不定额供款进行最小化（例如，能被随时改变以反映情况变化的缴费，这些情况在动态经济中都是不可避免的）。虽然各个国家具有降低缴费的趋势，规定一些必要的规则（例如在那些模拟中所强调的）能够再一次将政治风险最小化。

从我们的建议中获得的收益是清晰的：

a. 创立了两大支柱，其中只有一个是强制的，与三大支柱相反，将会产生大量的资源节约；

b. 就获利而言，在个人账户中至少存在透明度和退休后的安全；

c. 通过在一个集合的资产结构和不定额供款中的"风险的集合化"确保这类安全的成本得以最小化；

d. 管理资产的成本被最小化，比如政治风险，这也就产生了更好的费后替代率；

e. 个人具有获得"无风险"和"风险"养老金的选择，每个人都可以选择一个满意的组合，这样就给了居民所需要的真实和唯一的选择。

我们同样对美国和西班牙验证了在我们的体系中转变是如何受到影响的，虽然这条信息对于所有国家是清晰的。如果不采取迅速和周到的措施，这些国家有可能会遭遇增长问题、迫使人们承受不必要和不公平的负担以及未能实现养老金业绩的风险。出于避免当今争论的原因，他们将为后代留下因改革养老金而改革的惨痛经历！

附录 8.1 资产回报、增长和收益（1961—1996年）：平均值、标准差和相关系数

1961—1996年	美国 平均值	美国 标准差	德国 平均值	德国 标准差	英国 平均值	英国 标准差	法国 平均值	法国 标准差	意大利 平均值	意大利 标准差	日本 平均值	日本 标准差
GDP增长	2.90%	2.02%	3.10%	2.66%	2.30%	1.99%	3.20%	1.96%	3.30%	2.35%	5.40%	3.53%
收益	2.80%	1.74%	3.00%	2.89%	2.30%	2.11%	3%	2.19%	3%	2.48%	3%	2.48%
长期债券	2.70%	2.48%	3.60%	1.45%	2.40%	3.51%	3.00%	2.47%	1.90%	4.41%	2.60%	4.01%
股票	7.40%	16.70%	0.80%	16.25%	2.50%	16.25%	0.90%	18.73%	−1.80%	38.82%	5.50%	19.08%
	5.52%	10.45%	1.92%	9.93%	2.46%	10.22%	1.74%	11.49%	−0.32%	23.76%	4.34%	34.62%

相关系数

美国	GDP增长	收益	债券	股票
GDP增长	1			
收益	0.85	1		
长期债券	−0.01	−0.02	1	
股票	−0.18	−0.35	0.39	1

法国	GDP增长	收益	债券	股票
GDP增长	1			
收益	0.8	1		
长期债券	−0.33	−0.63	1	
股票	−0.11	−0.39	0.21	1

第8章 混合体系的案例及不定额供款：提升养老金体系的业绩

续前表

	德国				意大利			
	GDP增长	收益	长期债券	股票	GDP增长	收益	债券	股票
GDP增长	1				1			
收益	0.89	1			0.7	1		
长期债券	−0.1	−0.31	1		−0.27	−0.39	1	
股票	−0.07	−0.37	0.28	1	0.14	−0.16	0.23	1

	英国				日本			
	GDP增长	收益	债券	股票	GDP增长	收益	债券	股票
GDP增长	1				1			
收益	0.61	1			0.69	1		
长期债券	0.35	0.09	1		0.12	−0.34	1	
股票	0.35	−0.09	0.27	1	0.2	−0.08	29	1

说明：日本数据为1971—1996年，意大利数据为1971—1996年。经Boldrin, Dolado, Jimeno, and Peracchi (1999) 允许引用。

参考文献

Aaron, Henry J. 1966. The Social Insurance Paradox. *Canadian Journal of Economics*, 32:371–374.

Aaron, Henry. 1997. Privatizing Social Security: A Bad Idea Whose Time Will Never Come. *Brookings Review*, 15(3):17–23.

Aaron, Henry J. and Robert D. Reischauer. 1998. *Countdown to Reform: The Great Social Security Debate*. New York: The Century Foundation Press.

Advisory Council on Social Security [ACSS]. 1997. *Report of the 1994–1996 Advisory Council on Social Security. Volume I: Findings and Recommendations*. Washington, DC.

Ambarish, Ramasastry, and Lester Siegel. 1996. Time Is the Essence. *Risk*, August 1996, 9:41–42.

Angelis, Theodore. 1998. Investing Public Money in Private Markets: What Are the Right Questions? In R. Douglas Arnold, Michael J. Graetz, and Alicia Munnell (eds.), *Framing the Social Security Debate: Values, Politics, and Economics*. Washington, DC: Brookings Institution Press.

Archer, Bill, and Clay Shaw. 1999. The Social Security Guarantee Plan: Saving and Strengthening Social Security Without Raising Taxes or Cutting Benefits (http://www.house.gov/shaw/pr_1997_2001/pr_042899_ssbillintro.html), April 28, 1999.

Asad-Syed, Kemal, Arun Muralidhar, and Ronald J. P. van der Wouden. 1998. Determination of Replacement Rates for Savings Schemes. *Investment Management Department, Model Development Paper 1*, The World Bank.

Asher, Mukul. 1998. Social Security Systems in Southeast Asia: Are They Sustainable? Unpublished working paper.

Auerbach, Alan J. 1997. Comment on Macroeconomic Aspects of Social Security Reform by Peter A. Diamond. *Brookings Papers on Economic Activity*, 2:67–73.

Bader, Lawrence N. 1995. The Financial Executive's Guide to Pension Plans – 1995 Edition. *Salomon Brothers United States Investment Research – Pension Services*. New York.

Baker, Dean. 1999. Saving Social Security in Three Steps. *Economic Policy Institute briefing paper*, Washington, DC.

Baker, Dean, and Debayani Kar. 2002. Defined Contributions from Workers, Guaranteed Benefits for Bankers: The World Bank's Approach to Social Security Reform. *Center for Economic Policy Research*, Washington, DC, 16 July 2002.

Ball, Robert M. 1978. *Social Security Today and Tomorrow*. New York: Columbia University Press.

参考文献

Ball, Robert M., and Thomas N. Bethel. 1997. Bridging the Centuries: The Case for Traditional Social Security. In Eric R. Kingson and James H. Schulz (eds.), *Social Security in the 21st Century*. New York: Oxford University Press, pp. 259–294.

Barr, Nicholas. 2000. Reforming Pensions: Myths, Truth, and Policy Choices. *IMF working paper*, Washington DC.

Bateman, Hazel, Geoffrey Kingston, and John Piggott. 2001. *Forced Saving: Mandating Private Retirement Incomes*. Cambridge, UK: Cambridge University Press, 2001.

Bateman, Hazel, and John Piggott. 1997. Mandatory Retirement Saving: Australia and Malaysia Compared. In S. Valdes-Prieto (ed.), *The Economics of Pensions*. Cambridge, UK: Cambridge University Press, pp. 318–349.

Blahous, Charles P. III. 2000. *Reforming Social Security: For Ourselves and Our Posterity*, Foreword by Senator Alan K. Simpson. Published in cooperation with the Center for Strategic and International Studies, Washington, D.C. Westport, CT: Praeger Publishers.

Blake, David. 1995. *Pension Schemes and Pension Funds in the United Kingdom*. Oxford University Press.

Blake, David. 2000. Does It Matter What Type of Pension Plan You Have? *The Economic Journal*, February 2000, 110(461):46–81.

Bodie, Zvi. 2001. Financial Engineering and Social Security Reform. Chapter 8 in *Risk Aspects of Investment-Based Social Security Reform*, Campbell and Feldstein (eds.), Chicago: University of Chicago Press, pp. 291–320.

Bodie, Zvi, and Robert C. Merton. 1992. Pension Reform and Privatization in International Perspective: The Case of Israel. *The Economics Quarterly*, Number 152, August 1992.

Bodie, Zvi, and Robert C. Merton 2002. International Pension Swaps. *Journal of Pension Economics and Finance*, January 2002.

Bodie, Zvi, A. J. Marcus, and Robert C. Merton. 1988. Defined Benefit versus Defined Contribution Pension Plans: What Are the Real Trade-offs, Z. Bodie, J. B. Shoven and D. A. Wise. (eds.), *Pensions in the U.S. Economy*. Chicago: University of Chicago Press, pp. 139–162.

Bodie, Zvi, Robert C. Merton, and W. F. Samuelson. 1992. Labor Supply Flexibility and Portfolio Choice in a Life Cycle Model. *Journal of Economic Dynamics and Control*, 16:427–449.

Boender, Guus C. E., and Fred Heemskerk. 1995. A Static Scenario Optimization Model for Asset/Liability Management of Defined Benefit Plans. *Report 9512/A Econometric Institute*, Erasmus University Rotterdam.

Boender, Guus C. E., Fred Heemskerk, and Sacha van Hoogdalem. 1996. Asset/Liability Management: de indexeringsafspraken. *Het verzekeringsarchief*, third quarter, 1996, pp. 98–102.

Boender, Guus C. E., P. C. van Aalst, and Fred Heemskerk. 1997. Modeling and Management of Assets and Liabilities of Pension Plans in the Netherlands. *World Wide Asset and Liability Modeling*, Ziemba, W. T. and J. M. Mulvey (eds.). Cambridge, UK: Cambridge University Press.

Boldrin, Michele, Juan J. Dolado, Juan Jimeno, and Franco Peracchi. 1999. The Future of Pension Systems in Europe. A Re-appraisal. *FEDEA Working Paper 99–08*. Madrid, Spain.

Boletin Oficial de la Cortes Generales. Congreso de los Diputados. 1995. Aprobación por el Pleno del Congreso de los Diputados del texto aprovado por la Comisión de Presupuestos en relación con el informe de la ponencia para el análisis de los problemas estructurales del sistema de la Seguridad Social y de las principales reformas que deberán acometerse. Serie E: Otros Textos. Num. 134, 12 April 1995.

Bosworth, Barry. 1996. Fund Accumulation: How Much? How Managed? In Peter Diamond, David Lindeman, and Howard Young (eds.), *Social Security: What Role for the Future?*

National Academy of Social Insurance, Washington, DC, pp. 172–180.
Brinson, G. P, B. D. Singer, and G. L. Beebower. 1991. Determinants of Portfolio Performance II: An Update. *Financial Analysts Journal,* May–June: 40–48.
Burtless, Gary. 1998. Testimony before the Committee on Ways and Means, Subcommittee on Social Security, U.S. House of Representatives, June 18.
Cavanaugh, Francis. 1996. *The Truth about the National Debt.* Boston: Harvard Business School Press.
Cerda, Luis, and Gloria Grandolini. 1997. Mexico: The 1997 Pension Reform. *Unpublished World Bank working paper.*
Chand, Sheetal K., and Albert Jaeger. 1996. *Aging Populations and Public Pension Schemes.* Washington, DC: International Monetary Fund.
Chinoy, Ira, and Charles Babington. 1998. Low Income Players Feed Lottery Cash Cow. *Washington Post,* 3 May 1998.
Ciampi, Thomas V. 2002. Argentine Pension Funds Moving into Attack Mode. *Pensions and Investments,* 15 April 2002.
Corsetti, Giancarlo, and Klaus Schmidt-Hebbel. 1997. Pension Reform and Growth. In S. Valdes-Prieto (ed.), *The Economics of Pensions.* Cambridge, UK: Cambridge University Press, pp. 127–159.
Davis, E. Philip. 1995. *Pension Funds, Retirement-Income Security and Capital Markets – an International Perspective.* Oxford University Press.
Dert, Cees L. 1995. *Asset Liability Management for Pension Funds.* Ph.D. Thesis, Erasmus University Rotterdam.
Diamond, Peter A. 1994. Privatization of Social Security: Lessons from Chile. *Revista de Analisis Economico,* 9(1):21–33.
Diamond, Peter A. 1995. Government Provision and Regulation of Economic Support in Old Age. In Bruno, M. and Pleskovic, B. (eds.), *Proceedings of the Seventh Annual World Bank Conference on Development Economics, 1995,* pp. 83–103.
Diamond, Peter, A. 1996a. The Future of Social Security. In Peter Diamond, David Lindeman, and Howard Young (eds.), *Social Security: What Role for the Future?* National Academy of Social Insurance, Washington, D.C., pp. 172–180.
Diamond, Peter, A. 1996b. Proposals to Restructure Social Security. *Journal of Economic Perspectives,* 10(3): 67–88.
Diamond Peter, A. 1997a. Macroeconomic Aspects of Social Security Reform. *Brookings Papers on Economic Activity.* 2:1–66.
Diamond Peter A. 1997b. Insulation of Pensions from Political Risk. In S. Valdes-Prieto (ed.). *The Economics of Pensions.* Cambridge, UK: Cambridge University Press, pp. 33–57.
Diamond Peter A. 1998. The Economics of Social Security Reform. In R. Douglas Arnold, Michael J. Graetz, and Alicia Munnell (eds.), *Framing the Social Security Debate: Values, Politics and Economics.* Washington, D.C.: Brookings Institute Press.
Diamond, Peter A. 1999. Investing in Equities – The Linear Case. *Center for Retirement Research working paper.*
Diamond, Peter A., and Peter R. Orszag. 2002. Reducing Benefits and Subsidizing Individual Accounts: An Analysis of the Plans Proposed by the President's Commission to Strengthen Social Security. *Center on Budget Policy Priorities and The Century Foundation paper.* Washington, D.C.
Diamond, Peter A., and Salvador Valdes-Prieto. 1994. Social Security Reforms. In Barry Bosworth, Rudiger Dornbusch, and Raul Laban (eds.), *The Chilean Economy: Policy Lessons and Challenges.* Washington, D.C.: Brookings Institution Press.
Disney, Richard. 1998. Social Security Reform in the UK: A Voluntary Privatization, *Queen*

参考文献

Mary and Westfield College working paper (for conference on Social Security Reform: International Comparisons, Rome), March 1998.
Dutta, Jayasri, Sandeep Kapur, and J. Michael Orszag. 1999. A Portfolio Approach to the Optimal Funding of Pensions. *Unpublished working paper, Birkbeck College*, University of London.
East Asia and Pacific Region. 1997. Philippines Contractual Savings Reform: Improving Fiscal Sustainability and Allocative Efficiency. *World Bank*, June 1997, Appendix I.
Economist, The. 2002. Pensions – Time to Grow Up. A Survey of Pensions. 16 February 2002.
Feldstein, Martin. 1975. Towards a Reform of Social Security. *Public Interest*, 40:75–95.
Feldstein, Martin. 1995. Would Privatizing Social Security Raise Economic Wellbeing? *National Bureau of Economic Research Working Paper No. 5281*, National Bureau of Economic Research, Inc, Cambridge, MA.
Feldstein, Martin. 1996. The Missing Piece in Policy Analysis, Social Security Reform. *NBER Working Paper No. 4513*.
Feldstein, Martin. 1997. Transition to a Fully Funded Pension System: Five Economic Issues. *NBER Working Paper No. 6149*.
Feldstein, Martin. 1999. Prefunding Medicare. *American Economic Review*, 89(2):222–227.
Feldstein, Martin, and Elena Ranguelova. 2001. Individual Risk in an Investment-Based Social Security System. *American Economic Review*, 91:1116–1125 (available as *NBER Working Paper No. 8074*).
Feldstein, Martin, and Andrew Samwick. 1997. The Transition Path in Privatizing Social Security. In M. Feldstein (ed.), *Privatizing Social Security*. Chicago: University of Chicago Press, pp. 215–260.
Feldstein, Martin, and Andrew Samwick. 1998. Potential Effects of Two Percent Personal Retirement Accounts. *Tax Notes*, 79(5):615–620.
Ferrara, Peter J. 1982. *Social Security: Averting the Crisis*, Cato Institute, Washington DC.
Ferrara, Peter J. 1997. *A Plan for Privatizing Social Security*. SSP No. 8, April 30, Cato Institute, Washington, D.C.
Fontaine, Juan Andres. 1997. Are There (Good) Macroeconomic Reasons for Limiting External Investments by Pension Funds? The Chilean Experience. In S. Valdes-Prieto (ed.), *The Economics of Pensions*. Cambridge, UK: Cambridge University Press, pp. 251–275.
García, Miguel Angel. 2000. El sistema de seguridad social español en el año 2000. *Confederación Sindical de Comisiones Obreras*. Madrid, June 2000.
Garrido, Paulo. 2003. Spain Says It Postpones Pension Reform. *Investments and Pensions – Europe*, ipe.com (article 14755), May 30, 2003.
Geneakoplos, John, Olivia Mitchell, and Stephen Zeldes. 1999. Social Security's Money's Worth. In Olivia Mitchell, Robert J. Myers and Howard Young (eds.), *Prospects for Social Security Reform*. Philadelphia: Pension Research Council and University of Pennsylvania Press.
Godoy, Oscar, and Salvador Valdes-Prieto. 1997. Democracy and Pensions in Chile: Experience with Two Systems. In S. Valdes-Prieto (ed.), *The Economics of Pensions*. Cambridge, UK: Cambridge University Press, pp. 58–91.
Greenspan, Alan. 1996. Remarks at the Abraham Lincoln Award Ceremony of the Union League of Philadelphia, Philadelphia, Pennsylvania, 6 December 1996.
Greenstein, Robert. 1999. The Archer–Shaw Social Security Proposal. Center on Budget and Policy Priorities, May 1999.
Guerrard, Yves. 1998. Presentation at World Bank EDI Conference on China-Pension Reform, Hang Zhou, China, May 1998.

Heller, Peter. 1998. Rethinking Public Pension Initiatives. *International Monetary Fund Working Paper 98/61*, April 1998.
Hemming, Richard. 1998. Should Public Pension Funds Be Funded? *International Monetary Fund Working Paper 98/35*, March 1998.
Herce, José A., and Javier Alonso Meseguer. 2000. La Reforma de las Pensiones ante la Revisión del Pacto de Toledo. La Caixa; *Colección de Estudios económicos*, Num. 19. Barcelona.
Herce, Jose A. 2001. Privatization of the Spanish pension system. *Foundacion de Estudios de Economia Aplicada (FEDEA) Working Paper 2001–01*.
Ibbotson Associates. 2001. *2001 Stocks, Bonds, Bills and Inflation*. Chicago.
International Monetary Fund [IMF]. 2000. Spain: Selected Issues. IMF Staff Country Report No. 00/156. November 2000.
James, Estelle. 1998. New Models for Old Age Security: Experiments, Evidence and Unanswered Questions. *Choices in Financing Health Care and Old Age Security*, World Bank Discussion Paper No. 392.
James, Estelle, and Dimitri Vittas. 1995. Mandatory Saving Schemes: Are They an Answer to the Old Age Security Problem? In Zvi Bodie, Olivia S. Mitchell, and John Turner (eds.), *Securing Employer-Based Pensions: An International Perspective*. Philadelphia: Pension Research Council Publications.
Jimeno, Juan F. 2000. El Sistema de Pensiones Contributivas en España: Cuestiones Básicas y Perspectivas a Medio Plazo. *FEDEA Documento de Trabajo 2000–15*, May 2000.
Kaban, Elif. 2002. Diversify. It's How Rich Got Even Richer Last Year. *The Star Ledger*, 18 June 2002, p. 29.
Kelley, Jonathan M., Luis F. Martins, and John H. Carlson. 1998. The Relationship between Bonds and Stocks in Emerging Countries. *The Journal of Portfolio Management*, Spring 1998, 24(3):110–122.
Kotlikoff, Laurence, J. 1996. Privatizing Social Security: How It Works and Why It Matters. In James Poterba (ed.), *Tax Policy and the Economy 10*. Cambridge, MA: MIT Press, pp. 1–32.
Kotlikoff, Laurence. and Jeffrey Sachs. 1998. The Personal Security System: A Framework for Reforming Social Security. *Federal Reserve Bank of St. Louis Review*, 80(2):11–13.
Kotlikoff, Laurence J., Kent A. Smetters and Jan Walliser. 1998. Opting Out of Social Security and Adverse Selection. *National Bureau of Economic Research Working Paper No. 6430*, National Bureau of Economic Research, Inc., Cambridge, MA.
Krishnamurthi Sudhir, Arun Muralidhar, and Ronald Jan Pieter van der Wouden. 1998a. Pension Investment Decisions. *Investment Management Department working paper*, World Bank.
Krishnamurthi Sudhir, Arun Muralidhar, and Ronald Jan Pieter van der Wouden. 1998b. Asset Liability Management of Pension Funds. *Investment Management Department working paper*, World Bank.
Lachance, Marie-Eve, and Olivia S. Mitchell. 2002. Understanding Individual Account Guarantees. *Working Paper presented at the Risk Transfers and Retirement Income Security Conference* – Pension Research Council, Philadelphia, April 2002.
Leibowitz, Martin L., J. Benson Durham, P. Brett Hammond, and Michael Heller. 2002. Retirement Planning and the Asset/Salary Ratio. In O. S. Mitchell, Z. Bodie, P. B. Hammond, and S. Zeldes (eds.), *Innovations in Retirement Financing*, Pension Research Council. Philadelphia: University of Pennsylvania Press.
Leibowitz, Martin L., Stanley Kogelman, and N. Bader. 1994. Funding Ratio Return. *Journal of Portfolio Management*, Fall 1994, 21(1):39–48.
Lindbeck, Assar, and Mats Perrson. 2001. The Gains from Pension Reform. *Institute for International Studies (working paper)*, Stockholm University, Stockholm Sweden.

参考文献

Logue, D. E., and J. S. Rader. 1997. *Managing Pension Plans: A Comprehensive Guide to Improving Plan Performance* (Financial Management Association Survey and Synthesis Series). Cambridge, MA: Harvard Business School Press.

Mantel, Jan and David Bowers. 1999. *European Pension Reforms: Three Fundamental Questions*. Merrill Lynch Europe Strategy, Global Securities Research and Economics Group, London, UK.

Markowitz, Harry. 1952. Portfolio Selection, *Journal of Finance*, March 1952, 7:77–91.

Mehrling, P. 1998. The Social Mutual Fund: A Proposal for Social Security Reform. *Unpublished working paper*.

Merton, Robert C. 1983. On Consumption-Indexed Public Pension Plans. Chapter 10 in Bodie and Shoven (eds.), *Financial Aspects of the U.S. Pension System*. Chicago: University of Chicago Press, 1983.

Ministerio de Economía. 2001. Actualización del Programa de Estabilidad del Reino de España. 2000–2004. Madrid, Spain.

Ministerio de Trabajo y Asuntos Sociales. 2000. Presupuestos de la Seguridad Social. Año 2000. Madrid, Spain.

Ministerio de Trabajo y Asuntos Sociales. 2000. Guía Laboral. Madrid, Spain.

Minns, Richard. 1996. The Political Economy of Pensions. *New Political Economy*, 1(3).

Mitchell, Olivia S. 1996a. Administrative Costs in Public and Private Retirement Systems, *NBER Working Paper 5734*, Cambridge, MA.

Mitchell, Olivia S., and Flavio Ataliba Barreto. 1997. After Chile, What? Second-Round Pension Reforms in Latin America, *NBER Working Paper 6316*, Cambridge, MA.

Mitchell, Olivia S., and Roderick Carr. 1996. State and Local Pension Plans. In J. Rosenbloom (ed.), *Handbook of Employee Benefits*. Chicago: Irwin, pp. 1207–1221.

Mitchell, Olivia S., and Ping-Lung Hsin. 1997. Public Pension Governance and Performance. In S. Valdes-Prieto (ed.), *The Economics of Pensions*. Cambridge, UK: Cambridge University Press, pp. 92–126.

Modigliani Franco. 1966. The Life Cycle Hypothesis of Saving, the Demand for Wealth and the Supply of Capital. *Social Research* 33:160–217.

Modigliani, Franco, and A. Ando. 1963. The Lifecycle Hypothesis of Savings: Aggregated Implications and Tests. *American Economic Review*, 53:55–84.

Modigliani, Franco and Richard Brumberg. 1980. Utility Analysis and the Aggregate Consumption Function: An Attempt at Integration. Unpublished manuscript 1954, published in Abel, A (ed.) *The Collected Papers of Franco Modigliani*, vol. 12. Cambridge, MA: MIT Press.

Modigliani, Franco, and Maria Luisa Ceprini. 1998. Social Security Reform: A Proposal for Italy. *Review of Economic Conditions in Italy. Ed. Bank of Rome*, No. 2.

Modigliani, Franco, Maria Luisa Ceprini, and Arun Muralidhar. 2001. A Better Solution to the Social Security Problem: Funding with a Common Portfolio. *MIT Sloan School working paper*.

Modigliani, Franco, and Merton Miller. 1958. The Cost of Capital, Corporate Finance and The Theory of Investment. *American Economic Review*, 48:261–297.

Modigliani, Franco, and Andre Modigliani. 1987. The Growth of the Federal Deficit and the Role of Public Attitudes. *Public Opinion Quarterly*, 51: 459–480.

Modigliani, Franco, and Arun Muralidhar. 1998. Taxonomy of Pension Reform Issues: The Case of Social Security. *MIT Sloan School working paper*.

Munnell, Alicia. H. 1977. *The Future of Social Security*, Brookings Institute, Washington, D.C.

Munnell, Alicia H. 1999. Reforming Social Security: The Case against Individual Accounts.

Draft for National Tax Journal.
Munnell, Alicia. H., and Annika Sunden. 2000. Investment Practices of State and Local Pension Funds: Implications for Social Security Reform. In Olivia S. Mitchell, Brett Hammond, and Anna Rappaport (eds.), *Forecasting Retirement Needs and Retirement Wealth.* Philadelphia: University of Pennsylvania Press.
Muralidhar, Arun. 2001. *Innovations in Pension Fund Management.* Stanford: Stanford University Press.
Muralidhar, Arun, and Khin Mala U. 1997. Establishing a Peer Comparator Universe for an Institutional Investor. *Journal of Pension Plan Investing,* 1(4):52-74.
Muralidhar, Arun, and Ronald Jan Pieter van der Wouden. 1998a. Reforming Pension Reform – The Case for Contributory Defined Benefit Second Pillars. *Investment Management Department, working paper,* World Bank.
Muralidhar, Arun, and Ronald Jan Pieter van der Wouden. 1998b. Welfare Costs of Defined Contribution Plans – The Case for an Alternative Pension Scheme. *Investment Management Department working paper,* World Bank.
Muralidhar, Arun, and Shaila Muralidhar. 2001. Manager Selection: The Importance of Skill. In Muralidhar, A, *Innovations in Pension Fund Management.* Stanford: Stanford University Press.
National Academy of Social Insurance [NASI]. 1999. *Issues in Privatizing Social Security: Report of an Expert Panel of the National Academy of Social Insurance,* Peter A. Diamond (ed.). Cambridge, MA: MIT Press.
National Commission on Retirement Policy (NCRP). 1998. *The 21st Century Retirement Security Plan.* Center for Strategic and International Studies. Washington, D.C.
Olienyk, John P., Robert G. Schwebach, and J. Kenton Zumwalt. 2000. The Impact of Financial Crises on International Diversification. *Colorado State University working paper.*
Orszag, Peter, and Joseph Stiglitz. 2001. Rethinking Social Security: Ten Myths about Social Security Systems. In Robert Holzman and Joseph Stiglitz (eds.), *New Ideas About Old Age Security.* The World Bank, Washington, D.C., pp. 17–56.
Parniczky, Tibor A. 1998. Private Pension Funds in Hungary – Regulation and Institutional Arrangements. *Unpublished working paper.*
Payne, Beatrix. 2002. Belgian Plan Participants Will Get Guaranteed Returns on Investments. *Pensions & Investments,* March 18:241.
Pennachi, George. 1997. Government Guarantees for Old-Age Income. *Pension Research Council Working Paper 97–10,* The Wharton School.
Penn-World Tables, http://www.nber.org/pwt56.html.
Pinera, Jose. 1997. Empowering People. Testimony before Senate Committee on Banking, Housing and Urban Affairs Subcommittee on Securities, 26 June 1997.
Poterba, James. 1998. The Rate of Return to Corporate Capital and Factor Shares. *Carnegie-Rochester Conference on Public Policy,* No. 48. (1998):211–246.
Reisen, Helmut, and John Williamson. 1997. Pension Funds, Capital Controls, and Macroeconomic Stability. In S. Valdes-Prieto (ed.), *The Economics of Pensions.* Cambridge, UK: Cambridge University Press, pp. 227–250.
Sainz de Baranda, Pedro. 2001. Social Security Reform in Spain. Unpublished thesis, MIT Sloan School of Management, Cambridge, MA.
Sales-Sarrapy, Carlos, Fernando Solis-Soberon, and Alejandro Villagomes-Amezcua. 1996. Pension System Reform: The Mexican Case, *NBER Working Paper 5780,* Cambridge, MA.
Samuelson, Paul A. 1975. Optimum Social Security in a Life-Cycle Growth. *International Economic Review,* 16:539–544.
Scheiwe, Dan. 2001. Why Australia's Pension System Is Not a Good International Model.

参考文献

Unpublished working paper.
Schieber, Sylvester J. and John B. Shoven. 1999. *The Real Deal: The History and Future of Social Security*. New Haven: Yale University Press.
Seidman, Laurence S. 1999. *Funding Social Security: A Strategic Alternative*. New York: Cambridge University Press.
Shah, Hemant. 1997. Toward Better Regulation of Private Pension Fund. *World Bank Policy Research Working Paper 1791*, June 1997.
Sharpe, William. 1964. Capital Asset Prices. *Journal of Finance*. 19:425–442.
Siegel, Jeremy, J. 1994. *Stocks for the Long Run*. Irwin, IL: Burr Ridge.
Siegel, Jeremy, J. 1999. The Shrinking Equity Premium: Historical Facts and Future Forecasts. *Unpublished working paper*. University of Pennsylvania.
Sinn, Hans-Werner. 1999. Pension Reform and Demographic Crisis: Why a Funded System Is Needed and Why It Is Not Needed. *Paper presented at the 55th IIPF Congress in Moscow*, 23–26 August 1999.
Social Security Administration (SSA). 2002. *SSA Trustees Report 2002*. Washington, D.C.
Solnik, Bruno H. 1973. *European Capital Markets: Towards a General Theory of International Investment*. Lexington, MA: Lexington Books, D.C. Heath and Company.
Sortino, Frank A., and Robert van der Meer. 1991. Downside Risk. *The Journal of Portfolio Management*, 17(4):27–32.
Srinivas, P. S., and J. Yermo. 1999. Do Investment Regulations Compromise Pension Fund Performance? Evidence from Latin America. *Revista de Análisis Económico*, 14(1): 67–120.
Thillainathan, R. 2002. Adequacy and Performance of Malaysia's Employees Provident Fund and Its Governance – A Critical Review. *Presentation at the Conference on Financial Sector Governance – World Bank, IMF, and Brookings Institute*, New York, 17–19 April 2002.
Tobin, James. 1958. Liquidity Preference as a Behavior towards Risk. *Review of Economic Studies*, 67:65–86.
Turner, John, and David Rajnes. 2002. Rate of Return Guarantees for Voluntary DC Plans. *Working paper presented at the Risk Transfers and Retirement Income Security Conference– Pension Research Council*, Philadelphia, April 2002.
United Nations, 1995. World Population Prospects – The 1994 Revision.
Usuki, Masaharu. 2002. The New Investment Management Scheme for Japan's Public Pension Fund. *Nippon Life Insurance Research Institute Working Paper No. 163*, Tokyo, April 2002.
Valdes-Prieto, Salvador. 1997. Financing a Pension Reform towards Private Funded Pensions. In S. Valdes-Prieto (ed.), *The Economics of Pensions*. Cambridge, UK: Cambridge University Press, pp. 33–57.
Vittas, Dimitri. 1996. Designing Mandatory Pension Schemes. *Viewpoint*, (72).
Walliser, Jan. 2002. Retirement Guarantees around the World: What Can They Really Promise. *Working paper presented at the Risk Transfers and Retirement Income Security Conference– Pension Research Council*, Philadelphia, April 2002.
Werding, Martin. 2003. After Another Decade of Reform: Do Pension Systems in Europe Converge? CESifo DICE Reports, *Journal of Institutional Comparisons*, (1).
Wolff, Edward N. 2002. *Retirement Insecurity: The Income Shortfalls Awaiting the Soon to Retire*, Economic Policy Institute, Washington, D.C.
World Bank. 1994. *Averting the Old Age Crisis: Policies to Protect the Old and Promote Growth*. World Bank Policy Research Report. New York: Oxford University Press.

译后记

养老风险是每一个人都必须认真应对的人生问题。作为治国之重器，养老保障在社会保障体系中属于支柱性制度安排，在中国走向民族复兴伟大进程中的重要意义不言而喻。未来的 30 年，中国将进入人口老龄化速度最快的时期，而国家"未富先老"、区域发展不平衡、就业形势多样化的现实国情更使得我国养老保障制度建设面临着巨大的挑战。

回顾我国养老保障改革二十多年的艰难历程，可以骄傲地发现，具有中国特色的养老保障制度已经初步屹立于世界东方之巅。职工养老保障实现了从劳动保险到社会保险的制度整体转型，劳资分责、社会化运行的制度机制得以确立；现行制度惠及了越来越多的劳动者和退休人员，老年人开始逐步分享经济社会的发展成果，维系并促进了社会公平、公正和正义。尤为值得一提的是，在借鉴国外经验的基础上，中国创造性地建立了以现收现付为基础的社会统筹和以完全积累为基础的个人账户相结合的养老保障制度安排，将互助共济和应对老龄化风险作为双重政策目标。尽管这一制度创新尚需进一步调整才能走向完善，但无疑已为世界社会保障制度发展提供了新鲜的实践和经验。

  他山之石，可以攻玉。在学习的基础上进行创新，既是我国养老保障改革的经验总结，也是未来制度迈向成功的变革之道。在我翻译的这本著作之中，详细介绍了美国、西班牙等西方先进国家在运营养老金方面的操作模式和成功经验，力图揭示养老保障制度运行的一般性规律。衷心希望这些世界先进国家养老金改革的经验之石，能够有益于启发中国的决策层和智囊人士，共同打造出具有中国特色的养老保障制度之玉。

Rethinking Pension Reform, 1st edition, 0-521-67653-3 by Franco Modigliani, Arun Muralidhar first published by Cambridge University Press 2005
All rights reserved.
This simplified Chinese edition for the People's Republic of China is published by arrangement with the Press Syndicate of the University of Cambridge, Cambridge, United Kingdom.
© Cambridge University Press & China Renmin University Press 2010

This book is in copyright. No reproduction of any part may take place without the written permission of Cambridge University Press or China Renmin University Press.
This edition is for sale in the mainland of China only, excluding Hong Kong SAR, Macao SAR and Taiwan, and may not be bought for export therefrom.

此版本仅限中华人民共和国境内销售，不包括香港、澳门特别行政区及中国台湾。不得出口。

图书在版编目(CIP)数据

养老金改革反思/莫迪利亚尼，莫拉利达尔著；孙亚南译．
北京：中国人民大学出版社，2010
（当代世界学术名著）
ISBN 978-7-300-11791-1

Ⅰ. ①养…
Ⅱ. ①莫…②莫…③孙…
Ⅲ. ①养老金-劳动制度-经济体制改革-研究
Ⅳ. ①F241.34

中国版本图书馆 CIP 数据核字（2010）第 033557 号

当代世界学术名著
养老金改革反思
佛朗哥·莫迪利亚尼
阿伦·莫拉利达尔　　著
孙亚南　译
Yanglaojin Gaige Fansi

出版发行	中国人民大学出版社		
社　　址	北京中关村大街31号	邮政编码	100080
电　　话	010-62511242（总编室）	010-62511398（质管部）	
	010-82501766（邮购部）	010-62514148（门市部）	
	010-62515195（发行公司）	010-62515275（盗版举报）	
网　　址	http://www.crup.com.cn		
	http://www.ttrnet.com（人大教研网）		
经　　销	新华书店		
印　　刷	北京联兴盛业印刷股份有限公司		
规　　格	155 mm×235 mm　16开本	版　次	2010年3月第1版
印　　张	17.25 插页2	印　次	2010年3月第1次印刷
字　　数	233 000	定　价	35.00元

版权所有　　侵权必究　　印装差错　　负责调换